ENZYKLOPÄDIE
DEUTSCHER
GESCHICHTE
BAND 2

ENZYKLOPÄDIE
DEUTSCHER
GESCHICHTE
BAND 2

HERAUSGEGEBEN VON
LOTHAR GALL

IN VERBINDUNG MIT
PETER BLICKLE
ELISABETH FEHRENBACH
JOHANNES FRIED
KLAUS HILDEBRAND
KARL HEINRICH KAUFHOLD
HORST MÖLLER
OTTO GERHARD OEXLE
KLAUS TENFELDE

DEUTSCHE AUSSENPOLITIK 1871–1918

VON
KLAUS HILDEBRAND

3., überarbeitete und um einen
Nachtrag erweiterte Auflage

R. OLDENBOURG VERLAG
MÜNCHEN 2008

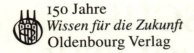
150 Jahre
Wissen für die Zukunft
Oldenbourg Verlag

Bibliografische Information der Deutschen Nationalbibliothek
Die Deutsche Nationalbibliothek verzeichnet diese Publikation in der Deutschen Nationalbibliografie; detaillierte bibliografische Daten sind im Internet über <http://dnb.d-nb.de> abrufbar.

© 2008 Oldenbourg Wissenschaftsverlag GmbH, München
Rosenheimer Straße 145, D-81671 München
Internet: oldenbourg.de

Das Werk einschließlich aller Abbildungen ist urheberrechtlich geschützt. Jede Verwertung außerhalb der Grenzen des Urheberrechtsgesetzes ist ohne Zustimmung des Verlages unzulässig und strafbar. Das gilt insbesondere für Vervielfältigungen, Übersetzungen, Mikroverfilmungen und die Einspeicherung und Bearbeitung in elektronischen Systemen.

Umschlaggestaltung: Dieter Vollendorf
Umschlagabbildung: Eine Karikatur aus dem „Punch" von John Tenniel vom 6. Oktober 1888 zeigt den jungen Kaiser Wilhelm II. und den alten Reichskanzler Otto von Bismarck als „Daedalus Bismarck" und „Icarus Wilhelm". Mit den ins Englische übersetzten Versen aus Ovids Metamorphosen warnt und beschwört Bismarck den zum Höhenflug abhebenden Kaiser, Vorsicht, Maß und Zurückhaltung walten zu lassen.
Gedruckt auf säurefreiem, alterungsbeständigem Papier (chlorfrei gebleicht)
Satz: Schmucker-digital, Feldkirchen b. München
Druck: MB Verlagsdruck, Schrobenhausen
Bindung: Buchbinderei Kolibri, Schwabmünchen

ISBN 978-3-486-58698-5

Vorwort

Die „Enzyklopädie deutscher Geschichte" soll für die Benutzer – Fachhistoriker, Studenten, Geschichtslehrer, Vertreter benachbarter Disziplinen und interessierte Laien – ein Arbeitsinstrument sein, mit dessen Hilfe sie sich rasch und zuverlässig über den gegenwärtigen Stand unserer Kenntnisse und der Forschung in den verschiedenen Bereichen der deutschen Geschichte informieren können.

Geschichte wird dabei in einem umfassenden Sinne verstanden: Der Geschichte der Gesellschaft, der Wirtschaft, des Staates in seinen inneren und äußeren Verhältnissen wird ebenso ein großes Gewicht beigemessen wie der Geschichte der Religion und der Kirche, der Kultur, der Lebenswelten und der Mentalitäten.

Dieses umfassende Verständnis von Geschichte muss immer wieder Prozesse und Tendenzen einbeziehen, die säkularer Natur sind, nationale und einzelstaatliche Grenzen übergreifen. Ihm entspricht eine eher pragmatische Bestimmung des Begriffs „deutsche Geschichte". Sie orientiert sich sehr bewusst an der jeweiligen zeitgenössischen Auffassung und Definition des Begriffs und sucht ihn von daher zugleich von programmatischen Rückprojektionen zu entlasten, die seine Verwendung in den letzten anderthalb Jahrhunderten immer wieder begleiteten. Was damit an Unschärfen und Problemen, vor allem hinsichtlich des diachronen Vergleichs, verbunden ist, steht in keinem Verhältnis zu den Schwierigkeiten, die sich bei dem Versuch einer zeitübergreifenden Festlegung ergäben, die stets nur mehr oder weniger willkürlicher Art sein könnte. Das heißt freilich nicht, dass der Begriff „deutsche Geschichte" unreflektiert gebraucht werden kann. Eine der Aufgaben der einzelnen Bände ist es vielmehr, den Bereich der Darstellung auch geographisch jeweils genau zu bestimmen.

Das Gesamtwerk wird am Ende rund hundert Bände umfassen. Sie folgen alle einem gleichen Gliederungsschema und sind mit Blick auf die Konzeption der Reihe und die Bedürfnisse des Benutzers in ihrem Umfang jeweils streng begrenzt. Das zwingt vor allem im darstellenden Teil, der den heutigen Stand unserer Kenntnisse auf knappstem Raum zusammenfasst – ihm schließen sich die Darlegung und Erörterung der Forschungssituation und eine entsprechend gegliederte Auswahlbibliographie an –, zu starker Konzentration und zur Beschränkung auf die zentralen Vorgänge und Entwicklungen. Besonderes Gewicht ist daneben, unter Betonung des systematischen Zusammenhangs, auf die Abstimmung der einzelnen Bände untereinander, in sachlicher Hinsicht, aber auch im Hinblick auf die übergreifenden Fragestellungen, gelegt worden. Aus dem Gesamtwerk lassen sich so auch immer einzelne, den jeweiligen Benutzer besonders interessierende Serien zusammenstellen. Ungeachtet dessen aber bildet jeder Band eine in sich abgeschlossene Einheit – unter der persönlichen Verantwortung des Autors und in völliger Eigenständigkeit gegenüber den benachbarten und verwandten Bänden, auch was den Zeitpunkt des Erscheinens angeht.

Lothar Gall

Inhalt

Vorwort des Verfassers XI

I. Enzyklopädischer Überblick 1

  A. Im Zeichen der „Saturiertheit": Die gezügelte Macht . . 1
     1. „Halbe Hegemonie" und europäisches Gleich-
        gewicht 1871–1875 1
     2. Eine „Periode der kontinentalen Hochspannung"
        1875–1879 5
     3. Das „Jahrfünft verhältnismäßiger Entlastung"
        1879–1884/85 10
     4. Die west-östliche Doppelkrise 1885–1887 14
     5. Das „System der Aushilfen" 1887–1890 18

  B. Im Banne des Prestiges: Die entfesselte Macht 23
     1. „Neuer Kurs" und fehlende Linie 1890–1897 23
     2. Von der Politik einer „freien Hand" zur Isolierung
        des Deutschen Reiches 1897–1908 28
     3. „Auskreisung" als „Einkreisung" 1909–1914 32
     4. Julikrise und Kriegsausbruch 1914 37
     5. Friedenssuche und Kriegsziele 1914–1918 42

II. Grundprobleme und Tendenzen der Forschung 49

  A. Das Ringen um die Kriegsschuld 49
     1. Akten als Waffen 49
     2. Grundmuster der Interpretation 54

  B. Im Schatten der „deutschen Katastrophe" 63
     1. Der neue Konsens 63
     2. Probleme der Quellenbasis – ein Exkurs 69

C. Die Bedeutung der „Fischer-Kontroverse" 72
   1. Fritz Fischers Anstoß 72
   2. Die wesentlichen Antworten der Geschichts-
      wissenschaft. 78

D. Um den Primat der Innen- oder Außenpolitik 85
   1. Die inneren Bedingungen der äußeren Politik 85
   2. Die Reaktionen der Herausgeforderten 91

E. Macht und Mentalität als zentrale Begriffe
   gegenwärtiger Deutung. 98
   1. Positionen der Historiographie 98
   2. Perspektiven der Forschung 104

F. Ergebnisse und Entwicklungen der Geschichtsschreibung seit 1989. Nachtrag zur 3. Auflage. 114
   1. Zum Stand der Forschung 114
   2. Quellen und Materialien 120
   3. Gesamtdarstellungen 125
   4. Zur Ära Bismarck 128
   5. Zur Wilhelminischen Epoche 137
   6. Zum Ersten Weltkrieg 147

III. Quellen und Literatur 153

   A. Quellen 153
      Akten – Dokumente – Persönliche Quellen 153

   B. Literatur 155
      1. Zur Geschichte der deutschen Außenpolitik
         (1871–1918) aus dem Zeitraum 1919–1945 155
         1.1 1871–1918 155
         1.2 1871–1890 156
         1.3 1890–1918 158
      2. Zur Geschichte der deutschen Außenpolitik
         (1871–1918) aus dem Zeitraum 1945–1961 160
         2.1 1871–1918 160
         2.2 1871–1890 160
         2.3 1890–1918 161

3. Zur „Fischer-Kontroverse" 162
4. Zur Debatte um den Primat der Innen- oder
   Außenpolitik 166
5. Zur Geschichte der deutschen Außenpolitik
   (1871–1918): Positionen und Tendenzen 169
6. Ergebnisse und Entwicklungen der Geschichtsschreibung seit 1989. Nachtrag 2008 176
   6.1 Zum Stand der Forschung 176
   6.2 Quellen und Materialien 178
   6.3 Gesamtdarstellungen 179
   6.4 Zur Ära Bismarck 180
   6.5 Zur Wilhelminischen Epoche 182
   6.6 Zum Ersten Weltkrieg 188

Register 191

Themen und Autoren 201

FÜR KLAUS KREBBER

Vorwort des Verfassers

Auf knappstem Raum die Entwicklung der deutschen Außenpolitik zwischen der Gründung des Bismarckreiches und dem Ende des Ersten Weltkrieges, wenn auch nur im Rahmen eines enzyklopädischen Überblicks, und die siebzigjährige Forschungsgeschichte des Untersuchungsgegenstandes, wenn auch nur in einem mit der notwendigen Differenzierung gezeichneten Grundriss, darzustellen, erfordert neben Auswahl und Konzentration vor allem Verzicht. Diesem Gebot sind so manches aussagekräftige Zitat und mancher gedankliche Zusammenhang, mancher erläuternde Verweis auf das innenpolitische Geschehen und mancher erklärende Exkurs in die internationalen Beziehungen, ja sogar manche Erwähnung eines historischen Faktums geopfert worden. Dennoch hofft der Autor, dass Disposition und Ausführung dieses Bandes für das abgehandelte Thema die wesentlichen Tatsachen und Probleme bieten und darüber hinaus die maßgeblichen Grundmuster und Tendenzen der Geschichtswissenschaft spiegeln. Prinzipiell lässt sich vor solchem Hintergrund aber vor allem dies feststellen:

Zum einen hat die für die Forschung lange Zeit so charakteristische, intensive Beschäftigung mit den gesellschaftlichen und innenpolitischen Bedingungen äußerer und internationaler Politik gerade deren hohen Grad an Eigenständigkeit deutlicher als bisher hervortreten lassen. Und zum anderen mahnt besonders der Rückblick auf die Entwicklung der Geschichtsschreibung zur Bescheidenheit gegenüber dem Reichtum der historiographischen Tradition, wie er gleichzeitig dazu ermuntert, sich immer wieder aufs Experimentelle einzulassen. Dass die Geschichtswissenschaft aufs Ganze, anders freilich als manche ihrer Protagonisten, dem damit verbundenen Wagnis nicht erliegt, hat mit der zwar langsam, aber dafür um so gründlicher arbeitenden Tätigkeit jenes oftmals Umwege beschreitenden und sich auch in Widersprüchen vollziehenden Prozesses der Forschung zu tun, der den Weizen von der Spreu, das Beständige vom Modischen, das Richtige vom Falschen auf Dauer verlässlich trennt.

Neben Dr. Adolf Dieckmann vom Oldenbourg Verlag, an dessen umsichtige Betreuung des Manuskripts ich mich gerne erinnere, danke ich für Kritik, Anregungen und Verbesserungsvorschläge, die mir in reicher Zahl zuteil geworden sind, vor allem den Professoren Lothar Gall, Andreas Hillgruber und Gregor Schöllgen sowie meinem Mitarbeiter Christoph Studt M.A., der sich auch der Erstellung des Registers angenommen hat. Für vielerlei Hilfe, nicht zuletzt bei der Literaturbeschaffung, weiß ich mich Herrn Joachim Scholtyseck M.A. ebenso verbunden, wie ich Frau Monika Handke und Frau Helga Kempen meinen Dank für die maschinenschriftliche Übertragung des Manuskripts sage.

Bonn, im März 1988 K. H.

Vorwort zur 3. überarbeiteten und erweiterten Auflage

Die Geschichte der deutschen Außenpolitik im Zeitraum zwischen 1871 und 1914 spiegelt Grundmuster und Grundprobleme der zwischenstaatlichen Beziehungen, die von zeitenthobener Bedeutung und zugleich von unverkennbarer Aktualität sind: Dass der französische Staatspräsident François Mitterrand beispielsweise im Zusammenhang mit der Revolution der Staatenwelt an der Zeitenwende der Jahre 1989/90 einen Rückfall in die „Vorstellungswelt von 1913" unbedingt zu vermeiden bestrebt war, spricht dafür ebenso, wie der Gegensatz von Hegemonie und Gleichgewicht, die Antinomie von Imperium und Staatenvielfalt, das Ringen um Macht und Gegenmacht die einschlägige Debatte in unseren Tagen unübersehbar beschäftigen.

Mehr noch: Die Globalisierung der weltwirtschaftlichen und internationalen Verhältnisse um 1900; die damit einhergehende Entstehung einer den amerikanischen und ostasiatischen Teil der Erde umfassenden Weltpolitik; die Existenz asymmetrischer Kriege in den abhängigen Regionen der kolonialen und halbkolonialen Welt; und die sich gleichzeitig regenden Bewegungen zur Dekolonisierung unterstreichen die Erheblichkeit des weit über sich hinausweisenden Untersuchungsgegenstandes.

Und schließlich geht es im Wechselspiel zwischen inneren und äußeren, zwischen gesellschaftlichen und internationalen Faktoren nationalstaatlicher Politik um die gleichfalls bis heute kontrovers erörterte Frage, ob die innere Verfasstheit eines Gemeinwesens seine äußere Politik maßgeblich beeinflusst oder ob die internationalen Bedingungen dafür entscheidend sind, ja ihrerseits auf die innere Politik ausschlaggebend einzuwirken pflegen.

Nicht zuletzt unter diesen Gesichtspunkten erschien es dem Verfasser sinnvoll, seine Geschichte der „Deutsche[n] Außenpolitik 1871–1918" zu überarbeiten und zu aktualisieren, im „Enzyklopädischen Überblick" das zu korrigieren, was der vorangeschrittene Stand der Geschichtswissenschaft erfordert, und die „Grundprobleme und Tendenzen der Forschung" um die Ergebnisse zu erweitern, die in den Jahren seit 1989 von der Historiographie unterbreitet worden sind.

Für alle Unterstützung, die mir bei meiner Arbeit zuteil geworden ist, danke ich vor allem Professor Lothar Gall und Dr. Christoph Studt. In meinen Dank einbeziehen darf ich Frau Rafaela Hiemann, Frau Elke Kuhaupt sowie die Herren Peter Beule, Patrick Bormann M.A., Holger Löttel M.A. und Mathias Lutz, die mir bei der Erschließung und Beschaffung der zum Teil entlegenen Literatur ebenso wie bei den Korrekturarbeiten mit viel Sachkunde geholfen, sowie Frau Edith Nadolny und Frau Gabriele Nohr, die sich der Schreibarbeiten mit Sorgfalt angenommen haben.

Bonn, im September 2007   K.H.

I. Enzyklopädischer Überblick

A. Im Zeichen der „Saturiertheit":
Die gezügelte Macht

1. „Halbe Hegemonie" und europäisches Gleichgewicht 1871–1875

Die Gründung des Deutschen Reiches im Jahre 1871 bedeutete für die Entwicklung der Außenpolitik in Deutschland ebenso wie für diejenige des Staatensystems in Europa den Beginn einer neuen Periode ihrer Geschichte. An die Stelle des Deutschen Bundes, dessen Fähigkeit zur Balance und Verteidigung für den Bestand der in Wien 1814/15 eingerichteten Ordnung so lange Zeit konstitutiv gewirkt hatte, war nunmehr ein massiv gefügter Block getreten, der das Vermögen zur Machtprojektion und zum Angriff besaß. Deutschland nahm auf dem Kontinent eine „vorwaltende Stellung" [37: O. Hintze, Hohenzollern, 651] ein und schien als Repräsentant einer „halben Hegemonie" (Ludwig Dehio), zumindest vorläufig und im Urteil seiner kontinentalen Nachbarn, die Balance Europas eher zu gefährden als zu stärken. Denn niemand konnte zu Beginn der siebziger Jahre des 19. Jahrhunderts ohne weiteres annehmen, Preußens furchterregende, wirtschaftlich, militärisch und machtpolitisch fundierte Dynamik würde nun auf einmal von eben demjenigen Staatsmann, Otto von Bismarck, gezügelt, der für die siegreiche Kriegführung Preußens in den sechziger Jahren verantwortlich gewesen war. Den entsprechenden Versicherungen des Reichskanzlers mussten erst noch die Taten folgen, die Deutschlands „Saturiertheit" unter Beweis stellten. Und manche besorgten Beobachter fragten sich bereits unmittelbar nach der Reichsgründung, inwieweit die Folgen der drei siegreichen Kriege, die sich gegen Bismarcks Willen einstellten und die sich in einer verstärkten Militarisierung des politischen Lebens überall in Europa bemerkbar machten, verhängnisvoll, über die Absichten von Personen und Staaten hinweg, triumphieren würden (vgl. unten 99 f.).

Nicht allzu lange dauerte zudem jene wirtschaftliche Prosperität noch an, die die Hochstimmung der Gründerjahre so maßgeblich beeinflusst hatte. An ihre Stelle trat seit 1873 die sog. „Große Depression".

_{Reichsgründung}

_{„Halbe Hegemonie"}

Sie reichte noch weit über die Zäsur des Jahres 1890 hinaus, begleitete die „Ära Bismarck" durchaus belastend und trug mit dazu bei, dass ungeachtet der Erfolge und Leistungen auf dem Felde der Innen- und vor allem der Außenpolitik, nicht zuletzt angesichts der Bewahrung des äußeren Friedens, eine gar nicht zu verkennende Stimmung der Unzufriedenheit die späteren Jahre der Kanzlerschaft Otto von Bismarcks charakterisierte. Die von dem Reichskanzler aus Gründen der Überlebensnotwendigkeit gewählte Politik der „Saturiertheit", mit der er die bedrohlichen Folgen der drei siegreichen Kriege und eine Koalition der Mächte gegen das Reich abzuwehren bestrebt war, bedeutete nämlich für eine Generation, die die Erfolge der Reichsgründung schon bald als selbstverständlich ansah, unerträglichen Stillstand. Die Hypothek der Bewegungslosigkeit wirkte, zumal in einem Zeitalter rapiden internationalen und industriellen Wandels, zunehmend bedrückender.

<small>„Saturiertheit" und Bewegungslosigkeit</small>

Der Reichsgründer ging zunächst daran zu erproben, wie das Werk seines „Machtspiels" (THEODOR SCHIEDER) zu sichern sei. Dabei wählte er den Weg, die deutsche Innen- und Außenpolitik weitgehend in Übereinstimmung mit den Interessen der konservativen Mächte Europas zu führen, denn ein solches von Berlin aus dirigiertes System bot die Chance, Frankreich isolieren zu können. Die Voraussetzungen für eine solche Politik, so schwierig sie sich auch anließ, waren durchaus vorhanden. Großbritannien, das teilweise desinteressiert und teilweise davon profitierend die Reichsgründung toleriert hatte, verfolgte zumindest bis zum Regierungswechsel des Jahres 1874 eine Politik der Nichteinmischung und der Distanz gegenüber den kontinentaleuropäischen Angelegenheiten. Russland, das in wohlwollender Neutralität Preußens Politik und Kriegführung während der sechziger Jahre gefördert hatte, reflektierte nun auf ein Entgegenkommen der Deutschen. Darin lag für Bismarcks Politik zugleich eine willkommene Chance und eine gar nicht zu verkennende Bürde. Denn Österreich-Ungarn war, bereits unter Reichskanzler Beust und sodann ganz entschieden unter Außenminister Andrássy, an Deutschlands Seite getreten, verfolgte allerdings, insbesondere durch den Ungarn Andrássy, eine antirussisch akzentuierte Außenpolitik. Sie konnte für Deutschland ebenso unangenehme Folgen mit sich bringen, wie, ganz entgegengesetzt dazu, die Gefahr einer Verbindung der Donaumonarchie mit Russland nicht auszuschließen war. Daher erschien auch die Möglichkeit eines Krieges zwischen dem Deutschen Reich und Österreich-Ungarn in jenen Jahren nach dem Urteil eines so kompetenten Diplomaten wie des englischen Botschafters Odo Russell nicht selten akuter als die einer militärischen Auseinandersetzung Deutschlands mit Frankreich. Dessen Ostdepartements

<small>Konservative Außenpolitik</small>

<small>Die Großmächte und das neue Reich</small>

blieben bis 1873 von deutschen Truppen besetzt; machtpolitisch war Frankreich vorläufig lahmgelegt und weitgehend isoliert.

Sich mit Österreich-Ungarn und Russland zu arrangieren, war die Absicht der innen- und außenpolitisch konservativen Strategie Bismarcks zu Beginn der siebziger Jahre. Die Zusammenkunft der drei Kaiser im September 1872 führte zwar nicht zu festen Verabredungen zwischen ihren Reichen, knüpfte jedoch das Band monarchischer Solidarität enger. Konkrete Versicherungen enthielt dagegen die von den Feldmarschällen Graf Moltke und Graf Berg am 6. Mai 1873 in St. Petersburg unterzeichnete und noch am selben Tag von den Monarchen ratifizierte deutsch-russische Militärkonvention. Dagegen blieb das am 6. Juni 1873 zwischen Kaiser Franz Joseph und Zar Alexander II. geschlossene Schönbrunner Abkommen, dem Kaiser Wilhelm I. am 22. Oktober durch Akzession beitrat und das als Dreikaiserabkommen bekannt wurde, politisch dahinter zurück. Immerhin einigten sich die Herrscher darauf, „den gegenwärtig in Europa herrschenden Friedenszustand zu befestigen" und „auf dem Gebiete der Grundsätze" zusammenzustehen.

<small>Verhältnis zu Österreich-Ungarn und Russland 1872/73</small>

Wie brüchig diese Solidarität der Monarchien freilich war, wurde allzubald offenkundig. Während des krisenreichen Jahres 1874 spitzte sich das Verhältnis zum Zarenreich, dem für Deutschland wichtigsten Partner auf dem Kontinent, mehr und mehr zu. Im Frühjahr sah sich das Reich angesichts einer russisch-österreichischen Annäherung ebenso bedroht, wie Bismarck im Herbst des gleichen Jahres durch Fühlungnahmen zwischen Russland und Frankreich aufgeschreckt wurde. Nicht zuletzt gegen Frankreich, das sich machtpolitisch eher als erwartet erholte und aufgrund der deutschen Annexion von Elsass-Lothringen auf Dauer als unversöhnlich eingeschätzt wurde, darüber hinaus aber auch angesichts der angespannten internationalen Konstellation, in der sich das junge Reich befand, verstärkte Deutschland durch das Wehrgesetz vom Mai des Jahres 1874 erst einmal seine militärische Schlagkraft. Doch selbst die eindrucksvolle Tatsache, dass man in Zukunft über 400 000 Mann unter Waffen zu halten gedachte, vermochte nicht die zentrale, nach einer Antwort verlangende Frage zu lösen, welche Chancen überhaupt bestanden, die unübersehbare latente bzw. akute Isolierung des Deutschen Reiches aufzulockern.

<small>Krisenreiches Jahr 1874</small>

Drei grundsätzliche Wahlchancen deutscher Außenpolitik: Konvenienzstrategie, Präventivkrieg, Gleichgewichtsdiplomatie sind von Bismarck, will man der systematisierenden Interpretation Andreas Hillgrubers folgen, in diesem Zusammenhang erwogen worden. Bald schon stellte sich heraus, dass die erste dieser Optionen nicht zu ver-

<small>Wahlchancen deutscher Außenpolitik</small>

wirklichen war. Um die sich im Fortgang des Jahres 1874 zunehmend verschlechternde Lage allgemein zu testen und um insbesondere herauszufinden, welche Intensität die mannigfachen Verbindungen zwischen St. Petersburg und Paris gewonnen hatten, schickte der Reichskanzler im Februar 1875 unter dem Vorwand normaler diplomatischer Tätigkeit den von ihm besonders geschätzten Gesandten von Radowitz auf eine Mission an die Newa. Neuere Forschungen lassen es als wahrscheinlich gelten (vgl. unten 103), dass er zu erkunden beauftragt war, inwieweit Russland mit Deutschland zusammenzuarbeiten bereit und ob es den Bestand des Reiches einschließlich der den Franzosen entwundenen Provinzen zu garantieren willens war, wenn ihm dafür zu Lasten der Donaumonarchie in Südosteuropa Kompensationen angeboten wurden. Die russische Staatsführung winkte ab; die Wahlchance einer territorialen Kompensationslösung im Zusammenwirken mit Russland schied vorerst aus.

_{„Mission Radowitz"}

_{„Krieg-in-Sicht"-Krise 1875}

In dieser sich für das Deutsche Reich zuspitzenden internationalen Situation nahm die französische Kammer am 13. März 1875 ein Kadergesetz an, das die militärische Schlagkraft Frankreichs zukünftig verbesserte und die strategischen Überlegungen der deutschen Militärs zu durchkreuzen drohte. Ohne dass irgendeine Seite im Frühjahr 1875 mit einer echten Kriegsabsicht drohte, kam es zu einer europäischen Krise, nachdem am 8. April ein von Constantin Rössler verfasster Artikel in der nicht selten für offiziöse Zwecke verwendeten „Post" erschienen war, der in seiner Überschrift die Frage aufwarf: „Ist der Krieg in Sicht?" Diese Provokation kam Bismarck nicht ungelegen, um aufs Neue die allgemeine politische Lage zu sondieren.

Die Weltmächte Großbritannien und Russland nahmen die politische Herausforderung des Reiches ernst und demonstrierten Bismarck unmissverständlich die Grenze deutschen Einflusses. Präventivkriegsabsichten im Sinne einer außenpolitischen Option des Deutschen Reiches hatten im Verlauf der Krise sowohl der Gesandte von Radowitz als auch der Chef des preußischen Generalstabes, Graf Moltke, zu erkennen gegeben, während Bismarck selbst, wie zuvor im Jahre 1867 und wie danach im Jahre 1887, von dieser Möglichkeit nichts wissen wollte. Er gedachte vielmehr, vor allem Frankreich zu isolieren und nicht zuletzt auch Österreich-Ungarn die Macht des Deutschen Reiches drohend vor Augen zu führen. Angesichts der Intervention der Russen und Engländer aber fand er sich in der ersten Hälfte des Monats Mai 1875 auf einmal selbst in der Rolle des Isolierten.

So scharf er diese Gefahr auch erkannte und daraus die Konsequenz zukünftiger Friedenspolitik zog, so mag er doch zu gering veranschlagt haben, dass die Garantie des europäischen Status quo durch die Weltmächte auch den Bestand des jungen Deutschen Reiches beinhaltete. Unzweideutig hatte die „Krieg-in-Sicht"-Krise des Frühjahrs 1875 Möglichkeiten und Grenzen deutscher Außenpolitik demonstriert. Es war dem Reich offensichtlich verwehrt, die europäischen Machtverhältnisse durch Konvenienzpolitik oder Präventivkrieg zu seinem Vorteil zu verändern. Was ihm blieb, war die Möglichkeit, Europas Frieden und Deutschlands Existenz durch eine auf militärische Schlagkraft begründete Diplomatie des Gleichgewichts zu erhalten. Sehr bald schon regte sich wieder einmal die orientalische Frage, und damit standen die europäischen Mächte vor neuen Problemen, die alle Blicke auf die Peripherie des Kontinents lenkten. Dass sich für das Deutsche Reich daraus eine vordergründige Entlastung ergab, darf nicht darüber hinwegtäuschen, dass es damit einhergehend gleichzeitig eine „Periode der kontinentalen Hochspannung" [41: G. RITTER, England, 543] zu durchmessen hatte.

2. Eine „Periode der kontinentalen Hochspannung" 1875–1879

Seit dem Sommer des Jahres 1875 erregte die orientalische Frage erneut die Aufmerksamkeit Europas. Aufständen gegen die türkische Herrschaft in Bosnien und in der Herzegowina (Juli/August 1875) sowie in Bulgarien (Mai 1876) schloss sich ein kriegerisches Vorgehen der Serben und Montenegriner gegen das Osmanische Reich an. Diese Vorgänge bescherten dem Deutschen Reich insofern außenpolitische Erleichterung, als sie das allgemeine Interesse vom deutsch-französischen Gegensatz abzogen. Gleichzeitig jedoch kam Deutschland dadurch in unabsehbare Schwierigkeiten, denn aus den widerstreitenden Ansprüchen der Österreicher und Russen resultierte das sog. Optionsproblem der deutschen Außenpolitik. Eben in dieser krisenhaften Konstellation gewann Bismarcks Außenpolitik ihr Bewegungsgesetz, nämlich durch kontrollierte Benutzung machtpolitischer Rivalitäten Ausgleich zu schaffen und durch gezügelte Pflege internationaler Spannungen Frieden zu stiften.

Zwischen Österreich-Ungarn und Russland – das Optionsproblem

Wie ernst es jedoch vorerst um den Bestand des Dreikaiserabkommens und um die Lage des Deutschen Reiches bestellt war, wurde in der sog. Livadia-Affäre deutlich. Angesichts der kritischen Lage auf dem Balkan gab der Zar gegenüber Kaiser Wilhelm I. am 1. Oktober 1876 telegraphisch seiner Erwartung Ausdruck, dass Deutschland sich ebenso verhalten werde wie Russland im Jahre 1870, falls es zum Krieg zwischen Russen und Österreichern kommen sollte. Für Bismarck ging

„Livadia-Affäre" 1876

es darum, sowohl eine militärische Auseinandersetzung dieser beiden noch im Dreikaiserabkommen miteinander Verbündeten zu vermeiden als auch eine deutsche Option zugunsten von Wien oder St. Petersburg zu umgehen. Denn allein durch das spannungsreiche Zusammenwirken der drei konservativen Staaten vermochte Deutschland seine freie Stellung zwischen den Mächten zu bewahren. Daher lehnte der Reichskanzler es ab, sich im russischen Sinne zu entscheiden.

Gefahr deutscher Isolierung

Diese Haltung führte das Deutsche Reich in eine gefährliche Isolierung. Denn was sich bereits im russisch-österreichischen Zusammenspiel von Reichstadt im Juli 1876 (betr. den möglichen Erwerb von Bosnien und der Herzegowina durch Österreich-Ungarn und die österreichische Neutralität im Fall eines russisch-türkischen Krieges) angedeutet hatte, setzte sich nunmehr, für die Deutschen bedrohlich, fort: Im Vertrag von Budapest trafen die Österreicher und Russen am 15. Januar 1877 zweiseitige Absprachen über ihre südosteuropäischen Interessen. Durch Konzessionen auf dem Balkan an Wien sicherte sich der Zar jene Neutralität Österreichs, die er angesichts der ihn nicht zufriedenstellenden Haltung Deutschlands für den nun ins Auge gefassten Krieg gegen die Türkei dringend benötigte.

Russisch-türkischer Krieg 1877/78

In dem am 24. April 1877 begonnenen Feldzug rückten die Truppen Alexanders II. bis vor die Tore von Konstantinopel. Waren Interesse und Misstrauen des weltmächtlichen Rivalen Großbritannien schon von Beginn des russisch-türkischen Krieges an geweckt, so rief der russischerseits der Türkei am 3. März 1878 diktierte Frieden von San Stefano jetzt auch die Österreicher heftig protestierend auf den Plan. Denn bei der aus diesem Waffengang habgierig eingeheimsten Ernte missachtete St. Petersburg die mit Österreich-Ungarn für die südosteuropäische Region getroffenen Vereinbarungen und drohte vor allem durch die Schaffung eines vom Zarenreich abhängigen Großbulgarien, das sich bis an die Ägäis erstreckte, die Gewichte so grundlegend zu verändern, dass die Balance der Mächte insgesamt gefährdet erschien.

Angesichts der akuten Gefahr eines Krieges zwischen Russland auf der einen, der Donaumonarchie und England auf der anderen Seite, der, einmal ausgebrochen, kaum mehr einzudämmen gewesen wäre und für Deutschland höchste Gefahren mit sich gebracht hätte, lehnte Bismarck es ab, sich einseitig für den russischen Standpunkt zu erklären.

„Kissinger Diktat"
(15. 6. 1877)

Seine eigene Vorstellung über den idealen Zustand der Beziehungen zwischen den Mächten in Europa hatte er im Sommer 1877 während eines Kuraufenthaltes in Bad Kissingen als Skizze entworfen. Danach kam es für die deutsche Politik darauf an, die beständige Gefahr gegnerischer Koalitionen, sei es die westmächtliche, sei es, ungleich gefährlicher, die russisch-österreichisch-französische, aufzuheben und zu „einer politischen Gesamtsituation" zu gelangen, in der, fern vom Ziel „irgend eines Ländererwerbes, ... alle Mächte außer Frankreich unser bedürfen, und von Koalitionen gegen uns durch ihre Beziehungen zueinander nach Möglichkeit abgehalten werden" [2: GROSSE POLITIK 2, 153–154].

Die orientalischen Spannungen aber, die Europas Mächte ein ums andere Mal so tief entzweiten, und Deutschlands immer wieder bekundetes Desinteresse gegenüber diesem Problem, das nicht „die gesunden Knochen eines einzigen pommerschen Musketiers werth wäre" [15: H. KOHL (Hrsg.), Reden 6, 641], legten es geradezu nahe, aus der russischenglischen Rivalität in Konstantinopel und an den Meerengen Gewinn zu ziehen für die Erhaltung des europäischen Gleichgewichts, des allgemeinen Friedens und der deutschen Großmacht. Eben diesen Zielen diente es zudem, im Zuge einer Politik der von Berlin aus benutzten und kontrollierten Rivalität die österreichisch-russischen Spannungen in Südosteuropa durch die Festlegung von demarkierten Einflusszonen mit umstrittenen Gebietspuffern zu befrieden. Nur eine Politik, die den Selbständigkeitsbestrebungen der südosteuropäischen Völker keinerlei Verständnis entgegenzubringen imstande war, konnte dem Reich die für seine autonome Existenz notwendige Stellung eines freien Mittlers garantieren.

Diese Position des „ehrlichen Maklers" gedachte Bismarck auf dem zur Beilegung der internationalen Krise vom 13. Juni bis zum 13. Juli 1878 in Berlin tagenden Kongress einzunehmen. Aufgrund territorialer Zugeständnisse, die in vorausgegangenen, jeweils zweiseitig geführten Verhandlungen erreicht worden waren, wurden Großbritannien mit dem auf Pachtbasis übertragenen Besitz von Zypern, Österreich-Ungarn mit der De facto-Herrschaft über Bosnien und die Herzegowina sowie Frankreich durch Aussicht auf Ausdehnung im Bereich des Mittelmeeres zufriedengestellt, während Russland von seiner bulgarischen Beute große Stücke, vor allem die Provinz Ostrumelien, wieder herausgeben musste. Zweifellos verdankte Europa dem deutschen Reichskanzler die Wahrung des Friedens, und nicht zuletzt in Großbritannien, ja zeitweise sogar in Frankreich gewann Bismarcks konservative Wendung zu einer Politik der Bewahrung des Status quo und des Friedens an Überzeugungskraft. Jetzt begann nach einer Phase kontinentaler Hochspannung jene vom deutschen Reichskanzler dominierte Periode europäischer Geschichte, für die die Formel vom „Zeitalter Bismarcks" am ehesten zutrifft.

Berliner Kongress (13. 6.–13. 7. 1878)

I. Enzyklopädischer Überblick

Krise und Normalität deutscher Außenpolitik

Gefährdung und Grenze des Reiches wurden jedoch selbst im Augenblick des mit dem Berliner Kongress verbundenen Erfolges scharf sichtbar. Durchgehend begleitete der Zwang zur außenpolitischen Krisenbewältigung die „Ära Bismarck" und gehörte über das Maß des für jede Diplomatie Charakteristischen hinaus zur spezifischen Normalität der deutschen Großmacht. Denn im größeren Zusammenhang des Säkulums betrachtet, markierte der Berliner Kongress zum einen die „Wende von einer alten zu einer neuen Zeit" und bezeichnete die „Zäsur zwischen dem Zeitalter des europäischen Gleichgewichts ... und dem Zeitalter des Imperialismus" [141: A. Novotny, Berliner Kongreß, 287].

„Ohrfeigenbrief" (15. 8. 1879)

Zum anderen war, Bismarcks Tatkraft unmittelbar herausfordernd, Russland über die auf dem Kongress an den Tag gelegte Haltung zutiefst enttäuscht. Dies ließ insbesondere das den deutschen Monarchen mit Vorwürfen überhäufende Handschreiben des Zaren vom 15. August 1879 erkennen, welches als „Ohrfeigenbrief" in die Geschichte eingegangen ist. Auch in außenpolitischer Perspektive wurde Bismarck, parallel zur gleichzeitig vollzogenen Wendung seiner inneren Politik, auf die Suche nach immer neuen „Aushilfen" verwiesen. Zurückzugewinnen galt es zuerst das sich von Deutschland abwendende Russland, das eben zu dieser Zeit, auch wenn Bismarck an einer vollständigen Trennung wirtschaftlicher und politischer Interessen beharrlich festzuhalten entschlossen war, durch die innenpolitisch bedingte Schutzzollpolitik des Deutschen Reiches in seinen agrarischen Exportinteressen getroffen wurde.

Deutsch-Österreichischer Zweibund 1879

Der abrupt aufgebrochene Gegensatz zu Russland ließ das Reich an die Donaumonarchie heranrücken. Noch im März 1878 waren „Bündniserörterungen zwischen Bismarck und Andrássy" [49: W. Frauendienst, Bündniserörterungen, 353–362] von deutscher Seite aus mit Rücksicht auf das Dreikaiserabkommen kaum mehr als dilatorisch geführt worden. Nur ein Jahr später versuchte der deutsche Reichskanzler auf eben diesem Weg das Ziel des nun verloren gegangenen Dreikaiserabkommens wieder zu erreichen. Doch seine Politik reduzierte sich nicht allein darauf. Mit dem Vorschlag, das Bündnis zwischen Wien und Berlin staatsrechtlich zu sichern, es öffentlich sowie parlamentarisch zu verankern und durch „pragmatische Einrichtungen", besonders eine gemeinsame Zollunion, zu entwickeln, visierte er eine Renaissance des Deutschen Bundes an als „eine[r] Art von gegenseitiger Assekuranz-Gesellschaft für den Frieden" [2: Grosse Politik 3, 33]. Auf diese Art und Weise versuchte der Reichskanzler, die mit der selbst verordneten Bewegungslosigkeit notwendig verbundene Erstarrung des Reiches und seinen allmählichen Niedergang im Vergleich mit den expandierenden Weltmächten durch eine indirekte Erweiterung seiner mitteleuropäischen Basis zu überwinden und nicht zuletzt auch der sich mehr und mehr regenden liberalen Kritik an seinem Regiment der innen- und außenpolitischen Beharrung entgegenzutreten. Eine solche mit vertauschten Vorzeichen sich vollziehende, also dieses Mal Preußen-Deutschland begünstigende Umkehrung der Mitteleuropa-Pläne von Schwarzenberg und Bruck lehnte Andrássy jedoch umgehend ab. Vielmehr bestand er auf dem Abschluss einer militärischen Defensivallianz, deren abwehrende Spitze gegen Russland gerichtet war. Gerade deshalb aber musste Bismarck den zäh und lang sich hinziehenden Widerstand seines Monarchen gegen die Abwendung von Russland und die Annäherung an Österreich-Ungarn mühsam überwinden. Der Reichskanzler nahm sogar den Nachteil in Kauf, anstelle eines „generellen Bündnisses" eine „partie inégale" akzeptieren zu müssen. Sah doch der am 7. Oktober 1879 in Wien unterzeichnete und am 16. Oktober von Kaiser Wilhelm I. ratifizierte Vertrag den casus foederis ausschließlich für den Fall eines russischen Angriffs vor, während er sich über den einer französischen Aggression ausschwieg.

Bismarck nahm diesen Nachteil hin, weil es ihm nicht darauf ankam, die beste Ausgangslage für den Krieg zu schaffen, sondern weil er darum bemüht war, durch eine Politik der austarierten Gegengewichte gerade den Ausbruch militärischer Konflagrationen zu verhindern. In dieser Hinsicht bot der Zweibund, für den er sich im Sinne einer „begrenzte[n]" [351: A. HILLGRUBER, Außenpolitik, 156] Option entschieden hatte, eine vorteilhafte Ausgangslage. Blieb Russland, was die nachteiligere der beiden sich in diesem Zusammenhang bietenden Wahlchancen darstellte, weiterhin unversöhnlich, dann eröffnete die Allianz mit Österreich die Chance, auch Großbritannien an diese mitteleuropäische Kombination heranzuziehen. Vorteilhafter nahm es sich aus Bismarcks Sicht der Dinge jedoch aus, die Annäherung an die Donaumonarchie, die das Verhältnis zwischen Großbritannien und Deutschland positiv beeinflusste, als ein Mittel anzusehen, um den Russen die Gefahr einer Isolierung drohend vor Augen zu führen und St. Petersburg zur Wiederannäherung an Berlin zu bewegen.

Begrenzte Option für Österreich-Ungarn

Gewiss enthielt die Existenz des Zweibundes das Eingeständnis der Tatsache, dass das Deutsche Reich eine völlig ungebundene Position des freien Mittlers zwischen den großen Mächten Europas eingebüßt hatte. Der Zweibund repräsentierte insofern „die erste in einer Reihe von außenpolitischen Aushilfen" [329: L. GALL, Bismarck, 597]. Dessen ungeachtet war aber nicht zu verkennen, dass eben diese „Aushilfe" des Zweibundes den Ausgangspunkt für den Aufbau des Bismarckschen Bündnissystems bildete, das dem Deutschen Reich zwischen 1879 und 1884/85 ein „Jahrfünft verhältnismäßiger Entlastung" [41: G. RITTER, England, 543] schenkte.

3. Das „Jahrfünft verhältnismäßiger Entlastung" 1879–1884/85

„Spiel mit den fünf Kugeln" Mit dem Beginn der achtziger Jahre begann Bismarck jenes zugleich kunstvolle wie künstliche „Spiel mit den fünf Kugeln", „das Bindungen an jede europäische Großmacht aufwies, ohne doch an eine von ihnen angebunden zu sein" [316: J. DÜLFFER, Kaiserreich, 486]. Dem fasziniert zuschauenden Betrachter darf darüber jedoch nicht entgehen, dass der Reichskanzler in eben diesen Jahren, da seine Außenpolitik, der eigenen Einschätzung nach, gleichsam wie ein einmal aufgezogenes Uhrwerk leicht und reibungslos abzulaufen schien, über die vertrauten Methoden der „Großmacht Diplomatie" (HENRY KISSINGER) hinaus beständig nach grundsätzlichen Alternativen Ausschau hielt, die ihn schließlich aus dem Dilemma „einer schleichenden Gewichtsverlagerung" zu Lösungen führten, „die mehr Dauer und Zukunft verhießen" [329: L. GALL, Bismarck, 619].

Suche nach dauerhaften Alternativen

Errichtung des Bündnissystems

Sein Hauptaugenmerk galt jedoch zunächst der Errichtung eines Bündnissystems. Nach dem Abschluss des Zweibundes ging es ihm darum, Russland erneut an das Deutsche Reich und Österreich-Ungarn heranzuziehen. In dieser Hinsicht wirkte nicht zuletzt auch seine diplomatische Sondierung gegenüber Großbritannien. Mit ihr versuchte er im September 1879 die englische Reaktion für den Fall zu ermitteln, dass Deutschland mit Russland in ein Zerwürfnis geraten sollte. Zum einen gab dieses Signal zu erkennen, dass das Deutsche Reich dazu bereit war, sich bei einer bleibenden Gegnerschaft der Russen stärker zur britischen Weltmacht hin zu orientieren. Zum anderen kam es Bismarck aber bevorzugt darauf an, über die Verbindungen der Deutschen mit den Österreichern hinaus, durch Fühlungnahme mit dem weltmächtlichen Rivalen der Russen, Großbritannien, dem Zarenreich die eigene Gefährdung vor Augen zu führen und es zum Einlenken in Richtung Berlin zu bewegen. Nach schwierigen Verhandlungen, deren Probleme vor allem im österreichisch-russischen Gegensatz lagen, wurde am 18. Juni 1881 der Dreikaiservertrag abgeschlossen. Neben Regelungen über die südosteuropäischen Interessen der Mächte verpflichtete er die Vertragspartner im Kern zu wohlwollender Neutralität, falls eine der Monarchien durch eine vierte Großmacht angegriffen würde. Russland vermochte also bei einem Konflikt mit Großbritannien auf deut-

Sondierung gegenüber England 1879

Dreikaiservertrag (18. 6. 1881)

sche, Deutschland bei einer Auseinandersetzung mit Frankreich auf russische Neutralität zu zählen. Angesichts der im Zarenreich zunehmend an Einfluss gewinnenden nationalistischen und antideutschen Strömungen darf der Wert dieses Vertrages keineswegs überschätzt werden. Und höchst beunruhigt registrierte Bismarck nur wenige Monate nach Vertragsabschluss die im Februar 1882 im Zuge der sog. Skobelew-Episode in Russland laut werdenden Stimmen, die öffentlich nach einem gegen die Zweibundmächte gerichteten Kriegsbündnis zwischen Russland und Frankreich riefen. Doch vorerst half das Abkommen mit – und der sich in der Lenkung der russischen Außenpolitik im Jahre 1882 vollziehende Wechsel von Gortschakow zu Giers unterstrich diese vorwaltende Tendenz nicht unmaßgeblich –, eine Annäherung zwischen St. Petersburg und Paris aufzuhalten, und gab Berlin weiterhin die für den Bestand des Reiches lebenswichtige Chance, zwischen den Österreichern und Russen die günstige Position eines überlegenen Mittlers zu beziehen. Ja, ungeachtet der von militärischer Seite aus während der ersten Hälfte der achtziger Jahre immer drängender vorgetragenen Forderungen, sich mit der Donaumonarchie zusammen auf den Zweifrontenkrieg gegen Russland und Frankreich einzurichten, denen im übrigen „die Vorstellungen der militärischen Führung Russlands und Frankreichs prinzipiell entsprachen" [305: K. CANIS, Bismarck, 101], gelang es doch, den geheimen Vertrag nach Ablauf der festgelegten Dauer von drei Jahren noch einmal um eben diese Frist zu verlängern.

Die russisch-französische Gefahr

Mittler zwischen Österreich-Ungarn und Russland

Korrespondierend zu diesem „östlichen" System deutscher Bündnispolitik wurde, damit einhergehend und vereinbar, alternativ und ergänzend zugleich, ein „westliches" Fundament Bismarckscher Außenpolitik gelegt. Über die mittelmeerisch-afrikanischen Gegensätze mit Frankreich aufgebracht, näherte sich Italien der deutsch-österreichischen Mächtekombination an. Doch erst nachdem über die italienisch-österreichischen Spannungen, über die sog. Irredenta, zwischen Rom und Wien einigermaßen befriedigend verhandelt worden war, kam es am 20. Mai 1882 zum Abschluss des Dreibundvertrages. Aus Bismarcks Sicht handelte es sich dabei vornehmlich um ein Schutzbündnis gegen Frankreich, das in innenpolitischer Hinsicht die italienische Monarchie gegen republikanische Herausforderungen stützte und das in machtpolitischer Beziehung, allerdings um den hohen Preis militärischer, den casus belli im Vertrag vorsehender Vereinbarungen, Österreich-Ungarn im Ernstfalle an seiner südlichen Flanke Entlastung bot. Nach dem Anschluss Rumäniens an die Zweibundmächte im Jahre 1883 und losen Verbindungen Spaniens und der Türkei mit dem aus

Dreibundvertrag (20. 5. 1882)

I. Enzyklopädischer Überblick

„System Bismark" Zweibund bzw. Dreibund und Dreikaiservertrag flexibel gefügten „System Bismarck" unterhielt das Deutsche Reich, wenn auch in unterschiedlicher Intensität, zu allen Mitgliedern der europäischen Staatengesellschaft vertraglich geregelte und abgesicherte, von Berlin aus zumindest maßgeblich mitgestaltete und jeweils wechselseitig ausbalancierte Beziehungen – ausgenommen war davon allein Frankreich.

Annäherung an Frankreich
Die Gunst dieser Gelegenheit benutzte der deutsche Reichskanzler jedoch nicht dazu, Frankreich zu demütigen. Ganz im Gegenteil unternahm er den Versuch, auch mit diesem aller Voraussicht nach schwer zu versöhnenden Gegner einen Ausgleich zu finden. Das Experiment verband sich, über den Rahmen der traditionellen Diplomatie hinausgehend und in der kolonialpolitischen Episode der achtziger Jahre aufblitzend, mit einem – nach dem am Ende der siebziger Jahre offenbaren Scheitern einer mitteleuropäischen Blockbildung – erneut unternommenen Anlauf, für das Deutsche Reich eine kontinentaleuropäisch und global zugleich befreiende sowie zukunftsträchtige Perspektive zu gewinnen. In diesem Sinne äußerte Bismarck im September 1884 gegenüber dem französischen Botschafter in Berlin, de Courcel, es gelte über den Bestand des europäischen Gleichgewichts, das im Grunde eine Erscheinung des 18. Jahrhunderts darstelle, auch das „Gleichgewicht der Meere" im Sinne einer globalen Balance zu beachten. Um dieses zu pflegen, müsse sich aber insbesondere Großbritannien an die Vorstellung gewöhnen, „daß eine französisch-deutsche Allianz nichts Unmögliches sei" [Zit. nach 329: L. GALL, Bismarck, 620].

Bismarcks Kolonialpolitik 1884/85
Bismarcks Kolonialpolitik der Jahre 1884/85, die nach einer bis dahin prinzipiellen Absage an überseeische Erwerbungen afrikanische und pazifische Territorien (Deutsch-Südwestafrika, Deutsch-Ostafrika, Togo und Kamerun; Kaiser-Wilhelm-Land in Neuguinea, Bismarck-Archipel, die Salomonen und Marschall-Inseln) unter den Schutz des Reiches stellte, war somit, ungeachtet ihres Scheiterns, im außenpolitischen Zusammenhang weit umfassender angelegt, als die gleichfalls in ihr steckenden wirtschaftlichen und sozialreaktionären, wahltaktischen und persönlich-herrschaftsstabilisierenden Motive zu erkennen geben. Lothar Gall hat darauf hingewiesen, dass in diesem Rahmen mit bewusster Frontstellung gegen England, um die Briten gefährlich zu isolieren und damit vom Reich abhängig zu machen, über Europa hinausreichend und auf den alten Kontinent zurückwirkend, versucht wurde, Frankreich in die europäische „Friedens-Assekuranz" einzufügen und der deutschen Außenpolitik neue Wege zu bahnen, um den voranschreitenden Machtschwund des Reiches aufzuhalten. Wie zuvor Österreich-Ungarn als Gegengewicht zur russischen Weltmacht gedient

hatte, so sollte jetzt Frankreich die Balance zur englischen Weltmacht halten, um eine juniorpartnerschaftliche Abhängigkeit des Deutschen Reiches von St. Petersburg oder London zu vermeiden und die gleichberechtigte Eigenständigkeit der jungen, so unverhältnismäßig rasch ins machtpolitische Hintertreffen geratenden Großmacht zukunftweisend zu festigen.

Während der durch enges deutsch-französisches Zusammenwirken charakterisierten Berliner Kongo-Konferenz vom 15. Dezember 1884 bis zum 26. Februar 1885, deren Generalakte den Kongostaat unter der Souveränität des belgischen Königs Leopold II. anerkannte, mittelafrikanische Handelsfreiheit vorsah, den Sklavenhandel verbot, die freie Schiffahrt auf dem Kongo und Niger garantierte und mit einer Neutralisierung Mittelafrikas die Verwendung farbiger Soldaten in europäischen Kriegen zu verhindern bemüht war, fand Großbritannien, in Asien durch Russland und in Afrika durch Frankreich gleichzeitig herausgefordert, sich in der Tat in einer gar nicht zu übersehenden Bedrängnis wieder. Doch ungeachtet aller Frankreich so verlockend in Aussicht gestellten Expektanzen auf überseeische Ausdehnung gelang es nicht, seine Blicke von den „blauen Kämmen der Vogesen" dauerhaft abzulenken. Zu unsicher war die innenpolitische Basis der Regierung des Ministerpräsidenten Ferry, der als Protagonist der weltpolitischen Orientierung Frankreichs für Bismarcks großes Experiment eine Zeitlang als nützlicher Partner gedient hat. Schon vor dessen Sturz am 30. März 1885, der das kolonialpolitische Interesse des Reichsgründers umgehend erlahmen ließ, hatte Bismarck damit begonnen, gegenüber den zuvor während der kolonialpolitischen Episode so bewusst rüde traktierten Briten einzulenken. Angesichts des sich abzeichnenden Fehlschlags, über den afrikanischen Umweg eine für Deutschland tragfähige außenpolitische Alternative zum Mechanismus der „Aushilfen" zu finden, kehrte er umgehend zu jener Normalität des Vorläufigen zurück, die, drei Jahre nach dem Ende der sich als „passing affair" [127: H. HOLBORN, Political Collapse, 53] erweisenden „Kolonialehe" mit Frankreich, in seinen Worten gegenüber einem Repräsentanten des Kolonialgedankens, Eugen Wolf, ihren Ausdruck fand: „Ihre Karte von Afrika ist ja sehr schön, aber meine Karte von Afrika liegt in Europa. Hier liegt Rußland, und hier ... liegt Frankreich, und wir sind in der Mitte; das ist meine Karte von Afrika" [E. WOLF, Vom Fürsten Bismarck und seinem Haus, Berlin 1904, 16].

Nach Ferrys Sturz aber brandete erneut eine antideutsche und revanchistische Welle von Frankreich her gegen die westlichen Grenzen des Reiches. Bald darauf geriet auch das balkanische Erdbebengebiet

Berliner Kongo-Konferenz (15. 12. 1884–26. 2. 1885)

Ende der kolonialpolitischen Episode

an der europäischen Peripherie wieder in Bewegung und bedrohte Deutschland an seiner östlichen Flanke. Das Reich hatte nunmehr die große west-östliche Doppelkrise zu überstehen.

4. Die west-östliche Doppelkrise 1885–1887

In der zweiten Hälfte der achtziger Jahre wurde Bismarcks zeitweilig so vollkommen erscheinendes und dennoch ganz unübersehbar vorläufiges Bündnissystem durch eine dramatische Entwicklung der internationalen Politik auf die Existenzprobe gestellt. Um dem „cauchemar des coalitions" zu entgehen, gab es für die deutsche Außenpolitik, sieht man von ihrer Diplomatie der Balance einmal ab, nur noch zwei Alternativen großen Stils, um mit den sich auftürmenden Problemen einer immer komplizierter werdenden Lage fertig zu werden. Zum einen lockte führende Militärs, aber auch Repräsentanten der Öffentlichkeit mehr und mehr der Gedanke, den gordischen Knoten außen- (und innen-)politischer Verwicklungen durch einen Präventivkrieg zu zerschlagen. Bismarck widerstand dieser durchaus populären Versuchung mit Entschiedenheit. Denn ihm mochte nicht einsichtig werden, welches politische Ziel auf diesem Wege erreicht werden sollte bzw. konnte. Europa würde eine tiefgreifende Umgestaltung seines territorialen bzw. machtpolitischen Gefüges zu Lasten Frankreichs kaum hinnehmen. Und was Russland anging, so kam seine „Elementargewalt" [Zit. nach 146: R. WITTRAM, Rußlandpolitik, 282] dem Reichskanzler schlechthin unüberwindbar vor.

Die andere Wahlchance lag darin, sich mit den natürlichen Gegebenheiten der deutschen Großmacht abzufinden und an eine der beiden Weltmächte Anlehnung zu suchen. In diesem Sinne jedoch für Russland zu optieren, kam für die überwiegende Mehrheit der in Staatsführung und Politik, im militärischen und öffentlichen Bereich maßgeblichen Repräsentanten kaum mehr in Frage. Ihre antirussische Orientierung ließ sie eher zu einer Entscheidung für Großbritannien hin tendieren. Doch auch dieser Alternative erteilte der Reichskanzler eine Absage, weil er die Unabhängigkeit der deutschen Großmacht so lange wie eben möglich zu bewahren entschlossen war. Zunehmend heftiger trafen ihn dafür aus nahezu allen Richtungen des politischen und öffentlichen Lebens die Vorwürfe, einer altersschwachen und blutleeren, verzagten und lendenlahmen, kurzum: einer zukunftslosen Politik der Stagnation zu huldigen.

Dessen ungeachtet machte er sich immer wieder daran, das berstende und endlich in den Grundmauern erschütterte Gebäude seines

A.4. West-östliche Doppelkrise 1885–1887

Bündnissystems auszubessern und neu zu errichten – freilich um den Preis einer gar nicht zu verkennenden Unübersichtlichkeit und Kompliziertheit der Konstruktion und mit dem gegenüber den vorhergehenden Jahren schwerwiegenden Unterschied, nunmehr darauf abstellen zu müssen, nicht allein abwartend die existierenden Gegensätze des Staatenlebens geschickt zu nutzen, um Deutschlands Position zu fördern, sondern durchaus aktiv bestehende Spannungen zwischen den anderen Mächten anzufachen, um das Überleben des Reiches zu sichern. Die unausbleibliche Folge solcher Prozedur lag darin, dass das Reich ungeachtet aller Beteuerungen des eigenen Desinteresses, insbesondere gegenüber den Problemen der balkanischen Peripherie Europas, mehr als ihm guttat, in die Spannungen eben dieser Region verwickelt wurde.

<small>Unübersichtlichkeit des Bündnissystems</small>

Die große Doppelkrise, die Europa in jenen Jahren erschütterte, nahm im Westen des Kontinents ihren Ausgang. Ohne Zweifel bedrohlicher für das Reich aber wirkte, was von Südosten und Osten her an schwerem Wetter aufzog. In Frankreich stieg Kriegsminister Boulanger als „Général Revanche" zum führenden Repräsentanten einer antiparlamentarischen Bewegung auf, deren außenpolitische Stoßrichtung gegen Deutschland zielte und die eine Allianz mit Russland forderte. Bismarck spielte diese Gefahr mit Absicht hoch, um von der russischen Bedrohung abzulenken. Denn die Beziehungen zum Zarenreich entwickelten sich außerordentlich problematisch. Dass Großbritannien in der wiederum auflebenden bulgarischen Frage das gegen die russischen Interessen zielende Verlangen der Bulgaren nach Unabhängigkeit unterstützte, kam dem Reichskanzler durchaus gelegen, begünstigte es doch seine Strategie, England auf dem Balkan in eine die Balance haltende Position gegen Russland zu bringen.

<small>Kriegsminister Boulanger</small>

Außerordentlich nachteilig auf den Bestand des Dreikaiservertrages wirkte dagegen der über dem bulgarischen Streit gleichzeitig ausbrechende Konflikt zwischen Österreich-Ungarn und Russland. Was der Reichskanzler in diesem Zusammenhang vorhatte, war ebenso einfach wie schwierig, war seit langem bekannt und wurde nun aufs Neue aktuell: Serbien sollte im Zuge einer Abgrenzung der balkanischen Einflusssphären unter österreichische, Bulgarien unter russische Vormundschaft gestellt werden. Das Risiko seiner vermittelnden Friedenspolitik lag unverkennbar darin, von einem der Kontrahenten zu stark abhängig zu werden und darüber den anderen zu verlieren oder gar beiden viel zu weitgehende Zugeständnisse machen zu müssen und der Unvereinbarkeit solchen Tuns zu erliegen. Da Österreich-Ungarn weit stärker als das Zarenreich die Verabredungen des Dreikaiservertrages missachtete, unterstützte das Reich Russlands bulgarisches Anliegen,

<small>Das Bulgarien-Problem</small>

<small>Das Risiko deutscher Friedenspolitik</small>

ohne dass der Kanzler auch nur entfernt über das gegen St. Petersburg gerichtete Vorgehen der Briten unglücklich gewesen wäre und ohne auch nur einen Augenblick lang die Notwendigkeit aus dem Auge zu verlieren, darauf zu achten, dass die großmächtliche Stellung der Donaumonarchie, die der neue Staatssekretär des Äußeren, Herbert von Bismarck, während des Verlaufs der großen Doppelkrise zu Holsteins Entsetzen zeitweilig zu opfern erwog, auf gar keinen Fall gravierend geschädigt werden durfte.

Im November 1885 spitzte sich die bulgarische Krise zu, als die mit Österreich-Ungarn verbündeten Serben, die für die Forderung der Bulgaren nach einer Vergrößerung um Ostrumelien Kompensation verlangten, das Fürstentum mit Krieg überzogen. Energisch hatte das Deutsche Reich die Donaumonarchie, bevor sie den von den Bulgaren schon bald zu Paaren getriebenen Serben militärisch zu Hilfe eilte, auf die dringende Notwendigkeit direkter Verhandlungen mit Russland verwiesen. Doch trotzig verkündete die Wiener Regierung, sie werde niemals ein russisches Protektorat über Bulgarien hinnehmen. Bismarcks Politik der Demarkation blieb ohne Erfolg, und der Dreikaiservertrag wurde von russischer Seite aus für „tot" erklärt – lange bevor mit dem Prinzen Ferdinand von Sachsen-Coburg-Gotha-Koháry ein Nachfolger des Battenbergers gewählt wurde, den Österreich-Ungarn favorisierte und den das Zarenreich ablehnte. Der Bruch zwischen den Kontrahenten wurde unheilbar; für Russland kam, wenn überhaupt, nur noch eine Verbindung mit Deutschland, auf gar keinen Fall aber mehr mit Österreich-Ungarn in Frage.

Im Grunde auf die Ausgangsstellung des Zweibundes zurückgeworfen, ging Bismarck nunmehr daran, das in gefährliche Unordnung geratene Bündnissystem, wenn auch nur notdürftig und erheblich modifiziert, zu restaurieren. Vom Herbst 1886 an gab es entsprechende Fühlungnahmen zum Zarenreich, wo der auf die Verbindung mit Berlin bedachte Außenminister Giers innenpolitisch einem ganz beträchtlichen Druck jener durch den Publizisten Katkow repräsentierten Kräfte ausgesetzt war, die vehement gegen Deutschland agitierten und offen für den Krieg des Zarenreiches an der Seite Frankreichs gegen das „Land der Mitte" eintraten. Der den chauvinistischen und panslawistischen Tönen ansonsten nicht abgeneigte Zar Alexander III. hielt trotzdem an seinem Minister des Äußeren fest, so dass für Bismarck auf der staatlichen Ebene durchaus die Möglichkeit existierte, sich nicht „an einen ungarischen Kometenschweif" gegen Russland binden zu lassen, sondern mit diesem vielmehr einen vernünftigen, auf gleichgerichtetem Fuße sich vollziehenden Verkehr zu pflegen.

A.4. West-östliche Doppelkrise 1885–1887

Einer diskreten Regelung der schweren östlichen Krise war förderlich, dass der Reichskanzler durch die Aufmerksamkeit, die er dem westlichen Schauplatz so demonstrativ schenkte, davon ablenkte, und dass er vor allem entschieden jeden Gedanken zurückwies, zum gegenwärtigen Zeitpunkt „einen Krieg zu führen deshalb, weil er später vielleicht doch geführt werden muß" [15: H. KOHL (Hrsg.), Reden 12, 186]. „Wir haben keine kriegerischen Bedürfnisse", so fasste er seine dem Deutschen Reich verordnete, für dessen Existenz ebenso notwendige wie den Ausdehnungstrieb der jungen Großmacht zügelnde Staatsräson in der Reichstagsrede vom 11. Januar 1887 zusammen, „wir gehören zu den – was der alte Fürst Metternich nannte: saturirten Staaten, wir haben keine Bedürfnisse, die wir durch das Schwert erkämpfen könnten" [EBD., 177]. Das „saturierte" Reich

Das löchrig gewordene Vertragssystem zu stopfen, unternahm der Reichskanzler vom westlichen bzw. südlichen Schauplatz des Kontinents aus. Das aus deutscher Sicht mit einer Spitze gegen Frankreich ausgestattete Mittelmeerabkommen Englands mit Italien (und Österreich) vom 12. Februar (bzw. 24. März) 1887 bildete eine Grundlage für die anstehende Erneuerung des Dreibundes. Sie kam am 20. Februar 1887 letztlich nur noch dadurch zustande, dass der um fünf Jahre verlängerte Vertrag durch zwei den italienischen Partner in Nordafrika und auf dem Balkan begünstigende Zusatzabkommen zwischen Italien und Österreich einerseits sowie zwischen Deutschland und Italien andererseits ergänzt wurde. In die defensiv konzipierte Bündnispolitik schlichen sich damit, sozusagen als Preis für ihr Zustandekommen und ihren Erhalt, offensiv wirkende Elemente ein, die der Tendenz nach drohten, das Ursprüngliche zum Abgeleiteten degenerieren zu lassen. Der Widerspruch zwischen Friedensabsicht und Kriegsvorbereitung klaffte, vom Bismarckschen Bündnisgeflecht mehr und mehr Besitz nehmend, drohend auf. Mittelmeerabkommen 1887

Denn auch der aus dem Mittelmeerabkommen entwickelte Orientdreibund, den Großbritannien, Österreich-Ungarn und Italien im Dezember 1887 vereinbarten, trug unübersehbar die Züge einer gegen Russland gerichteten Eindämmungspolitik und war in dieser Hinsicht kaum vereinbar mit dem zwischen Deutschland und dem Zarenreich zuvor, am 18. Juni 1887, abgeschlossenen geheimen Rückversicherungsvertrag. Anstelle des zerbrochenen und ausgelaufenen Dreikaiservertrages sah dieser nunmehr allein zwischen Berlin und St. Petersburg wechselseitige Neutralität für den Verteidigungskrieg vor und überließ den Russen zudem in einem „ganz geheimen Zusatzprotokoll" im Grunde den Zugang zu den umstrittenen Meerengen ebenso wie er „die Orientdreibund 1887

Rückversicherungsvertrag (18. 6. 1887) geschichtlich erworbenen Rechte Rußlands auf der Balkanhalbinsel" (insbesondere im Hinblick auf Bulgarien einschließlich Ostrumeliens) anerkannte. Im Widerspruch zu jeweils existierenden Vertragsverpflichtungen mit England und vor allem mit Österreich-Ungarn blieb das Deutsche Reich, die Rivalitäten seiner Partner aktiv nutzend und riskant ausbalancierend, vorläufig in der günstigen Hinterhand und bewahrte einen zunehmend fragiler werdenden Frieden.

Bedeutung des Rückversicherungsvertrages

Was die Bedeutung des vielumrätselten Rückversicherungsvertrages anging, so lag sie nach Herbert von Bismarcks Urteil, der ihn im Übrigen als „ziemlich anodyn" einschätzte, zum einen darin, dass „uns im Ernstfall die Russen wohl doch 6–8 Wochen länger vom Halse als ohne dem" [13: W. BUßMANN (Hrsg.), H. von Bismarck, Privatkorrespondenz, 457–458] blieben. Zum anderen aber war, weit darüber hinausreichend, für den Reichskanzler von Bedeutung, dass der wieder geknüpfte „Draht nach St. Petersburg" der in Russland immer mehr an Popularität gewinnenden Forderung nach einer Verbindung mit Frankreich im Wege stand und „daß die deutsch-russischen Beziehungen mit Vertrag immer noch eine bessere Basis hatten als ohne" [66: C. MESSERSCHMIDT, Russische Politik, 54].

Alte Diplomatie und neue Zeit

Angesichts einer gar nicht zu übersehenden Anfälligkeit all dieser Konstruktionen aber, so kunstvoll sie auch errichtet und so meisterhaft sie auch gepflegt wurden, stellte sich doch immer drängender die Frage, wie lange sich das Deutsche Reich unter Zuhilfenahme noch so raffinierter Methoden seiner Diplomatie angesichts des nunmehr im anbrechenden Zeitalter des Imperialismus alle Staaten ergreifenden „Raumrausches" (THEODOR SCHIEDER) zu behaupten vermochte. Konnte der auch in Deutschland längst erwachte „Großmachtinstinkt" (SEBASTIAN HAFFNER) nach Expansion und Landerwerb weiterhin eingedämmt und durch ein „System der Aushilfen" enthaltsam sublimiert werden?

5. Das „System der Aushilfen" 1887–1890

Durch Bismarcks außenpolitisches System waren mit Ausnahme des noch isolierten Frankreich 1887 alle Mächte Europas, in freilich abgestufter Qualität, mit Deutschland vertraglich verbunden. Über den Wert des letzten Gliedes in seiner Bündniskette, des Rückversicherungsvertrages mit Russland, gab sich der Reichskanzler freilich keinen Illusionen hin. Nach wie vor drohte ja die allerdings verringerte Gefahr eines

Spannungen mit Russland 1887/88

russisch-französischen Zusammengehens ebenso wie die aus der inneren Politik des Reiches geborenen Spannungen, die vor allem wirtschaftlicher und gesellschaftlicher Natur waren, zum Zarenreich immer deutlicher hervortraten. Sie trugen dazu bei, dass sich das Verhältnis zu Russland während der Dauer des geheimen Vertrages verschlechterte. Diese Tendenz kulminierte in dem im November 1887 an die Reichsbank ergangenen Verbot, russische Papiere zu beleihen. Damit war der deutsche Kapitalmarkt für russische Interessenten gesperrt. Dieses Lombardverbot existierte in einer durchaus widersprüchlichen Ergänzung zum Rückversicherungsvertrag. Einmal gab es jenen Kräften im eigenen Lande nach, die den Konflikt mit dem Zarenreich wünschten. Und von der Möglichkeit einer Trennung des Ökonomischen vom Außenpolitischen fest überzeugt, glaubte Bismarck, den eintretenden Schaden begrenzen zu können. Zum anderen sollte Russland den Einfluss des Reiches durchaus zu spüren bekommen. Doch anstelle dieses erhofften Effekts orientierte sich das russische Anleihebedürfnis kurzerhand nach Amsterdam, vor allem aber nach Paris. Schon jetzt wurden goldene Brücken zwischen den künftigen Allianzpartnern erbaut; sich auf ihnen zu treffen, blieb freilich politischen Entscheidungen vorbehalten.

Mit dem russischen Vertragspartner in ganz offen ausgetragenen Streit verwickelt, legte Bismarck dem englischen Premierminister Salisbury auf dessen im Zusammenhang mit Großbritanniens Beitrag zum Orientdreibund zielende Anfrage am 22. November 1887 gründlich auseinander, wie sich ihm die internationale Lage im Allgemeinen darstellte und wie er in diesem Rahmen die englische Position im Besonderen einschätzte. Seine treffende Einsicht in den tiefen Gestaltwandel der äußeren Politik, die vor allem durch die Einführung der allgemeinen Wehrpflicht und die Existenz millionenstarker Heere begründet war, führte ihn zu der Schlussfolgerung, gerade Deutschland mit seinem hoch organisierten Wehrsystem könne überhaupt nur dann Krieg führen, wenn die Nation davon überzeugt sei, einen Angriff abwehren zu müssen. Vermochte Bismarck in dieser Entwicklung, zumindest gegenüber dem englischen Premierminister, auch eine friedensfördernde Tendenz zu erkennen, so wird ihm doch kaum entgangen sein, dass ein solcher Krieg der Völker, einmal ausgebrochen, weitaus verheerender wirken musste als jener überlebte Krieg der Könige, der die Untertanen viel weniger in Mitleidenschaft zog. Denn die gesamte, seit 1871 verfolgte äußere Politik des Reichsgründers zielte ja eben, „von Ahnungen einer schreckensvollen Zukunft geplagt", darauf ab, dieses neue „Zeitalter der Kriege mit den mühsamen Anstrengungen einer kunstreichen, aber traditionellen Diplomatie um ein Menschenalter" [397: T. SCHIEDER, Nietzsche, 342] aufzuschieben.

Verhältnis zu England 1887

Krieg der Könige und Krieg der Völker

Was Großbritannien betraf, so gab er seiner Erwartung Ausdruck, dass „die befreundeten Mächte, welche im Orient Interessen zu beschützen haben, die nicht die unserigen sind, ... sich stark genug machen, um das russische Schwert in der Scheide zu halten oder um demselben Widerstand leisten zu können, falls die Umstände zu einem Bruch führen sollten". Deutschland jedenfalls müsse immer dann eingreifen, „wenn die Unabhängigkeit Österreich-Ungarns durch einen russischen Angriff bedroht wäre, oder England oder Italien Gefahr liefen, durch französische Heere überflutet zu werden" [2: GROSSE POLITIK 4, 376–380; dt. Übersetzung bei O. HAMMANN, Zur Vorgeschichte des Weltkrieges ..., Berlin 1918, 154–159, hier 158–159]. Die zuletzt ausgemalte Gefahr tangierte die Briten inzwischen allerdings so wenig, dass Salisbury in seiner ansonsten zustimmenden Antwort darauf gar nicht mehr einging.

Englands vorteilhafte Isolierung

Auf mittlerweile beängstigend schmal gewordenem Grat setzte das Deutsche Reich seine nach Unabhängigkeit strebende Wanderung zwischen den Weltmächten fort. In diesem Sinne bemühte sich der Reichskanzler darum, auch die Briten enger an sich zu binden, ohne sich selbst über Gebühr an England ketten zu müssen. Dieser Versuch traf freilich, bei ungleich besseren Ausgangsbedingungen des Kontrahenten, in rivalisierender Symmetrie auf eine dem genau entsprechende Außenpolitik der anderen Seite. Zudem plante der deutsche Kanzler, die Russen immer tiefer in die orientalische Sackgasse von Konstantinopel hineingehen zu lassen, wo sie dann, analog der von ihm konstruierten Bündnismechanik und der noch auf lange Zeit hin kalkulierbaren Machtlogik gemäß, auf Großbritannien und Österreich-Ungarn treffen würden. Das „Abzugspflaster" des Rückversicherungsvertrages in seiner Wirkung verstärkend, hatte er auch auf diese Art und Weise vor, Russlands Interesse von Mitteleuropa abzuwenden und auf Frankreich zu lenken. Denn, was den Geheimvertrag mit dem Zarenreich anging, so blickte er mit wachsender Besorgnis auf die diesseits und jenseits der Grenze zwischen den Vertragspartnern beobachtbare Tatsache, dass die unkontrollierbaren Ströme einer durch die Presse aufgeputschten Öffentlichkeit sein kunstvoll errichtetes Gebäude ruinös unterspülten und ganz rigoros auf das Kommen eines neuen Zeitalters internationaler Politik verwiesen, an dessen Bedingungen gemessen die eigene äußere Politik seltsam überlebt erschien.

Die „orientalische Sackgasse"

Öffentlichkeit und Außenpolitik

Bismarcks Bündnissondierung gegenüber England Januar 1889

Noch einmal versuchte er, England im Zuge einer deutschen Bündnissondierung vom Januar 1889 stärker an das Reich zu ziehen. „Zu gemeinschaftlicher Abwehr eines französischen Angriffes" [2: GROSSE POLITIK 4, 400] auf Großbritannien oder Deutschland ließ er ein parlamentarisch ratifiziertes Verteidigungsabkommen vorschlagen. Ein geheimer Vertrag, so lautete die Argumentation, biete beiden Mächten Sicherheit für den Ausgang eines Krieges, ein öffentlicher dagegen gewähre dessen Verhinderung. Dass dieser nach London ausgestreckte Fühler, dessen Anliegen auf die Eindämmung Frankreichs gerichtet war, eine grundsätzliche Option zugunsten der Briten für den Fall einer weiteren Verschlechterung der deutsch-russischen Beziehungen enthielt, erscheint ebenso plausibel wie Bismarck ja in eben diesem Zeitraum auch mit dem Gedanken umgegangen ist, den genau in die andere Richtung führenden Weg einer prinzipiellen Anlehnung an das Zarenreich einzuschlagen.

In der gegebenen Situation aber lieferte, weit weniger grundsätzlich und vielmehr konkret berechnet, Bismarcks englische Rochade den Russen einen drohenden Hinweis auf die durchaus noch vorhandenen Möglichkeiten deutscher Außenpolitik, um das Zarenreich zum „Kommen" zu bewegen. Denn insgesamt blieb dem Reichskanzler „das russische Hemd lieber ... als der englische Rock" [Zit. nach 66: C. MESSERSCHMIDT, Russische Politik, 87].

Aus dem den Briten unterbreiteten Vorschlag wurde nichts. Deutschlands und Englands Interessen nahmen sich zu gegensätzlich aus. Zwar hatten beide gleiche Gegner, nämlich Russland und Frankreich. Intensität und Lokalisierung der sich daraus jeweils ergebenden Antagonismen – Bedrohung der eigenen Grenzen hier und Spannungen an den Rändern des Empire dort – aber fielen so verschieden aus, dass keine Chance bestand, sich im Sinne der gemeinsamen Kriegsverhinderung oder Kriegführung überzeugend zu einigen. *Divergenz deutscher und britischer Interessen*

Nahezu isoliert widersetzte sich Bismarck in diesen letzten Jahren seines Regiments mit aller ihm zur Verfügung stehenden Macht dem immer fordernder vorgetragenen Drängen der Militärs nach einem Krieg gegen Russland, der auch in Kreisen der Politik, der Bürokratie und der Öffentlichkeit populär war. Nur Moltke, der Chef des Generalstabes, war schließlich dazu bereit, dem Kurs des Reichskanzlers zu folgen, nachdem dieser ihn mit dem geheimen Rückversicherungsvertrag bekannt gemacht und somit davon überzeugt hatte, dass der Zweifrontenkrieg doch nicht so akut drohte, wie die Offiziere fast einhellig annahmen. Bismarck selbst schwankte in dieser Hinsicht zwischen der Hoffnung, den Krieg gegen Ost und West durch die „Schutzimpfung für den Zaren gegen französische Ansteckung" [JOHANNES HALLER, zit. nach 146: R. WITTRAM, Rußlandpolitik, 277] für drei Jahre aufgeschoben zu haben, und der Erwartung, „daß wir in nicht zu ferner Zeit den Krieg gegen Frankreich und Rußland gleichzeitig zu bestehen haben werden" [14: O. v. BISMARCK, Ges. Werke 6c, 350]. *Das Problem des russischen Krieges*

Die in den populären Strömungen des Zarenreiches immer stärker hervortretende, gegen Deutschland zielende Haltung des „Russismus" attackierte nicht zuletzt Bismarcks Reichstagsrede vom 6. Februar 1888, die zugleich die interessenorientierte Außenpolitik der Russen lobte und vor allem jedem deutschen „Periklitieren" in der Weltpolitik entschieden absagte. Im Übrigen riet er dem Parlament zur Annahme der zur Debatte stehenden Heeresvorlage, die die Voraussetzung dafür lege, den drohenden Krieg zu verhindern bzw. zu verschieben. Nicht zuletzt aufgrund eigener Stärke existierte überhaupt noch jene zerbrechliche Verbindung mit Russland, die das Reich davon entband, mit allen Konsequenzen zum balkanischen Erfüllungsgehilfen der Österreicher zu werden. Wie weit der Reichskanzler, über die so gesuchte Austarierung des russischen und österreichischen Gewichts hinaus, den Russen im extremen Falle einer Existenzbedrohung für das Reich im Sinne einer grundsätzlichen Option entgegenzukommen bereit war, gab er dem Grafen Hatzfeldt gegenüber, der davon im Jahre 1895 rückblickend berichtete, wiederum zu erkennen. Bismarck glaubte nämlich, „das Mittel in der Hand zu haben", um „die russische Neutralität ... im letzten Augenblick zu erkaufen, indem er dann Österreich fallen ließ und den Russen damit den Orient überlieferte" [2: GROSSE POLITIK 9, 353]. Aber noch in den schwierigen Jahren des sich anbahnenden und vollziehenden Herrscherwechsels von Wilhelm I. über Friedrich III. zu Wilhelm II. hielt der Kanzler am Überlieferten fest, Russland und Österreich sowie England und Russland jeweils wechselseitig gegeneinander auszuspielen und selbst sozusagen auf des Messers Schneide zu balancieren. Das war gewiss alles andere als eine Lösung auf Dauer, aber auch nicht der Beweis für eine bereits gescheiterte Außenpolitik. Keine äußere Politik baut für die Ewigkeit, sie ist immer auf Aushilfen angewiesen. Im Deutschland der „Ära Bismarck" war dieses „System" freilich in ungewöhnlicher und extremer Art und Weise ausgebildet. Die äußere Norm des Reiches hatte nämlich in der Bewegungslosigkeit zu liegen, während für alle anderen Großmächte zu expandieren als normal galt. Innen- und außenpolitische Kräfte, von durchaus zeitgemäßer und zukunftverheißender Qualität, wenn auch mit letztlich nachteiligen, allerdings nicht auf den ersten Blick absehbaren Folgen, wurden daher im Zeitalter Bismarcks coupiert oder eingedämmt, um den Status quo des Reiches, seinen Bestand und seine Gestalt, zu sichern. Denn zu tun, was alle anderen in dieser Zeit taten, nämlich zu wachsen, erschien dem Reichsgründer, im Rückblick betrachtet nicht zu Unrecht, als viel zu riskant.

"Hier ist eigentlich alle Welt für den Krieg", stellte Holstein im Januar 1888 fest, „mit fast alleiniger Ausnahme von S[einer] D[urchlaucht], der die äußersten Anstrengungen macht, um den Frieden zu erhalten" [17: G. EBEL (Hrsg.), Hatzfeldt-Papiere 1, 657]. Nun, zweifellos war das, was Bismarck tat, im Sinne der Zeit rückwärtsgewandt. Es war aber auch fortschrittlich, wenn man bedenkt, was er damit abwehrte. Deutschlands äußere Politik hatte tatsächlich die Grenze einer neuen Ära erreicht, in die sie nicht mehr so recht hineinzupassen schien und die zumindest ihre Zerbrechlichkeit schonungslos aufdeckte. Über das deutsche Beispiel hinaus erhebt sich freilich die grundsätzliche Frage danach, ob das in Bismarcks Geburtsjahr 1815 eingerichtete Gleichgewichtssystem Europas überhaupt noch auf längere Sicht zu überleben imstande war. Inwieweit also Deutschlands Außenpolitik eine leidige Ausnahme im allgemeinen Zusammenhang oder das krasse Symptom übergeordneter Vorgänge darstellte, stand unbeantwortet im Raum, als der „Neue Kurs" der Wilhelminischen Ära seine außenpolitische Linie zu suchen begann.

Europäisches Gleichgewichtssystem und deutsche Außenpolitik

B. Im Banne des Prestiges: Die entfesselte Macht

1. „Neuer Kurs" und fehlende Linie 1890–1897

„Bismarck's fall from power in March 1890 was the great dividing point in the history of European diplomacy during the years that separated the Franco-German War from the great conflict of 1914" [107: W. L. LANGER, Imperialism, 3]. Diese ganz allgemein auf die Geschichte des europäischen Staatensystems zielende Feststellung gilt, ungeachtet aller fortwirkenden und diese Zäsur eher einebnenden Elemente, nicht zuletzt in Gesellschaft und Staatensystem, auch für die Geschichte der deutschen Außenpolitik. Was damals das Empfinden der Deutschen in ihrer Mehrheit anging, so schien ihnen der „Neue Kurs" endlich, in innerer, vor allem aber auch in äußerer Perspektive, den lange ersehnten Wechsel von einer Politik der Entzweiung zu einer Politik der Versöhnung und von einer Politik des Stillstandes zu einer Politik der Bewegung zu bringen. Dafür zeugte in außenpolitischer Hinsicht allein schon die vor Optimismus und Tatendrang sprühende Äußerung des jungen Monarchen, es gehe von nun an auf der bewährten Bahn „mit Volldampf" voraus. Dass jetzt eine neue „Weltanschauung ... über die des Reichsgründers triumphierte" [OTTO WESTPHAL, Feinde Bismarcks, München/Berlin 1930, 173], in der das

Zäsur 1890

Der „Neue Kurs"

Geltungsbedürfnis über die Sache triumphierte, wurde noch lange nicht als typisch wilhelminische Erscheinung von „viel Blendwerk und wenig Substanz" [T. SCHIEDER, Einführung, in 376: D. LANGEWIESCHE (Hrsg.), Kaiserreich, 6] erkannt.

<small>Gesellschaftlicher Wandel und äußere Politik</small>

Insgesamt mischten sich mehr und mehr Elemente aus den Bereichen der Wirtschaft und der Öffentlichkeit, des Militärischen und des Prestiges in die Welt der Staatenbeziehungen und eben auch der deutschen Außenpolitik ein, als dies schon unter Bismarck der Fall gewesen war. Mächtig schritt die Tendenz einer Umwandlung Deutschlands vom Agrar- zum Industriestaat voran, die in den Jahren der Kanzlerschaft Hohenlohes endgültig zum Durchbruch gelangte. Nicht zuletzt ihren innen- und außenpolitisch eng miteinander verbundenen Folgen, die sich im Rahmen einer umfassenden Politisierung aller Zusammenhänge des Gesellschaftlichen verdichteten und nach innerer Teilhabe sowie äußerem Erfolg verlangten, versuchte der neue Reichskanzler Caprivi entgegenzukommen.

<small>Integrationskraft des Kaisertums</small>

Wenn auch so manch allgemeine Neigung der Epoche durch die bizarre Persönlichkeit des deutschen Kaisers einen Zug ins Extreme erhielt, so war doch nicht zu übersehen, dass „the Kaiserdom of Wilhelm II proved to be an integrative force of surprising effectiveness" [E. FEHRENBACH, in 209: J. C. G. RÖHL/N. SOMBART (Eds.), Wilhelm II, 283]. Und gar nicht zu verkennen war zudem, dass die Existenz der inneren Spannungen des Reiches, sicherlich zeitweise, ja sogar tendenziell, gegenüber der zurückliegenden „Ära Bismarck" abnahm und dass Deutschland auf diesem Feld im Vergleich mit dem, was andere Staaten, beispielsweise in der französischen Dreyfus-Affäre, in der russischen Winterrevolution und im Nationalitätenkampf der Donaumonarchie zu bestehen hatten, nicht eben übler dran war. Innerlich keineswegs krank erscheinend oder gar schon vom Todeskeim gezeichnet, stand dieses junge Reich da, sondern ganz im Gegenteil:

<small>Innere Vitalität und äußerer Anspruch</small>

Vor Vitalität und Kraft überschäumend, streifte es jetzt die schon lange als lästig empfundenen Fesseln eines scheinbar überalterten Regiments ab und schickte sich an, zu neuen Ufern aufzubrechen. Vor allem die durch den gesellschaftlichen Wandel mehr und mehr zu Einfluss gelangenden bürgerlichen Elemente teilten ohne Einschränkung, was Max Weber in seiner Freiburger Antrittsvorlesung aus dem Jahre 1895 programmatisch forderte: „Wir müssen begreifen, daß die Einigung Deutschlands ein Jugendstreich war, den die Nation auf ihre alten Tage beging und seiner Kostspieligkeit halber besser unterlassen hätte, wenn sie der Abschluß und nicht der Ausgangspunkt einer deutschen Weltmachtpolitik sein sollte" [M. WEBER, Ges. pol. Schriften, Tübingen ^{4}1980, 23].

Caprivi freilich betrieb vorerst kontinentale Außenpolitik, die umgehend eine schwierige Frage zu beantworten hatte. Es ging um die Erneuerung des nach dreijähriger Frist ablaufenden Rückversicherungsvertrages mit Russland. Holsteins bereits seit der „Ära Bismarck" bekannte Vorbehalte gegen die russische Verbindung kamen jetzt voll zum Tragen; der Vertrag wurde trotz eines andauernd bezeugten Drängens der Russen nicht erneuert. Die Berater des Kanzlers bestritten die Vereinbarkeit der russischen Allianz mit den bestehenden Verpflichtungen des Zwei- und Dreibundes sowie des Mittelmeerabkommens. Die Berliner Regierung bestand auf klaren Verhältnissen, beurteilte Bismarcks Bündnissystem daher nicht unter dem Gesichtspunkt seiner Friedens-, sondern vielmehr seiner Kriegstauglichkeit und kam zu dem Ergebnis, das Vertragserbe des Reichsgründers würde Deutschland „im entscheidenden Moment ... isolieren ...", weil es uns nicht gestattete, der Freund unserer Freunde und der Feind unserer Feinde zu sein" [LUDWIG RASCHDAU, zit. nach 306: K. CANIS, Neuer Kurs, 985].

<small>Nichterneuerung des Rückversicherungsvertrages</small>

Daher ging die deutsche Außenpolitik auf Distanz zum Zarenreich, versuchte statt dessen, sich Großbritannien anzunähern und strebte zudem danach, die eigene Position in Mitteleuropa zu verbessern. Als Schwungrad für das letztgenannte Bemühen diente jetzt auch das Mittel der Außenwirtschaftspolitik. „Wir müssen exportieren; entweder wir exportieren Waren oder wir exportieren Menschen" [Zit. nach 161: H. O. MEISNER, Caprivi, 15], so diagnostizierte der Reichskanzler am 10. Dezember 1891 und entschied sich für die Therapie des Warenexports. Sie schlug sich in einer fast den gesamten Kontinent umfassenden, die industriellen Bedürfnisse Deutschlands seinen agrarischen Interessen vorziehenden Handelsvertragspolitik nieder. Damit einhergehen konnte der riskante Schritt von der „halben Hegemonie" zur wirklichen Vormacht – und sei es vorerst nur in Form einer Bismarck seit 1875 bzw. 1879 verwehrten Politik der vollkommen „freien Hand".

<small>Außenwirtschaftspolitik und Mitteleuropa</small>

<small>Politik der „freien Hand"</small>

Zeitgleich mit der Entscheidung über die Verlängerung oder Aufgabe des Rückversicherungsvertrages hatte die deutsche Reichsleitung über ein noch aus der Zeit Bismarcks stammendes, jetzt von englischer Seite wieder ins Gespräch gebrachtes Problem zu befinden. Es ging darum, neben einer Abgrenzung deutscher und britischer Interessen in Afrika die Schutzherrschaft des Reiches über Sansibar gegen die Abtretung des britischen Helgoland aufzugeben. Das entsprechende Abkommen vom 1. Juli 1890 demonstrierte in dem Augenblick vor aller Welt eine Annäherung der Deutschen an Großbritannien, in dem sie die Offerte der Russen nach Erneuerung der bislang existierenden Verbin-

<small>Helgoland-Sansibar-Vertrag (1. Juli 1890) und die Annäherung an England</small>

dung entschieden zurückgewiesen hatten. Dass der Ausfall des russischen Faktors im Geflecht deutscher Außenpolitik die Abhängigkeit Berlins von London, vor allem aber von Wien über Gebühr steigerte, zeigte sich schon sehr bald. Die internationale Szenerie begann sich, im Vergleich mit dem zurückliegenden Jahrzehnt, grundlegend zu verändern. Denn das Zarenreich ließ sich vom pro-englischen Signal deutscher Außenpolitik zwischen 1891 und 1894 an die Seite Frankreichs führen. Mit der Annäherung an Großbritannien einer ging eine seit 1891 beobachtbare Tendenz deutscher Militärstrategie, die dem genau widersprach und für das chaotische Grundmuster wilhelminischer Außenpolitik charakteristisch wurde. Angesichts einer neuen Beurteilung der kontinentaleuropäischen Stärkeverhältnisse begann der Chef des Generalstabes, Schlieffen, damit, den Aufmarschplan für den mit Sicherheit erwarteten Zweifrontenkrieg zu ändern und die deutsche Militärmaschinerie erst einmal gegen Westen, sodann erst gegen Osten vorgehen zu lassen. In dem Moment also, in dem die deutsche Außenpolitik einen englandfreundlichen Kurs einschlug, entwarfen die Militärs eine Strategie, die im Konfliktfall durch wahrscheinliche Gefährdung der europäischen Balance und mögliche Verletzung neutraler Staaten Großbritannien in einem genau konträren Sinne zu dem, was die Wilhelmstraße wollte, auf den Plan rufen musste.

Doch bereits am Ende der Kanzlerschaft Caprivis erschien das Verhältnis des Reiches zu Großbritannien alles andere als ungetrübt. Die Ende 1891 auf zehn Jahre mit Österreich, Italien, Belgien und der Schweiz abgeschlossenen Handelsverträge, die den inneren Bedürfnissen einer auch ansonsten zaghaft auf Versöhnung der sozialen Gegensätze bedachten Industriepolitik einerseits und auf die äußere Notwendigkeit einer Stärkung des Dreibundes andererseits zielten, waren anfangs durchaus von breiter Zustimmung im Inneren getragen. Sie bröckelte unter innenpolitischem Druck nach und nach ab, so dass die 1893/94 mit Spanien, Serbien, Rumänien und endlich auch mit Russland zustande gekommenen Abkommen nur noch knappe Mehrheiten erhielten. In außenpolitischer Perspektive deutete nicht zuletzt der Handelsvertrag mit Russland eine Rückwendung zum Zarenreich an, die mit dem zwischenzeitlich schwierig gewordenen Verhältnis zum ursprünglichen Wunschpartner England zu tun hatte.

Die deutsch-britischen Zwistigkeiten entzündeten sich, seit 1892 zunehmend, in fernen Regionen der Welt. Was beispielsweise den Streit um die Konzession für den zweiten Abschnitt der Anatolischen Eisenbahn bis zum südlich von Ankara gelegenen Konia anging, so rief er Deutschlands Widerstand gegen die englische Ägyptenpolitik auf den Plan. Enttäuscht hatten die deutschen Staatsmänner zudem den 1893 zwischen England und Frankreich hin- und hergehenden siamesischen Konflikt verfolgt. Denn anstelle eines beherzten Auftretens der Briten, auf das die Deutschen spekuliert hatten, um die Schiedsrichterrolle zu übernehmen oder vielleicht sogar eine gemeinsame antifranzösische Politik mit den Engländern zu treiben, wurde die Angelegenheit friedlich beigelegt. Als dann, Ende 1893, der stets zwischen den Polen von „Erwerbsgenossenschaft" und „Versicherungsgesellschaft" (FRITZ FELLNER) schwankende Dreibund in eine ernste Krise geriet, versuchte das Reich, den Weg nach Russland zurückzufinden. Doch die deutschen Staatsmänner hatten nichts mehr in der Hand, um die Russen wirklich anlocken zu können: kein intaktes oder prospektives Verhältnis zu England, das St. Petersburg schrecken mochte; keine Russland bindende und für das Zarenreich bedrohliche Beziehung zu Österreich-Ungarn, dem das Reich sich, von Russland längst mit seiner französischen Verbindung pariert, mit Haut und Haaren zu verschreiben anschickte. Zar Alexander III. aber „verlangte eben als Vorbedingung für eine deutsch-russische Verständigung die Anerkennung des russischen Führungsanspruchs" [375: R. LAHME, Allianzstrategie, 499] durch die Deutschen, und England war vorläufig, bis sich die Weltlage nochmals dramatisch veränderte, auf das den Zweifrontenkrieg fürchtende Reich nicht angewiesen. Nunmehr befiel jene „springende Unruhe" (HERMANN ONCKEN) Deutschlands Außenpolitik, die die anderen Mächte so nachhaltig irritierte und die das Reich bindungslos zwischen den Weltmächten, Russland und England, hin und her torkeln ließ.

Krise des Dreibundes und Rückwendung zu Russland

Die „springende Unruhe" des Reiches

Wie die Rückwendung zum Zarenreich misslungen war, so verschlechterte sich im Verlauf der neunziger Jahre das deutsch-britische Verhältnis zunehmend. Gewiss, hier und da blitzte im Umriss bereits jetzt jene wenige Jahre später noch einmal ventilierte Kontinentalliga-Konzeption auf: Im Ton weit schroffer als alle anderen bezog das Reich beispielsweise während des japanisch-chinesischen Krieges 1894/95 Stellung gegen Japan. Dabei arbeitete es mit Russland zusammen, um dieses mit den Briten im Fernen Osten nicht in eine gar zu enge Verständigung gelangen zu lassen, während Frankreich aus eben diesem Grund, nämlich um eine deutsch-russische Allianz zu vermeiden, widerwillig an die Seite des Zarenreiches trat. Die Folge war nicht eine neue Annäherung an Russland, sondern eine weiter fortschreitende Entfremdung von Großbritannien. Sie zeigte sich in englisch-deutschen Dissonanzen in der eben während dieser Zeit wieder angefachten orientalischen Frage. Dieser Tatbestand trat aber auch im Zusammenhang mit dem von englischer Seite 1895 unterbreiteten Aufteilungsplan des

Kontinentalliga-Konzeption

Das Reich und der japanisch-chinesische Krieg 1894/95

Osmanischen Reiches hervor, als Großbritannien seine imperiale Verteidigungslinie von Konstantinopel nach Kairo verlegte und Deutschland zusammen mit Österreich-Ungarn aus machtpolitischen und wirtschaftlichen Gründen in nicht zu übersehender Abkehr von der bislang verfolgten Politik des nahöstlichen Desinteresses dort anstelle der Briten gegen die Russen Position bezog. Und das wurde, am gefährlichsten und nachhaltigsten, in den deutsch-britischen Gegensätzen deutlich, die 1896 in Bezug auf die englische Südafrikapolitik aufbrachen. Die deutsche Ermunterung der unabhängigen Burenrepublik gegen tatsächliche oder angebliche britische Übergriffe fand in der fragwürdigen Depesche Wilhelms II. vom 3. Januar 1896 ihren fatalen Ausdruck, als der Monarch nach dem Ende des Jameson-Raid in Transvaal, für den die britische Regierung nicht verantwortlich war, den Burenpräsidenten Ohm Krüger mit unübersehbar scharfer Spitze gegen England zu seinem Erfolg beglückwünschte. Tief und fortwirkend wurde so das Verhältnis zwischen Großbritannien und Deutschland gestört, während mit der anderen „Flügelmacht", dem Zarenreich, eine vertraglich geordnete Beziehung nicht mehr länger existierte. Ohne mit Notwendigkeit beschritten werden zu müssen, zeichnete sich in Umrissen der Weg von einer Politik der „freien Hand" zur Isolierung des Deutschen Reiches ab.

2. Von der Politik einer „freien Hand" zur Isolierung des Deutschen Reiches 1897–1908

Um die Jahrhundertwende wurde auch in Deutschland die Forderung nach überseeischer Expansion immer lauter. Doch was der „aggressive[n] Rastlosigkeit" (ALFRED THAYER MAHAN) jener Zeit als durchaus normal erschien, wurde für die Deutschen zu etwas Spezifischem, drohte ihnen von solchem Vorgehen, mit der „Normalität der deutschen Außergewöhnlichkeit" (NORMAN RICH) untrennbar verbunden, unvergleichlich ernstere Gefahr als den anderen Großmächten. Es war die überschäumende Kraft einer wirtschaftlich, wissenschaftlich und technisch an die Spitze drängenden jungen Nation, die den Deutschen ein „Bewußtsein des Besonderen" (SEBASTIAN HAFFNER) verlieh. Und entfesselte Macht, die zudem, ohne die werbende Idee einer ostensiblen Mission, oft roh und abstoßend wirkte, war es vor allem, die zu einer Fehleinschätzung der Weltlage führte und das Reich auf die englische Erbfolge spekulieren ließ. Von einer seit 1896 bis 1913 nahezu ungebrochen prosperierenden Wirtschaftskonjunktur begleitet und angefacht, herrschte in Deutschland das Empfinden vor, auf außenpolitischem Terrain, im scheinbar sicheren Besitz des 1871 Errungenen, das Reich nun auf weltmächtlicher Grundlage gleichsam zum zweiten Male begründen zu müssen.

Dies alles verkörperte sich in dem 1897 zum Staatssekretär des Äußeren und drei Jahre darauf zum Reichskanzler berufenen Bernhard von Bülow. Seine äußere Politik stand im Banne eines Primats jener Flottenrüstung, die von dem im gleichen Jahr wie er zum Staatssekretär des Reichsmarineamtes ernannten Alfred von Tirpitz sogleich tatkräftig in die Wege geleitet wurde. Zwischen den Weltmächten Russland und England so lange „freie Hand" zu behalten, bis Deutschland angesichts ausreichender Eigenmacht und im Besitz der großen Schlachtflotte mit Russland eine gegen England gerichtete Verbindung eingehen könnte, war das Ziel Bülowscher Außenpolitik. Tirpitz dagegen kam es ausschließlich darauf an, unbemerkt die Gefahrenzone kommender Jahre zu durchmessen, um seinen gigantischen Plan zu realisieren, der schon im Verlauf eines kurzen Zeitraums als Instrument der Abschreckung und Machtprojektion, offensiv und defensiv zugleich, die Engländer vor ihren eigenen Küsten in der Nordsee zentral bedrohte.

Bernhard von Bülow

Primat der Flottenrüstung

Die äußere Ruhe freilich, die Tirpitz für die Verwirklichung seiner ehrgeizigen Flottenpläne forderte, stand in unvereinbarem Kontrast zu dem Prestigebedürfnis weiter Kreise der Wilhelminischen Öffentlichkeit, die ohne Verzug nach weltpolitischen Erfolgen verlangten. Insofern erhielt das richtungs- und ziellose Treiben der Deutschen etwas Schemenhaftes, das den anderen Staaten bedrohlich vorkam. Der Erwerb von Kiautschou und des chinesischen Hinterlandes (1897/98), die deutsche Haltung im amerikanisch-spanischen Krieg (1898), Deutschlands Politik in der Samoa-Frage (1898/99) und der Kauf einiger im Grunde wertloser pazifischer Territorien (Karolinen-, Palau- und Marianeninseln) am 30. Juni 1899 vertieften die Kluft zu den Engländern, Russen und Amerikanern. Und die „Hunnenrede" Wilhelms II., mit der er das zur Bekämpfung des chinesischen Boxeraufstandes abfahrbereite deutsche Expeditionskorps am 27. Juli 1900 verabschiedete, hob die Deutschen unter ihrem „Weltmarschall" Waldersee aus dem Kreis der übrigen an dem chinesischen Straffeldzug beteiligten imperialistischen Mächte von vornherein unvorteilhaft ab.

Prestigebedürfnis und „Weltpolitik"

„Hunnenrede" Wilhelms II. (27. 7. 1900)

Doch die Entwicklung der internationalen Politik bot dem Reich erneut eine Chance, als den Briten um die Jahrhundertwende ihre globale Überforderung krass bewusst wurde. Daher streckte der Kolonialminister Joseph Chamberlain zwischen 1898 und 1901 Fühler nach Deutschland aus und war seinerseits für solche Initiativen empfänglich, um mit dem Reich den Abschluss eines Defensivbündnisses zu erwä-

Deutsch-britische Bündnisgespräche 1898–1901

gen, zumal die Deutschen sich gegenüber dem am 11. Oktober 1899 ausgebrochenen und für England schwierigen Burenkrieg dieses Mal neutral verhalten hatten. Eben solche Position aber gedachten sie auch insgesamt gegenüber der britischen Weltmacht zu wahren. Abgesehen davon, dass niemals ein konkreter Bündnisvorschlag zur Verhandlung anstand, erwarteten die deutschen Staatsmänner mit Gewissheit, Großbritannien werde zukünftig zu noch weit vorteilhafteren Bedingungen auf das Reich zukommen und verhielten sich daher reserviert – zumal sie von den mit den Briten 1898 bzw. 1901 abgeschlossenen Abkommen über das Schicksal der portugiesischen Kolonien in Afrika und des chinesischen Jangtse-Tals aufgrund ausgebliebener wirtschaftlicher oder territorialer Erfolge enttäuscht waren. Während Großbritannien von nun an mit seinen weltpolitischen Rivalen einen Ausgleich zu finden bemüht war, verlor das Deutsche Reich, was sich mit dem Abschluss der englisch-japanischen Defensivallianz vom Jahre 1902 und im Verlauf der Venezuela-Krise in den Jahren 1902/03 in gewissem Sinne bereits andeutete, an Einfluss auf die sich neu herausbildende Ordnung der Staaten.

Vorläufig allerdings dominierte in Form eines bis dahin beispiellosen Rüstungswettlaufs die deutsch-britische Rivalität das internationale Geschehen. Sie setzte mit einer sich eben nicht in Afrika und Asien, sondern gleichsam vor der englischen Haustür auftürmenden, jenseits des Kanals als revolutionär empfundenen Herausforderung durch die Deutschen ein. Zusammen mit den Reaktionen der Briten führte diese Politik zu einer tiefen Polarisierung im Staatensystem. Zwar begann der „Tirpitz-Plan", aus außen- wie innenpolitischen Gründen, vom Jahre 1908 an unübersehbar zu verfallen, doch seine Existenz belastete auch weiterhin schwer hemmend die deutsche Außenpolitik. England jedenfalls hatte, von dieser Zeit an sichtbar hervortretend, den „trockenen Krieg" gewonnen, zog jedoch vor allem aus imperialen und bündnispolitischen Gründen daraus nicht die Konsequenzen, die eine Normalisierung der internationalen Lage mit sich gebracht hätten.

Lange zuvor aber, im Jahre 1904, hatten sich Großbritannien und Frankreich über strittige Kolonialprobleme, in erster Linie in Afrika, auf dem Verhandlungswege geeinigt und die erst einmal nicht gegen Deutschland gerichtete, bald allerdings auch europäische Wirkungen zeitigende „Entente cordiale" geschlossen. Von nun an begann sich ein von den Deutschen selbst mitgeschmiedeter „Ring" um das Reich zu legen. Eine Probe aufs Exempel der neuen Entente, die über den Zustand der Weltpolitik Aufschluss geben sollte, machten die Deutschen im Zuge der ersten Marokkokrise während der Jahre 1905/06. Unmissverständlich wollten sie klarmachen, dass Berlin schon aus Prestigegründen nicht gewillt war, sich irgendwo auf der Welt „stillschweigend auf die Füße treten" [F. VON HOLSTEIN, zit. nach 326: W. FRAUENDIENST, Deutsches Reich, 192–193] zu lassen. Die Krise endete für das Reich mit einem völligen Fehlschlag: Wider Erwarten hielt die „Entente cordiale". Und auf der von Berlin nachdrücklich geforderten internationalen Konferenz zur Regelung der marokkanischen Angelegenheit, die von Januar bis April 1906 in Algeciras stattfand, war es nicht Frankreich, das am Ende allein dastand, sondern, nur noch von seinem österreichischen Zweibundpartner sekundiert, das Deutsche Reich.

Erste Marokkokrise 1905/06: Das isolierte Reich

Einen Präventivkrieg gegen Frankreich zu führen, wurde in Berlin selbst während der „günstig" erscheinenden Konstellation des Jahres 1904/05 nicht ernsthaft erwogen, als Frankreichs russischer Bündnispartner durch seine Niederlage im Krieg gegen Japan und seine Schwächung durch die Wirren der Revolution als Machtfaktor nahezu ausfiel. Über den Abschluss eines das Reich begünstigenden Handelsvertrages mit Russland hinaus visierten die Deutschen vielmehr eine Allianz mit dem Zarenreich an – sei es im Rahmen von Zweiseitigkeit (Bülow), sei es im Rahmen einer Kontinentalliga (Wilhelm II.). Doch der als Auftakt dazu zwischen Nikolaus II. und Wilhelm II. am 24. Juli 1905 in Björkö vereinbarte Defensivvertrag scheiterte politisch.

Kein Präventivkrieg gegen Frankreich

Vertrag von Björkö (24. 7. 1905)

Dessen ungeachtet hielt der schon lange seiner freien Hand beraubte, also weitgehend entmachtete deutsche „Schiedsrichter" eine Verständigung zwischen den Weltmächten England und Russland nach wie vor für unmöglich, bis diese sich am 31. August 1907 in einer Konvention vor allem über ihre Gegensätze in Asien geeinigt hatten. England stand von nun an gewiss eher im Lager der französisch-russischen Allianz als auf Seiten des deutsch-österreichischen Zweibundes. Bald ging in Deutschland das Wort von der „Einkreisung", wer auch immer sie herbeigeführt haben mochte, um. Bülow erkannte die Gefahr einer Isolierung durchaus. Doch bewahrte sein oberflächlicher Optimismus ihn durchgehend davor, in diesem Zusammenhang ernsthaft an einen Krieg zu denken, während pessimistische Gewissenhaftigkeit seinen Nachfolger auch diese Erwägung ins Kalkül ziehen ließ.

Englisch-russische Konvention (31. 8. 1907)

Die sog. „Einkreisung"

Im Jahr nach dem Abschluss der englisch-russischen Konvention musste Deutschland seinem Verbündeten Österreich-Ungarn jenen Preis für dessen Allianztreue bezahlen, den Bismarck zu entrichten sich stets geweigert hatte. Vor dem Hintergrund der jungtürkischen Revolution vom Sommer 1908 ging die Donaumonarchie daran, nach einer mit den Russen getroffenen Absprache ihrer beiderseitigen Balkaninteressen, Bosnien und die Herzegowina zu annektieren. Als es darüber am Ende doch zum Konflikt mit Russland kam, stellte das Deutsche Reich sich bedingungslos hinter den ihm allein verbliebenen Alliierten und zwang die an den Folgen der Niederlage gegen Japan noch leidenden, von Frankreich zudem nur matt unterstützten Russen im März 1909 zum Einlenken. Der Sieg des Zweibundes war freilich teuer erkauft. Denn Russland ging, seit 1911 deutlich sichtbar, auf Konfrontationskurs zum Reich, und trotz aller es gefährdenden Turbulenzen überlebte das französisch-russische Bündnis die Annexionskrise.

<small>Bosnische Annexionskrise 1908/09</small>

Verschärft wurden die Spannungen des Reiches, sowohl gegenüber Russland als auch vor allem gegenüber England, durch jenes freilich auch Chancen zur internationalen Zusammenarbeit mit sich bringende Projekt des Baues der Bagdadbahn, mit dem das Reich sich anschickte, ohne allerdings Ziel und Grenzen seines Begehrens näher zu umreißen, zwischen der russischen und britischen Einflusszone im Nahen Osten Fuß zu fassen. Wirtschaftliche Hochstimmung und außenpolitische Furcht, Bramarbasieren und Verzagtheit, Anmaßung und Angst begleiteten und beeinflussten die äußere Politik des Kaiserreichs, dessen innere Probleme sich zunehmend schwieriger gestalteten und den Grat der Reformpolitik schmaler werden ließen, ohne dass darüber die für alle Schichten verbindliche Kraft eines integrierenden, freilich auch innere und äußere Sprengwirkung entfaltenden Nationalismus zu übersehen wäre. Zentral ging es für die deutsche Außenpolitik jetzt aber darum, die machtpolitische Isolierung des Reiches, also jene als „Einkreisung" empfundene, durch eigene und fremde Einwirkung herbeigeführte „Auskreisung", so rasch und gründlich wie möglich zu überwinden.

<small>Bagdadbahn-Bau</small>

<small>Zwischen Angst und Anmaßung</small>

3. „Auskreisung" als „Einkreisung" 1909–1914

<small>Isolierung des Reiches</small>

Deutschlands Isolierung durch „das Ausland", die sich „infolge unserer auswärtigen Politik" nach einem Wort Philipp Scheidemanns vom 5. Dezember 1908 „wie ein eiserner Ring ... um uns legen" wird [Zit. nach 300: H. BLEY, Bebel, 77], aufzulockern und den fordernden Erwartungen, die eine vom „Wille[n] zur Weltgeltung" (KLAUS WERNECKE) getragene Öffentlichkeit hegte, maßvoll dämpfend zu entsprechen, fiel dem 1909 ins Amt gekommenen Reichskanzler Theobald von Bethmann Hollweg als wichtigste Aufgabe zu. Der ihm dafür zur Verfügung stehende Spielraum war auf innen- wie außenpolitischem Terrain gleichermaßen eng. Die äußere Politik des Reiches konzentrierte der neue Kanzler zum einen wiederum entschiedener auf die europäischen Erfordernisse und bündelte zum anderen die global vagabundierenden Kolonialwünsche auf das Ziel mittelafrikanischer Erwerbungen. Für beide Vorhaben war er als maßgeblichen Partner auf Großbritannien angewiesen. Doch die deutsch-britischen Kontakte blieben erst einmal ohne Ergebnis.

Bethmann Hollwegs Englandpolitik

Annäherungsversuche an Frankreich, so in dem Marokko betreffenden Übereinkommen vom 9. Februar 1909, und an Russland, so in der den Nahen Osten bzw. Persien angehenden Vereinbarung vom 3./4. Oktober 1910, dienten nicht zuletzt dazu, die Festigkeit der bestehenden Bündnisse ein ums andere Mal, freilich mit einem für Deutschland enttäuschenden Ausgang, zu erproben. Deutlich zeigte sich der Zustand des europäischen Allianzgefüges im Verlauf der zweiten Marokkokrise vom Jahre 1911, in der der deutsche Staatssekretär Kiderlen-Wächter eine groß angelegte Politik des Bluffs verfolgte. Sie gab sich martialisch, ohne den Krieg zu wollen; sie mobilisierte die öffentliche Meinung und geriet in deren Abhängigkeit; als eine äußere „Flucht nach vorn" war sie eher der Ausdruck einer „machtpolitischen Demonstration der Stärke als eines mit Konflikt rechnenden Kurses" [386: E. ONCKEN, Panthersprung, 419]. Und über sich hinaus verwies sie nicht zuletzt darauf, dass „the cause of the crisis lay in the system itself" [295: G. BARRACLOUGH, Agadir, 110]. Konkretes Ziel Kiderlen-Wächters war es, zu bilateralen Verhandlungen zwischen Berlin und Paris zu gelangen und in ihrem Rahmen den französischen Kongo zu erwerben. Weltpolitik, deren vorteilhafte kontinentaleuropäische (und innenpolitische) Rückwirkungen auf der Hand lagen, gedachten die deutschen Staatsmänner aber nicht mehr länger gegen, sondern vielmehr im Zusammenwirken mit Großbritannien zu realisieren. Diese Hoffnung stellte sich, zumindest in der zentral über die europäische Konstellation entscheidenden Agadirkrise, als grundlegende Fehlspekulation heraus. Unerwartet klar bezog das seit 1905 auch durch militärische Verabredungen Frankreich näher gerückte Großbritannien an der Seite des Ententepartners Stellung gegen Deutschland. Erstaunlich rasch ließ sich das Deutsche Reich sodann auf einen an sich enttäuschenden Kolonialkompromiss ein, der Frankreichs Anspruch auf Marokko anerkannte und Deutschland dafür eine in Äquatorialafrika gelegene, geringwertige Kompensation zusprach. Großbritannien jedenfalls, das hatte die zweite Marokkokrise nur zu deutlich gemacht, war der gegnerischen Allianz des Reiches sehr eng verbunden.

Zweite Marokkokrise: Politik des Bluffs

England 1911: Für Frankreich – gegen Deutschland

Als im September 1911 Italien Tripolis und die Cyrenaica besetzte und es daraufhin zum Krieg mit der Türkei kam, stand Deutschland zwischen dem ihm verbündeten Osmanischen Reich, um dessen

Erbe es nun endgültig zu gehen schien, und dem ihm nur noch formal alliierten Italien, da der ein gutes Jahr später nochmals erneuerte Dreibund seine ursprüngliche Funktion längst verloren hatte. Auf jeden Fall aber rückte der Peripherie und Zentrum Europas verbindende Balkan aufs Neue ins Blickfeld der internationalen Beziehungen.

<small>Das Reich und der italienisch-türkische Krieg 1911</small>

Zuvor aber kulminierten die deutsch-englischen Détente-Bemühungen in der am 8. Februar 1912 beginnenden Mission des englischen Lordkanzlers Haldane nach Berlin. Ihre Erfolgschancen waren von vornherein begrenzt. Denn der Kaiser und vor allen Dingen Tirpitz waren, was die Flottenrüstung betraf, zu wesentlichen Abstrichen gar nicht bereit. Das aber galt den Engländern als Voraussetzung dafür, sich überhaupt auf ein Neutralitätsabkommen mit den Deutschen einzulassen. Wohlgemerkt: Der Reichskanzler strebte nicht deshalb nach der englischen Neutralität, um Frankreich und Russland mit Krieg überziehen und die kontinentale Hegemonie erobern zu können. Doch wer wollte den Engländern garantieren, dass Bethmann Hollwegs in Europa und in Übersee auf friedlichen Wandel hin ausgerichtete Politik nicht durch seine aufs gerade Gegenteil zielenden innenpolitischen Kontrahenten überspielt wurde? Denn Wilhelm II. kündigte, für den englischen Unterhändler geradezu brüskierend, nur einen Tag vor dessen Ankunft in seiner Thronrede eine Flottennovelle an. Und so nahm der Deutschlandexperte Haldane aus Berlin den im Grunde deprimierenden Eindruck mit, dass hier, hinter wohlgeordneter Fassade, die eine Hand der Regierung nicht wusste, was die andere tat. Selbst der sozialdemokratische Parteiführer August Bebel, der dazu „die Flucht in die Geheimdiplomatie" [300: H. BLEY, Bebel, 10] antrat, ermunterte ja die englische Regierung in diesen Jahren wiederholt dazu, die Deutschen durch eine Rüstungsoffensive zum Einlenken zu zwingen.

<small>„Haldane-Mission" 1912</small>

<small>Bebels „Geheimdiplomatie"</small>

Bethmann Hollweg jedenfalls war, zumindest auf außereuropäischem Terrain, fest entschlossen, für das Reich als Juniorpartner an der Seite Englands Weltpolitik zu treiben und einen Krieg zu vermeiden, durch britischerseits ermöglichte Erfolge Deutschlands europäische Lage nach und nach zu erleichtern und die verfahrene innenpolitische Situation Schritt um Schritt zu ordnen. Anfänge dazu boten die, im Einzelnen von zahlreichen Rückschlägen begleiteten, zwischen Deutschland und England getroffenen Vereinbarungen über die Zukunft der portugiesischen Kolonien (August 1913), über die Fortführung des Bagdadbahnbaus sowie über die Region des Persischen Golfs (Juni 1914). Ungeachtet der Präferenz des Kanzlers für eine mittelafrikanische Politik des Reiches und ungeachtet einer in Westeuropa schon beträchtlich weit gediehenen deutschen Präsenz auf wirtschaftlichem

<small>Das Reich als englischer Juniorpartner</small>

<small>Deutsch-britische Détente 1913/14</small>

Feld konzentrierte sich das Engagement des Reiches, dessen Kapitalmangel jetzt freilich immer deutlicher zutage trat, auf das in außenpolitischer Hinsicht zweifellos gefährlichere Terrain Kleinasiens, während die immer wieder auftauchende Vision eines von Deutschland, direkt oder indirekt, politisch oder wirtschaftlich, geführten „Mitteleuropa" vor dem Krieg letztlich doch nur eine publizistische Erscheinung darstellte.

<small>Orientierungen deutscher Außenpolitik: Weltwirtschaft – Mitteleuropa – Kleinasien</small>

Im südosteuropäischen Wetterwinkel des Kontinents aber zog im Jahre 1912 ein neues Gewitter auf. Der Verlauf des ersten, am 17. Oktober begonnenen Balkankrieges, in dem Serbien, Bulgarien, Griechenland und Montenegro die Türkei rasch besiegten, führte bis an den Rand einer Auseinandersetzung der großen Mächte. Diese Gefahr drohte vor allem, da die Serben bis zur Adriaküste vordringen wollten und damit Österreich-Ungarns Reaktion hervorriefen. Das Vorgehen gegen den serbischen Plan mobilisierte umgehend die Russen: Von einem lokalen Konflikt ausgehend, standen sich somit die europäischen Bündnisgruppen gegenüber. Noch einmal freilich gelang es der deutschen und englischen Seite, im Zuge einer am Jahresende 1912 in London zusammentretenden Botschafterkonferenz, eine friedliche Lösung zu finden, die nach dem zweiten, im Sommer 1913 um die türkische Beute ausgetragenen Balkankrieg in den am 10. August 1913 abgeschlossenen Frieden von Bukarest einmündete. Entscheidend für die Regulierung der Konflagration war die Tatsache, dass Deutschland und England, aus jeweils ganz unterschiedlichen Gründen, ihre Bündnispartner im Zaum zu halten in der Lage waren. Was die deutsche Haltung gegenüber der Donaumonarchie anging, so übte Kiderlen-Wächter durchaus die notwendige, auch im eigenen Interesse liegende Bündnistreue und kühlte doch, gerade auf dem Höhepunkt der Adriakrise, die überhitzten Gemüter der österreichischen Heißsporne durch einen „kalten Wasserstrahl" [Zit. nach 238: E. ZECHLIN, Krieg, 127] so gründlich ab, dass die von dem Staatssekretär bereits im September 1912 umrissene, wieder auf eine größere Unabhängigkeit der Deutschen gegenüber Österreich-Ungarn bedachte Haltung Berlins der Wiener Regierung mäßigende Zügel anlegte.

<small>Die Balkankriege 1912/13</small>

<small>Deutsch-englisches Krisenmanagement</small>

Dass die diplomatische Beilegung der Balkankriege auch in zukünftigen Krisen wiederholbar erschien, war eine zeitgenössische Hoffnung, hinter der so manches Fragezeichen stand. Denn sowohl Russland als auch Österreich-Ungarn zeigten sich schon bald um so entschlossener, ihre gegensätzlichen Standpunkte nur noch rigoroser zu behaupten und ihr notwendiges bzw., was vor allem Russland anging, ihr beträchtlich gewachsenes Gewicht im Rahmen der jeweiligen

Bündnisformation rücksichtsloser auszuspielen. Zudem: Überall in Europa, nicht zum Geringsten aber in Deutschland, standen die Zeichen der Zeit auf Sturm. Als der Kaiser im Verlauf der Adriakrise ganz spontan den Eindruck gewann, dass nun auch Großbritannien endgültig auf die Seite der Gegner des Reiches getreten sei, berief er am 8. Dezember 1912 jenen „Kriegsrat" ein, der in Bezug auf seine Ergebnisse zwar insgesamt „so ziemlich 0" [Zit. nach 207: J. C. G. RÖHL, Schwelle, 100] ausging, die spezifische Präventivkriegsbereitschaft des Generalstabschefs von Moltke jedoch noch viel ungeschminkter als während der zweiten Marokkokrise hervortreten ließ. Die deutsche Heeresrüstung, zugunsten der Flotte lange vernachlässigt, wurde, zuvor bereits in die Wege geleitet, jetzt erheblich verstärkt, in der Öffentlichkeit fanatisch gefordert und lauthals propagiert. Für den Reichskanzler wurde es immer schwieriger, an seinem innen- und außenpolitisch abwägenden Kurs kalkulierter Kriegsvermeidung und Friedensbewahrung festzuhalten, der sich vor allem einem aus innenpolitischen Motiven geforderten Beginn des äußeren Krieges widersetzte: „Wird uns ein Krieg aufgenötigt, so werden wir ihn schlagen und mit Gottes Hilfe nicht dabei untergehen. Unsererseits aber einen Krieg heraufbeschwören, ohne daß unsere Ehre oder unsere Lebensinteressen tangiert sind, würde ich für eine Versündigung an dem Geschicke Deutschlands halten, selbst wenn wir nach menschlicher Voraussicht den völligen Sieg erhoffen könnten" [30: A. VON TIRPITZ, Dokumente I, 319]. Während Bethmann Hollweg in einer gewissen Überschätzung der bilateralen Möglichkeiten davon überzeugt war, sich auf Dauer mit England einigen und dem eingepferchten Reich neue Bewegungsfreiheit verschaffen zu können, verdüsterte sich die Lage gegenüber Russland zunehmend. Um den türkischen Verbündeten militärisch zu stärken, entsandten die Deutschen Ende 1913 eine Militärmission unter General Liman von Sanders an den Bosporus. Zum Generalinspekteur der türkischen Armee ernannt, erhielt er, anders als in solchen Fällen üblich, direkte Kommandogewalt für das Gebiet um Konstantinopel. Dieser Schritt forderte die Russen bis zur Drohung mit dem großen Krieg heraus. Noch einmal lenkten die Deutschen ein, nahmen von der Liman von Sanders zuerkannten Kommandokompetenz Abstand und trugen dadurch ganz erheblich zur Erhaltung des Friedens bei. Im Reich ging bis weit in die Reihen der Sozialdemokratie hinein die antirussische Stimmung hoch und demonstrierte nach Bethmann Hollwegs Einsicht die wachsende „Macht der öffentlichen Meinung" [Zit. nach 383: W. J. MOMMSEN, Krise, 61], die das maßvolle Handeln des Kanzlers eher behinderte als förderte. Welche Rolle in diesem letzten Stadium der „Selbstentmachtung Europas" (ERWIN HÖLZLE), das durch ein allgemeines Wettrüsten der Großmächte charakterisiert war, die Außenpolitik des Deutschen Reiches spielte, zeigt nunmehr ein Blick auf die Geschichte der Julikrise und des Kriegsausbruchs.

4. Julikrise und Kriegsausbruch 1914

Nach der Ermordung des österreich-ungarischen Thronfolgers Franz Ferdinand am 28. Juni 1914 im bosnischen Sarajewo entschloss sich die deutsche Reichsleitung dazu, die als günstig eingeschätzte Gelegenheit zu benutzen, um die in eine mittlerweile als unerträglich empfundene Defensive geratene Position des Reiches mit Hilfe einer Politik der begrenzten Offensive zu verbessern. Der Reichskanzler und der Staatssekretär des Äußeren gedachten, den „Ring" der Gegner diplomatisch zu sprengen und nahmen im Falle eines Misslingens dieser Strategie das Risiko eines Krieges bewusst in Kauf. Um die Existenzprobe zu einem Zeitpunkt zu bestehen, der für die sich nach ihrem Urteil später doch mit Notwendigkeit ergebende Auseinandersetzung gerade noch als günstig angesehen wurde, ließen sich die Deutschen auf dieses Wagnis ein, das sie zu kalkulieren versuchten und das doch unwägbar war. Darin liegt die initiierende Verantwortung des Deutschen Reiches für den Verlauf der Julikrise und den Ausbruch des Ersten Weltkrieges im Jahre 1914.

> Begrenzte Offensive und kriegerisches Risiko

> Initiierende Verantwortung des Reiches

Bethmann Hollweg und sein Staatssekretär von Jagow hatten sich, anders als noch ein Jahr zuvor, inzwischen auf den spezifischen Präventivkriegsgedanken der Militärs eingelassen. Dieser zielte nicht darauf, einem unmittelbar bevorstehenden Angriff des Feindes zuvorzukommen. Vielmehr ging es darum, eine sich insbesondere im Hinblick auf Russland mit Gewissheit abzeichnende Kriegsgefahr im Jahre 1916/17, von der freilich niemand wusste, ob sie sich jemals entladen würde, von der jedoch alle Verantwortlichen mit Sicherheit annahmen, dass dieser Fall eintreten würde, auch unter Inkaufnahme des kriegerischen Risikos in einem Augenblick zu korrigieren, der das noch erfolgreich zu erlauben schien, falls die diplomatische Lösung versagte. Auf sie spekulierte Bethmann Hollweg einerseits im Hinblick auf die für eine Beilegung eines lokalisierten Konflikts notwendige englische Vermittlung, die sich in den Jahren 1912/13 so bewährt hatte. Dagegen stimmte den Kanzler andererseits die im Frühsommer 1914 durch „Geheimnisverrat" (ERWIN HÖLZLE) nach Berlin gelangte Nachricht von den britisch-russischen Marineverhandlungen überaus pessimistisch, drohte sich doch nunmehr das letzte Glied im „Einkreisungsring" zu

> Präventivkriegsgedanken

Bethmann Hollwegs „Flucht nach vorn"	schließen. Dadurch wurde seine Entscheidung, die „Flucht nach vorn" anzutreten, noch bestärkt.
	Zweifellos hatte sich die Weltlage nach dem Ende der Balkankriege 1912/13, freundlichere Tendenzen der Entwicklung verdrängend, dramatisch verschlechtert. Sowohl Russland als auch Österreich-
Russische und österreichische Balkanpolitik	Ungarn waren gegeneinander zur politischen Offensive auf dem Balkan angetreten. Eng war das Reich als Führungsmacht des Zweibundes an die Donaumonarchie gebunden; aber auch Großbritannien fügte sich, anders als in den Jahren 1912/13, aus der Befürchtung heraus, von dem mit Frankreich fest alliierten Russland allein gelassen und imperial herausgefordert zu werden, den verhängnisvoll wirkenden Regeln der Allianzpolitik. Das alles wirkte der deutschen Strategie entgegen, die mit einer Lokalisierung des Konfliktes rechnete und auf politischen Gewinn zielte.
Risiken deutscher Krisenstrategie	Von den in der internationalen Konstellation aufgehobenen Risiken einmal abgesehen, die sich in der Frage zusammenzogen, ob Russland in einer zwar nicht lebenswichtigen, aber doch prestigeträchtigen Frage den Rückzug antreten würde, gab es zwei maßgebliche Faktoren, die die Krisenstrategie der deutschen Reichsleitung elementar beeinträchtigten. Das eine Element galt, mutatis mutandis, auch für die anderen Staaten der Zeit, das andere beschrieb dagegen ein deutsches Spezifikum. Zum einen störte eine die Massenleidenschaften aufputschende öffentliche Agitation die Kabinettspolitik doch viel stärker, als
Massenleidenschaft und Kabinettspolitik	man das in der Wilhelmstraße allgemein für möglich hielt. Noch am 25. Juli war von Jagow fest davon überzeugt, im Falle eines Scheiterns der diplomatischen Offensive und einer militärischen Reaktion der Russen über genügend Bewegungsspielraum zu verfügen, um „unsere Militärs zurückzuhalten" [32: B. SÖSEMANN (Hrsg.), Wolff-Tagebücher, 64]. Zum anderen klaffte ein jäher Abgrund zwischen der Politik des „Bluffs", die den Gegner im Zuge eines Nervenkrieges durch gezieltes Abwarten zum Nachgeben zu zwingen vorhatte, und der Militärplanung, die mit dem seit 1891 bzw. 1905 festliegenden „Schlieffen-Plan" ihr eigenes Gewicht besaß. Dieser sah vor, militärisch zuerst Frank-
Außenpolitik contra Militärplanung	reich zu besiegen und sich danach gegen Russland zu wenden. Bethmann Hollwegs politisches Konzept zielte in gewisser Hinsicht aufs genaue Gegenteil davon. Spätestens seit 1912 fürchtete der Kanzler außenpolitisch vor allem die russische Bedrohung und konnte in innenpolitischer Perspektive überhaupt nur dann an einen Krieg denken, wenn das bis in die politische Linke hinein verhasste Russland der Gegner war, der das Reich attackierte. Während der Julikrise standen sich also politische Konzeption und militärische Planung in einem gefährlichen

Widerspruch gegenüber. Hatte sich das Reich einmal „festgeblufft" (KURT RIEZLER) und gab Russland wider hoffnungsvollen Erwartens der Deutschen nicht nach, dann blieben nur der Rückzug, der einer politischen Kapitulation gleichgekommen wäre, oder der große Krieg offen, der neben Frankreich und Russland umgehend auch England aufgrund der die belgische Neutralität missachtenden deutschen Militärplanung auf die Seite der Gegner rufen musste.

Vor dem Hintergrund einer solchen Lageeinschätzung und in vollem Bewusstsein des kriegerischen Risikos gab Bethmann Hollweg, in den entscheidenden Tagen am 5./6. und am 28./29. Juli der verantwortlich Handelnde, dem nach Berlin entsandten österreichischen Emissär den deutschen „Blankoscheck" in die Hand und leitete damit eine Krisenstrategie ein, in der die Donaumonarchie eine ihr vom Reich zugewiesene Rolle spielen sollte. Der Kanzler wusste, dass der österreichische Außenminister Berchtold und die Wiener „Kriegspartei" (HELMUT RUMPLER), in Reaktion auf die russische Heeresvorlage aus dem Jahre 1913 und auf den vom Zarenreich gegen die Donaumonarchie gerichteten Balkanbund, aus defensiver Verzweiflung auf offensiven Kurs gegangen waren. Ganz aktuell passte dies zu Bethmann Hollwegs Vorhaben. Er trieb die Österreicher zu einem möglichst raschen Handeln gegen Serbien an und unterschätzte dabei offensichtlich die Schwerfälligkeit des Entscheidungsvorganges in der Doppelmonarchie: „Ein schnelles fait accompli, und dann freundlich gegen die Entente, dann kann der Choc ausgehalten werden", so umriss Bethmann Hollwegs Vertrauter, Riezler, am 11. Juli die Gedanken des Kanzlers. Dass sich der verantwortliche deutsche Staatsmann des Ernstes und des Wagnisses bewusst war, wird aus einer anderen Äußerung wenige Tage zuvor deutlich, als er darüber sinnierte: „Eine Aktion gegen Serbien kann zum Weltkrieg führen" [28: K. D. ERDMANN (Hrsg.), Riezler-Tagebücher, 185 und 183].

Der deutsche „Blankoscheck" für Wien

Dieses durchaus zwiespältige Empfinden Bethmann Hollwegs, eine Mischung aus zugleich hoffnungsvollen und düsteren Elementen, durchzog die deutsche Außenpolitik während der gesamten Julikrise. Ja, weit über die deutsche Haltung hinaus trugen gerade die Erfolge der seit 1911 praktizierten Détentepolitik, die den Kriegsausbruch ein um das andere Mal zu vermeiden geholfen hatten, in allgemeiner Perspektive dazu bei, die Risikobereitschaft der Staaten während der kritischen Wochen zwischen Ende Juni und Anfang August 1914 im Vertrauen darauf, es werde auch dieses Mal erneut gut gehen, in beinahe tragischer Art und Weise zu verstärken. Das Vertrauen auf einen positiven und friedlichen Ausgang knüpfte sich, was die deutsche Seite angeht,

Zwischen Hoffnung und Pessimismus

aber auch unter dem Eindruck des für das Reich vorteilhaften Ausgangs der bosnischen Annexionskrise 1908/09, an die Erwartung russischen Einlenkens. Der Pessimismus kam in den Worten des Kanzlers über den „Sprung ins Dunkle" [EBD., 185] zum Ausdruck, den dieses Vorgehen darstelle. Dass sein Kalkül, im Sinne überlieferter Staatsräson, vor allem auf einen militärisch, geographisch und demographisch, durch Psychologie und Prestige definierten Machtbegriff, nicht aber auf einen solchen neuartiger ökonomischer Provenienz gegründet war, erklärt, warum er mit voranschreitender Zeit, deren „Zukunft... Russland, das wächst und wächst" [EBD., 183] gehöre, einen Niedergang Deutschlands voraussah, während sich Wirtschaftsfachleute vom geraden Gegenteil überzeugt zeigten.

<small>Traditioneller und moderner Machtbegriff</small>

Von diesem damals auch für andere Staaten verbindlichen Machtbegriff geleitet, galt es also, den „eisernen Ring" (GOTTLIEB VON JAGOW) der Gegner zu lockern, politisch und in lokalem Rahmen oder, falls dies fehlschlug, militärisch und im großen Krieg. Da die Wiener Regierung den Serben erst am 23. Juli das Ultimatum zustellte, ging kostbare Zeit verloren. Das Deutsche Reich tat zwischen dem 5./6. und 29. Juli, als die von seiten der Sozialistischen Internationale unternommenen Versuche der Friedensrettung einer nach dem anderen fehlschlugen, seinerseits alles, um nach außen hin Normalität an den Tag zu legen und die Lokalisierungspolitik nicht zu gefährden. Strikt gab Bethmann Hollweg Anweisung, gegenüber Russland nur ja keine deutsche Kriegsabsicht zu zeigen. Und ganz in Übereinstimmung mit vergleichbaren diplomatischen Schritten gegenüber Rumänien wiesen Bethmann Hollweg, Jagow und Unterstaatssekretär Zimmermann bis zum großen Umschwung der Lage am 29. Juli „die Wiener Regierung nachdrücklich darauf hin, im Interesse einer *Lokalisierung* des Konfliktes kein Bündnis mit Bulgarien anzustreben" [327: W.-U. FRIEDRICH, Bulgarien, 284]. An diesem Kurs hielt der Kanzler, ebenso vorsichtig wie entschieden, selbst noch fest, als der Kaiser am 28. Juli, dem Tage der österreichischen Kriegserklärung an Serbien, mit seinem „Halt in Belgrad" einlenken wollte. Noch war Bethmann Hollweg zu einer gemeinsam mit England vermittelten Lösung nicht bereit, weil er auf den ganz sichtbaren Erfolg seiner Lokalisierungspolitik nach wie vor spekulierte.

<small>Die Lokalisierungspolitik</small>

<small>„Halt in Belgrad"</small>

Unterdessen hatte der russische Kriegsminister Suchomlinow, anders als sein Vorgänger im Verlauf der bosnischen Annexionskrise 1909, den Zaren nicht über die Mängel der russischen Militärrüstung aufgeklärt, als im entscheidenden Kronrat am 25. Juli in Russland die Zeichen auf eine Übernahme des kriegerischen Risikos hin gestellt

B.4. Julikrise und Kriegsausbruch 1914

wurden. Als sich dann am 29. Juli angesichts der Beschießung Belgrads durch die k.u.k. Armee und der russischen Mobilmachungsmaßnahmen die internationale Lage dramatisch zuspitzte und verschlechterte, schien Bethmann Hollweg endlich der Zeitpunkt gekommen, unter Einschaltung Großbritanniens eine diplomatische Vermittlung der Krise einzuleiten. Aber jetzt scheiterte die vom Reichskanzler ins Auge gefasste Entspannung vornehmlich an zwei Faktoren. Zum einen war die Wiener Regierung keineswegs bereit, von heute auf morgen ihren Krieg gegen Serbien abzubrechen. Zum anderen trat die Eigenständigkeit der deutschen Militärmaschinerie angesichts der russischen Teilmobilmachung dominierend auf den Plan und verwies die Diplomatie von nun an eher in die Rolle einer für die bestmögliche Kriegsauslösung und Kriegsvorbereitung sorgenden Dienerin. In außerordentlich riskantem Vorgehen hatte die Berliner Regierung ihr Geschick aus der Hand gegeben und die Entscheidung über Krieg und Frieden, in der Hoffnung auf ein Nachgeben der Russen, dem Zarenreich zugeschoben. In der Sitzung des preußischen Staatsministeriums musste Bethmann Hollweg einen Tag darauf, am 30. Juli, einräumen, „es sei die Direktion verloren und der Stein ins Rollen geraten" [10: I. GEISS, Julikrise 2, 373]. Die am selben Tag verkündete russische Generalmobilmachung erforderte gleichsam automatisch den entsprechenden Schritt auf deutscher Seite, der aufgrund einer der deutschen Aufmarschplanung inhärenten Logik Europa in den großen Krieg stürzte. Dem Kanzler blieb kaum noch ein Element der freien Wahl übrig, es sei denn der Rückzug, was die politische Kapitulation bedeutet hätte und mit der Ehre, dem Prestige und dem Lebensinteresse einer Großmacht nicht vereinbar schien. Am 1. bzw. 3. August erklärte das Deutsche Reich Russland und Frankreich den Krieg. Vom 3. August 1914 an marschierten die deutschen Truppen, unter Verletzung der Neutralität des westlichen Nachbarn, in Belgien ein. Das wiederum lieferte Großbritannien den Anlass, seinerseits einen Tag darauf gegen Deutschland in einen Krieg einzutreten, an dem es aus bündnispolitischen und aus imperialen Gründen, aus Furcht vor deutscher Hegemonie und aus Angst vor russischer Übermacht, längst teilzunehmen entschlossen war. Dass diese Auseinandersetzung die „Ur-Katastrophe" (GEORGE F. KENNAN) Europas einleiten sollte, ahnte, ungeachtet der Warnungen Bethmann Hollwegs vor einer Umwälzung alles Bestehenden, kaum einer im Kreis der in Deutschland Verantwortlichen, die nach ihrem Verständnis der Lage das Prävenire ergriffen. Sie leiteten damit ein Ringen von bis dahin unbekanntem Ausmaß und nicht erahnten Folgen ein, in dem die Außenpolitik des Deutschen Reiches zwischen den einander anziehenden so-

Das Scheitern diplomatischer Vermittlung

Die russische Generalmobilmachung

Kriegserklärungen an Russland und Frankreich

England im Krieg

Europas „Ur-Katastrophe"

wie abstoßenden Polen von Friedenssuche und Kriegszielen hin- und hergerissen wurde.

5. Friedenssuche und Kriegsziele 1914–1918

England im Urteil Bethmann Hollwegs

Im August 1914 setzte das Deutsche Reich, dem allgemein verbindlichen Dogma der Offensive gemäß, auf einen raschen Sieg und musste doch innerhalb weniger Wochen erkennen, wie überlegen sich im Ersten Weltkrieg die Verteidigung dem Angriff gegenüber ausnahm. Bis zum 27. August und mit Einschränkungen sogar bis zum 6. September 1914 hielt der Reichskanzler es für wahrscheinlich, dass England mit „Rücksicht auf seine Gleichgewichts- und Wirtschaftsinteressen den Krieg lediglich kurz und formell führen" [238: EGMONT ZECHLIN, Krieg, 40] werde. Nachdem sich diese Hoffnung zerschlagen hatte, war Bethmann Hollweg darum bemüht, den Krieg auf allerdings möglichst günstige Art, also vorläufig nicht nur mit einem Status quo ante, zu beenden und

Annexionen und Frieden

für das Reich einen Frieden zu suchen: „Wenn es geht, annektieren, aber um annektieren zu können, nicht eine Fortsetzung des Krieges ins Ungemessene mit unsicherem Ausgang", so lautete noch Ende 1915 die entsprechende Maxime der zivilen Reichsleitung [18: E. DEUERLEIN (Hrsg.), Briefwechsel Hertling-Lerchenfeld 1, 552]. Diesen kalkulierenden Kurs einzuhalten, fiel nicht zuletzt aus innenpolitischen Gründen schwer, weil weite Teile der Öffentlichkeit ausladende Kriegszielforderungen geltend machten.

Am 9. September 1914 wurden die deutschen Kriegsziele in einer auf Veranlassung des Reichskanzlers angefertigten Regierungsdenkschrift, eher addierend als systematisch und „nur zur Vorbereitung aller

Das „Septemberprogramm"

Möglichkeiten" [CARL VON WEIZSÄCKER, zit. nach 238: E. ZECHLIN, Krieg, 43], gebündelt. Nach Westen hin sollte, neben der Annexion von Luxemburg sowie von Teilen Belgiens und des französischen Nordens, Frankreich insgesamt „so geschwächt werden, daß es als Großmacht nicht neu erstehen kann". Undeutlicher lautete es dagegen, dass nach Osten hin „Rußland von der deutschen Grenze nach Möglichkeit abgedrängt und seine Herrschaft über die nichtrussischen Vasallenvölker gebrochen" werden sollte. Nur umrisshaft tauchte „die Schaffung eines zusammenhängenden mittelafrikanischen Kolonialreichs" als Ziel auf, während ganz zentral „die Gründung eines mitteleuropäischen Wirtschaftsverbandes ... unter deutscher Führung ... die wirtschaftliche Vorherrschaft Deutschlands über Mitteleuropa stabilisieren" (sic!) sollte. Insgesamt hatten diese Forderungen dem „Ziel des Krieges" zu dienen, eine „Sicherung des Deutschen Reiches nach West und Ost auf erdenkliche Zeit" [Zit. nach 237: E. ZECHLIN, Friedensbestrebungen, Teil 4, 42–43] herbeizuführen.

Das in der Septemberdenkschrift formulierte Kriegsziel eines unter Deutschlands Führung organisierten Mitteleuropa beschrieb nicht zuletzt ein „Kampfmittel" (EGMONT ZECHLIN) sowohl für den andauernden als auch für den nach einem „Zwischenfrieden" mit Sicherheit erwarteten nächsten Krieg. Überhaupt fand die für Bethmann Hollwegs Politik charakteristische „Kontinuität seiner Überlegungen zur Kriegsbeendigung" [232: V. ULLRICH, Polnische Frage, 350] in diesem Dokument ihren ambivalenten Ausdruck. Denn einen so maßlos gestalteten Frieden zu suchen, hätte ja einerseits bedeutet, ein Kriegsziel zu verfolgen, das einer Neuordnung durch deutsche Hegemonie gleichgekommen wäre. Andererseits war der diesen Entwurf als disponibel einschätzende Kanzler, sicherlich nicht frei von einer Selbstüberschätzung seiner Möglichkeiten, davon überzeugt, wie er sich im Dezember 1916 äußerte, dass „in dem Augenblick, wo eine greifbare Friedensmöglichkeit vorliegt und ich damit komme,... ich beim Kaiser alles durchsetze. Ich werde von der Obersten Heeresleitung mit Vorwürfen überschüttet und auch beschimpft werden. Das Volk sagt: Ich habe einen miserablen Frieden abgeschlossen. Aber der Friede wird gemacht!" [Zit. nach 226: W. STEGLICH, Friedenspolitik, 5].

Kriegsziel und Kampfmittel

Was jedoch die Gesamtlage anging, so fiel jahrelang keine militärische Kriegsentscheidung. Um das Ringen zu beenden, blieb somit nur der Ausweg übrig, nach Westen oder Osten hin einen Separatfrieden zu schließen, um die gesammelte Schlagkraft sodann auf den verbliebenen Kriegsschauplatz zu konzentrieren. Die Wahl dieses Weges schien um so dringender geboten zu sein, als der neue Chef des Generalstabes, von Falkenhayn, am 18. November 1914 bekannte, ein militärischer Sieg sei für das Reich nicht zu erringen, Aussicht bestehe höchstens auf einen Remis-Frieden. Der General selbst favorisierte damals einen Separatfrieden mit Russland, um sich verstärkt gegen den Westen wenden zu können. Dagegen wollte der Kanzler schon im August 1915 „lieber mit den Engländern contra Rußland gehen, da... er in Rußland die größere Gefahr für die weitere Zukunft erblickt" [Zit. nach 232: V. ULLRICH, Polnische Frage, 353]. Insgesamt kam es für Bethmann Hollweg, mit fortdauerndem Kriegsverlauf immer deutlicher hervortretend, darauf an, aus dem andauernden Krieg einen Frieden der Selbstbehauptung ohne substantielle Verluste für das Reich zu retten. Dagegen lautete noch im Februar 1918 die für die deutsche „Siegfriedens"-Partei charakteristische Forderung Ludendorffs: „Ein Friede, der nur den territorialen Status quo gewährleistet,

Suche nach dem Separatfrieden

Frieden der Selbstbehauptung oder „Siegfrieden"

würde bedeuten, daß wir den Krieg verloren hätten" [Zit. nach 180: F. FISCHER, Griff, ³1964, 659].

Dem Vorhaben des Reichskanzlers und sodann, in der zweiten Hälfte des Jahres 1917, auch des Staatssekretärs des Auswärtigen Amtes, von Kühlmann, mit England Frieden zu schließen, standen die ausladenden, besonders die Zukunft Belgiens betreffenden Kriegsziele auf deutscher Seite ebenso entgegen wie die festen Verabredungen der gegnerischen Allianz, auf einen getrennten Friedensschluss zu verzichten und eigene Kriegsziele zu verwirklichen. In seiner außenpolitischen Gedankenbildung war Bethmann Hollweg ebenso wie Kühlmann von einem Gesamtbild des alten Europa der Vorkriegszeit geleitet, dessen Wert der Staatssekretär des Äußeren noch im September 1917 dem Hauptausschuss des Deutschen Reichstages mit beschwörender Melancholie vor Augen führte: „Es steht uns allen noch klar im Gedächtnis, das alte Europa, und ich sage nicht zuviel, wenn ich behaupte, daß für keinen der Staaten in diesem alten Europa der Zustand, wie er in den letzten vierzig Jahren bestanden hat, so unerträglich war, daß er auf die Gefahr der Selbstvernichtung hin seine Abstellung erreichen mußte. Daß Europa nicht zugrunde gehe, ist vielleicht heute noch, mitten in diesem gewaltigen Kriege, ein gemeinsames Interesse aller Großstaaten" [Zit. nach 9: W. STEGLICH (Hrsg.), Friedensversuche, Motto]. Doch diese schon blasse Erinnerung an „ein Märchen aus längst vergangenen Zeiten" [EBD.] zerbrach endgültig in einem Weltkrieg, den Falkenhayn, wie er es am 29. November 1915 umschrieb, „solange fortzusetzen" plante, „bis der Wille der Feinde zum Durchhalten des Krieges gebrochen ist, selbst auf die Gefahr hin, daß Deutschland dabei den letzten Mann und den letzten Groschen einsetzen müßte" [Zit. nach 230: V. ULLRICH, Entscheidung, 59]. Was sich vor 1914 bereits angedeutet hatte, trat jetzt, ins militärische, mit dem Namen von Verdun verbundene Extrem gesteigert, krass hervor: Deutschland war dazu imstande, die bestehende Ordnung zu attackieren und zu revolutionieren, aber es blieb ihm verwehrt, eine neue Ordnung zu stiften oder zu diktieren.

Auf außenpolitischem Feld mochte die Existenz eines unter der Vorherrschaft des Zweibundes am 5. November 1916 proklamierten polnischen Staates die russische Kraft zwar noch schwächen, die über das Objekt ihrer Beute ohnehin schon entzweiten Mittelmächte zu stärken, vermochte sie dagegen kaum. Auf innenpolitischem Feld setzte sich der Reichskanzler mit der deutschen Friedensdeklaration vom 12. Dezember 1916 noch einmal gegenüber denen durch, die kompromisslos auf den Sieg pochten und angesichts der von England verhängten Seeblockade mit ihren sich immer schwerwiegender bemerkbar

B.5. Friedenssuche und Kriegsziele 1914–1918

machenden Folgen einer Abschnürung Deutschlands von den Zufuhren der Weltmärkte den unbeschränkten U-Boot-Krieg forderten. Dass dieser schließlich vom 1. Februar 1917 an aufgenommen wurde, bedeutete für Bethmann Hollweg ohne Zweifel ebenso eine schwere Niederlage wie ihn der empfindliche Rückschlag traf, dass die von den deutschen Militärs weit unterschätzten Vereinigten Staaten von Amerika im Gefolge der russischen März-Revolution und angesichts des sich damit abzeichnenden Sieges der Deutschen im Osten am 6. April 1917 als assoziierte Macht auf seiten der Triple-Allianz in den Krieg eintraten.

Unbeschränkter U-Boot-Krieg (1. 2. 1917)

Russische März-Revolution und amerikanischer Kriegseintritt (6. 4. 1917)

In der Tat: Als im März 1917 im Zarenreich die Revolution ausbrach, ergab sich, durch den weiteren Verlauf der innerrussischen Entwicklung bedingt, für die Deutschen noch einmal eine große Chance. Am 15. Dezember 1917 schloss Sowjetrussland mit dem Deutschen Reich einen Waffenstillstand ab. Vergeblich mahnte Staatssekretär von Kühlmann im Verlauf der am 22. Dezember eingeleiteten Friedensverhandlungen, von einer „Abtretung ... großer Landesteile" gegenüber einer „seit Jahrhunderten konsolidierten Großmacht ersten Ranges" abzusehen, da dies „nach allen historischen Erfahrungen eine schwere Erschütterung" [Zit. nach 354: A. HILLGRUBER, Großmacht, 56] des europäischen Staatensystems mit sich bringen würde. Doch nicht die Vertreter des Auswärtigen Amtes, sondern die Militärs diktierten endlich am 3. März 1918 Sowjetrussland den Frieden von Brest-Litowsk. Als Ludendorff sodann im Verlauf des Jahres 1918 erwog, einen militärischen Feldzug gegen die zur Regierung gelangte Weltanschauung des Bolschewismus zu unternehmen, plädierten die Diplomaten des Auswärtigen Amtes, allen voran Kühlmanns Nachfolger von Hintze, zweifellos von Illusionen über die Beständigkeit der bolschewistischen Revolution geleitet, dafür, alles in der Schwebe zu halten und die Bolschewiki gewähren zu lassen. Es gelte, so umschrieb der Staatssekretär das ihn leitende Kalkül, „mit den Bolschewisten zu arbeiten oder vielmehr sie zu benutzen, solange sie am Ruder sind, und zwar in einer Weise zu benutzen, die unseren Interessen am meisten dienlich ist, nämlich zur Erhaltung Rußlands in seiner Schwäche und zur weiteren Förderung der Eigenentwicklung der abgetrennten Randgebiete im Rahmen unserer Interessen" [EBD., 57]. Abgesehen davon, dass die Repräsentanten des Auswärtigen Amtes nicht daran glaubten, dass Ideen mit Waffen nachhaltig zu bekämpfen seien, erschien ihnen ja insgesamt der in Brest-Litowsk unterzeichnete Friedensvertrag eher provisorisch als definitiv zu sein.

Friede von Brest-Litowsk (3. 3. 1918)

Die Bolschewiki im Urteil Ludendorffs und von Hintzes

Mit diesem Diktat und dem sich anschließenden, am 7. Mai 1918 mit Rumänien abgeschlossenen Frieden triumphierte die in der Öffentlichkeit durch die nationalistisch und völkisch agitierende Deutsche Vaterlandspartei repräsentierte „Siegfriedens"-Partei. Die weltwirtschaftliche Orientierung der deutschen Vorkriegspolitik war längst zerbrochen; die im Krieg lange verfolgte Mitteleuropa-Konzeption trat 1917/18 zurück; das mittelafrikanische Reich galt der Admiralität, zusammen mit einem System global angelegter Marinestützpunkte, als eine Ergänzung zu den kontinentalen Forderungen, während es für den verantwortlichen Staatssekretär des Kolonialamtes Solf eher als eine Alternative zu dem eingeschätzt wurde, was nun mit dem Frieden von Brest-Litowsk und im Verlauf der Entwicklung des Jahres 1918 ver-

Kriegsziel Ostimperium

wirklicht wurde: das Kriegsziel eines Ostimperiums. Denn am 3. März 1918 verzichtete Sowjetrussland zugunsten der Mittelmächte bzw. Deutschlands auf Polen, Litauen und Kurland. Estland und Livland blieben von deutschen Polizeikräften besetzt, bis sie sich im August 1918 formell von Sowjetrussland trennten. Finnland und die Ukraine wurden, unter deutschem Einfluss, als selbständige Staaten etabliert. Deutsche Truppen rückten bis auf die Krim und nach Transkaukasien vor, und endlich, nach den „Zusatzverträgen" vom August 1918, geriet Sowjetrussland insgesamt in deutsche Abhängigkeit. Die Eroberung eines blockadefesten, strategisch großzügig verbreiterten Ostraums sowie das zeitgleiche Aufkommen völkischer Siedlungs- und Umsiedlungsideen rückten die geschichtliche Augenblickserscheinung dieses deutschen Ostimperiums, sieht man einmal von der rassischen Vernichtungspolitik des „Dritten Reiches" ab, in eine „Analogie" zum „'nationalsozialistischen Amoklauf'" [169: W. BAUMGART, Ostpolitik, 375–376].

Triumph der Maßlosigkeit

Der bereits ausgebrochene „Völkerkampf" der „Zukunft", von dem Kühlmann im November 1917 sprach, als er mit Abscheu davon berichtete, dass die Serben von den „unersättlich" erscheinenden Bulgaren „auf dem Verwaltungswege ‚erledigt' werden" – „man bringt sie der Reinigung wegen in Entlausungsanstalten und eliminiert sie durch Gas" [B. GUTTMANN, Schattenriß einer Generation 1888–1919, Stuttgart 1950, 146] –, hatte eine Außenpolitik des Maßes und der Vernunft, des Ausgleichs und der „Diagonale" endgültig hinweggefegt. Die alldeutschen Forderungen, unmittelbar nach Ausbruch des Krieges vorgetragen und nach Freigabe der Kriegszieldiskussion im November 1916 öffentlich propagiert, schienen ungeachtet der weitverbreiteten Friedenssehnsucht in der Bevölkerung vor ihrer Verwirklichung zu stehen.

Lenins bolschewistische Revolution und Wilsons „Vierzehn Punkte"

Die bolschewistische Revolution hatte dem Deutschen Reich, scheinbar, einen unschätzbaren Vorteil erbracht. Und über Wilsons „Vierzehn Punkte" vom 8. Januar 1918 wurde, bevor Ludendorff sie als Notanker

B.5. Friedenssuche und Kriegsziele 1914–1918

für einen Friedensschluss zu benutzen gedachte, eher gespottet, weil Machtpolitik ohne Bindung und Moral unbegrenzt zu triumphieren schien. Die nach dem Sieg im Osten neu aufgenommene Offensive der Deutschen im Westen scheiterte an der überlegenen Kraft der zukünftigen Sieger. Weder ein „verräterischer Dolchstoß" in der Heimat noch ein „struktureller Geburtsfehler" des Bismarckreiches verursachten die deutsche Niederlage. Vor allem die politischen Entscheidungen der deutschen Reichsleitung bzw. die Reaktionen und Aktionen ihrer Partner und Gegner waren es vielmehr, die zum Krieg führten und die dessen Ausgang bestimmten. Ende September 1918 verlangte Ludendorff danach, einen Waffenstillstand abzuschließen. Die neu gebildete Regierung (mit Beteiligung der Mitte-Links-Mehrheitsparteien des Reichstages) unter Prinz Max von Baden musste anstelle der für die katastrophale Situation Verantwortlichen diese undankbare Aufgabe übernehmen. Deutsche Truppen standen, besonders im Osten, noch tief in Feindesland, so dass für weite Teile der Bevölkerung mit der inneren Revolution am 9. November und dem äußeren Waffenstillstand am 11. November 1918 eine Welt des Scheins zusammenbrach. Ungeachtet des Endes der Hohenzollernmonarchie war der Bestand des vergleichsweise jungen Nationalstaates auf innenpolitischem Feld, gerade auf seiten der neuen Parlamentsmehrheit, nicht nur unumstritten, sondern sie kämpfte für ihn. In außenpolitischer Hinsicht überlebte das Deutsche Reich, im Gegensatz zu manchen während des Krieges auf gegnerischer Seite entwickelten Vorstellungen, weil die internationale Entwicklung – die Revolution in Russland und die ansonsten unvermeidbare Hegemonie Frankreichs auf dem Kontinent – seine Existenz als notwendig und weil sein innerer Wandel vor allem den Briten die äußere Gestalt Deutschlands als erträglich erscheinen ließ.

Ursachen der deutschen Niederlage

Revolution und Waffenstillstand

Das Überleben des deutschen Nationalstaates

II. Grundprobleme und Tendenzen der Forschung

A. Das Ringen um die Kriegsschuld

1. Akten als Waffen

Das Jahr 1918 bedeutete eine tiefe Zäsur in der Geschichte des deutschen Nationalstaates. Der Ausgang des Krieges förderte das Bedürfnis nach einer historischen Aufklärung der jüngsten Vergangenheit. Vorerst trat dieses Verlangen jedoch hinter den Kampf gegen den Artikel 231 des Versailler Vertrages zurück. Einseitig belegte er, ursprünglich zur völkerrechtlichen Sicherung der Reparationsansprüche eingeführt, dann zunehmend stärker einen moralischen Sinn entwickelnd, das Reich mit der Kriegsschuld. Das löste sehr bald schon einen „Weltkrieg der Dokumente" (BERNHARD SCHWERTFEGER) aus, in dem Regierung, Öffentlichkeit und Geschichtswissenschaft in einem 1983 bzw. 1984 von ULRICH HEINEMANN [342: Niederlage] bzw. WOLFGANG JÄGER [358: Forschung] unter jeweils verschiedenartigen Fragestellungen umfassend abgehandelten Rahmen zusammenwirkten. Ungeachtet der apologetischen Motive, die dabei zeitgenössisch dominierten, ragen heute die bleibenden editorischen Ergebnisse hervor, vor allem in Form der von FRIEDRICH THIMME herausgegebenen 40 Bände der „Großen Politik der europäischen Kabinette 1871–1914" [2].

Vom Artikel 231 zum „Weltkrieg der Dokumente"

„Die Große Politik der europäischen Kabinette 1871–1914": Vorgeschichte

Die Vorgeschichte dieser Aktenedition begann im Grunde damit, dass die deutsche Regierung, um dem in den westlichen Ländern vorherrschenden Urteil über Deutschlands Alleinschuld entgegenzutreten, drei Wochen nach dem Waffenstillstand die Einsetzung einer neutralen Kommission vorschlug, der die Archive aller am Weltkrieg beteiligten Staaten zur unvoreingenommenen Prüfung geöffnet werden sollten [225: R. J. SONTAG, Papers, 59]. Nachdem diese Initiative abgelehnt worden war, begann das Deutsche Reich damit, auf dem Feld einer Aufklärung der Kriegsschuld allein voranzugehen. Von dem durch die Nationalversammlung 1919 eingesetzten parlamentarischen „Untersuchungsausschuß für die Schuldfragen des Weltkrieges" über das im gleichen Jahr im Auswärtigen Amt eingerichtete „Kriegsschuldreferat" bis zu dem im Jahre 1921 gegründeten „Arbeitsausschuß deutscher Verbände gegen die Kriegsschuldlüge" und zu der gleichfalls 1921 ins Leben gerufenen „Zentralstelle für Erforschung der Kriegsursachen", die unter Leitung ALFRED VON WEGERERs, eines ehemaligen Offiziers, vom Jahre 1923 an die Zeitschrift „Die Kriegsschuldfrage" erscheinen ließ (vom Jahre 1929 an unter dem Titel „Berliner Monatshefte"), ging es, bis in die zweite Hälfte der dreißiger Jahre hinein, in erster Linie um den mit den Mitteln der Geschichtswissenschaft ausgetragenen Kampf gegen die „Kriegsschuldlüge". In welchem Ausmaß dabei politische Interessen gegenüber wissenschaftlicher Erkenntnis dominierten, zeigt exemplarisch der Fall des für den 1. Unterausschuss des Untersuchungsausschusses des Deutschen Reichstages angefertigten und sodann durch die Einwirkung des Auswärtigen Amtes nicht veröffentlichten, erst im Jahre 1967 von IMANUEL GEISS „aus dem Nachlaß" herausgegebenen „Gutachtens zur Kriegsschuldfrage 1914" [199] aus der Feder des bedeutenden Juristen HERMANN KANTOROWICZ, das, ohne eine Alleinschuld für das Reich zu postulieren, die deutsche Seite erheblich belastete.

Die „Kriegsschuldfrage" im Wandel der Urteile

Unmittelbar nach der für viele Deutsche unfassbaren Niederlage herrschte freilich für einen historischen Moment lang eine Stimmung der Selbstanklage vor, der sich MAX WEBER in einem Schreiben vom 13. November 1918 so vehement widersetzte, weil das „Wühlen in Schuldgefühlen ... Krankheit" [Zit. nach 101: H. VON HOYNINGEN, Untersuchungen, 1] sei. Diese von einer gewissen Versöhnungsbereitschaft begleitete Empfindung ging, zusammen mit den politischen Veränderungen der Zeit und nach Bekanntwerden der ersten Dokumente, in eine Verteidigung der eigenen Position über. Im Verlauf der zwanziger und beginnenden dreißiger Jahre entwickelte sie sich sodann immer mehr zu einer gegen die ehemaligen Feindmächte gerichteten Anklage. Als sich von der Mitte der dreißiger Jahre an auf diesem Feld „Zeichen einer gewissen Ermattung" (HANS HERZFELD) bemerkbar machten, wurde ungeachtet der nach wie vor dominierenden Apologie, beispielsweise in ALFRED VON WEGERERs zweibändigem, 1939 veröffentlichtem Werk „Der Ausbruch des Weltkrieges 1914" [123], „die advokatorische Argumentation ... stark abgemildert" [213: W. SCHIEDER, Erster Weltkrieg, 847] und die Verantwortlichkeit für den Kriegsausbruch zunehmend stärker auf alle am Geschehen Beteiligten verteilt.

Trotz politischer Voreingenommenheit blieben Tun und Urteil doch an die Veröffentlichung von Akten gebunden. Deren Erscheinen aber wurde im Verlauf der Zeit als wissenschaftliches Resultat für die Forschung erheblicher als die zugrunde liegenden politischen Motive.

Bereits der von der Regierung der Volksbeauftragten als Staatssekretär in das Auswärtige Amt berufene KARL KAUTSKY, der damals der USPD angehörte, hatte den Auftrag, eine Sammlung von Dokumenten zum Kriegsausbruch herauszugeben. Neben der Absicht, dem Ausland „den völligen Bruch des neuen Regimes mit dem alten zum Ausdruck" [102: Weltkrieg, 7] zu bringen, ging es ihm in innen- und außenpolitischer Hinsicht darum, das deutsche Volk zu ent- und seine regierenden Klassen zu belasten. Dem waren in der Presse erschienene Aktenveröffentlichungen von KURT EISNER vorausgegangen, der die Berliner Regierung anklagende Auszüge aus Berichten der bayerischen Gesandtschaft in der Reichshauptstadt vom Juli/August 1914 publiziert hatte. Dieser politische Anstoß fand in den 1922 erschienenen, von PIUS DIRR im Auftrag des Bayerischen Landtages herausgegebenen „Bayerischen Dokumenten zum Kriegsausbruch und zum Versailler Schuldspruch" [6] ihre editorische Fortsetzung, während die parallelen „Berichte und Telegramme der badischen, sächsischen und württembergischen Gesandtschaften in Berlin aus dem Juli und August 1914" erst im Jahre 1937, „im Auftrag des Auswärtigen Amtes herausgegeben", von AUGUST BACH veröffentlicht worden sind [7]. Der erstmals 1927 erschienene, sodann 1940 in vierter Auflage vorgelegte Überblick zur Quellen- und Literaturlage dieses Untersuchungsgegenstandes aus der Feder von GEORGE P. GOOCH [34: Revelations, 3–100] informiert u. a. über alle diese Vorhaben ebenso eingehend, wie die einschlägige Entwicklung der neueren Forschung in der umfassend angelegten „Quellenkunde" über „Das Zeitalter des Imperialismus und des Ersten Weltkrieges (1871–1918)" von WINFRIED BAUMGART [297] sorgfältig berücksichtigt wird.

"Bayerische Dokumente zum Kriegsausbruch ..."

"Deutsche Gesandtschaftsberichte zum Kriegsausbruch 1914"

Für den Gang der künftigen Editionstätigkeit und Forschung wegweisend wurde, was der Kautsky bei seinen Archivstudien unterstützende GUSTAV MAYER [24: Erinnerungen], der den Kriegsausbruch bereits als einen „offensiven Devensivkrieg" [EBD., 312] des deutschen Generalstabes „gegen die ‚Einkreisung' Deutschlands" interpretierte, in diesem Zusammenhang zutreffend bemerkte: Danach müsse „eine solche auf einen engen Zeitraum (von der Ermordung Franz Ferdinands bis zum Ultimatum) beschränkte Dokumentenpublikation ... Stückwerk bleiben" und könne „unmöglich die ‚Schuldfrage' lösen" [EBD., 312]. Nach einem grundlegenden Wandel der innenpolitischen Situation im Jahre 1919 „erschien die redaktionelle Tätigkeit Kautskys nicht mehr tragbar" [216: E. SCHRAEPLER, Forschung, 325]. Der Abschluss der Sammlung wurde nunmehr dem Historiker HANS DELBRÜCK, dem Völkerrechtler WALTER SCHÜCKING und dem bayerischen General a. D.

MAX VON MONTGELAS übertragen, ohne dass gegen die 1919 erschienene und 1924 neu aufgelegte „durchgesehene und vermehrte" Ausgabe über „Die deutschen Dokumente zum Kriegsausbruch" [8] von KAUTSKYs Seite aus gravierende Einwände geltend gemacht worden wären. Die politische Entwicklung, von einer Apologie für die Regierten zu einer Verteidigung der Regierenden überzugehen, kulminierte auf wissenschaftlichem Gebiet in dem erwähnten Aktenwerk von FRIEDRICH THIMME, der seinerseits die Einflussnahme des Auswärtigen Amtes auf die eigene Arbeit in seinen „persönlichen Erinnerungen" nur am Rande streifte. Im Zuge erstaunlich produktiver Tätigkeit erschienen von 1922 bis 1927 vierzig Bände der diplomatischen Akten des Auswärtigen Amtes aus dem Zeitraum zwischen 1870 und 1914. Aufgrund ihrer vorwiegend thematisch, nicht streng chronologisch angelegten Disposition bedurfte das umfangreiche Werk einiger von BERNHARD SCHWERTFEGER zwischen 1923 und 1927 veröffentlichter kommentierender „Wegweiser" [Berlin 1923–27]. Bei aller Anerkennung für die editorische Leistung setzte doch umgehend die Kritik an THIMMES Bänden ein, die ULRICH HEINEMANN, wenn auch „nicht im einzelnen" [342: Niederlage, 293, Anm. 366], zusammengefasst hat. Sie erstreckte sich auf das Schema der Gliederung, auf die langen, mit Annäherung an den Kriegsausbruch umfangreicher werdenden Fußnoten, über die LICHNOWSKY sich in seinen 1927 erschienenen „Erinnerungen" als teilweise „ungehörige Kritiken" [21: Abgrund, 5] beschwerte, und auf Kürzungen der Dokumente. Diese Vorhaltungen sind sowohl detailliert als auch verschärft worden: A. S. JERUSSALIMSKI [159: Außenpolitik, 26] hat die Edition weitgehend abgelehnt; von FRITZ KLEIN [129: Verfälschung, 318–330] wurde auf unübersehbare Auslassungen und Schwächen hingewiesen; differenzierte Kritik übte IMANUEL GEISS [190: Kriegsschuldfrage, 31–60]; und 1977 fällte sodann MICHAEL BEHNEN [12: Quellen, XIX) über das Aktenwerk das zugespitzte Urteil: „unzureichend, einseitig und z. T. irreführend". Freilich räumt IMANUEL GEISS ein, dass „die ‚Große Politik' eine wesentliche Grundlage für die Forschung" [190: Kriegsschuldfrage, 45] bleibt, und die große Darstellung über „Deutschland, England und die orientalische Frage 1871–1914" von GREGOR SCHÖLLGEN [402: Gleichgewicht, 9] zeigt durch kontrollierten Vergleich der Akten und der Archivalien Nutzen und Grenzen der Brauchbarkeit dieses Werkes. Insofern leuchtet es ein, wenn einer der besten Sachkenner auf dem Feld der Edition diplomatischer Akten, WINFRIED BAUMGART, den Nutzen der „Großen Politik" gegenüber den eingehend dargestellten Nachteilen [297: Zeitalter 1, 7–15] betont, so dass insgesamt, von einer 1981 unter dem gewählten Untersuchungsgegenstand einleuchtend vorgetragenen Kritik von EMILY ONCKEN [386: Panthersprung, 4] beispielsweise abgesehen, insgesamt gelten mag, was RAYMOND SONTAG 1963 in Auseinandersetzung mit BERNADOTTE SCHMITT so umschrieb: „*Die Große Politik* still stands as a magnificent achievement for which historians are deeply indebted to Thimme and his colleagues" [225: Papers, 62].

Die deutsche Aktenedition löste eine für die Forschung willkommene, „fast sensationelle Wirkung" [213: W. SCHIEDER, Erster Weltkrieg, 847] aus. Vom Jahre 1929 an begannen die „British Documents on the Origins of the War" zu erscheinen, die vom Zenit des imperialistischen Zeitalters (1898) bis zum Kriegsausbruch datieren [1]. Vom Jahre 1930 an publizierten die Österreicher die Akten zur „Außenpolitik von der bosnischen Krise 1908 bis zum Kriegsausbruch 1914" [5], die wegen des spät gewählten terminus a quo von HANS ROTHFELS sogleich vorsichtig kritisiert wurden. Vom Jahre 1929 an wurden die „Documents Diplomatiques Français" herausgegeben, die den Zeitraum von 1871 bis 1914 berücksichtigen [4]. Noch bevor auf deutscher Seite die Initiative zur Herausgabe diplomatischer Akten ergriffen worden war, hatte Lenin 1917, um die herrschenden Klassen seines Landes zu belasten, die Publikation der Akten der russischen Regierung gefordert. Unter mittlerweile erheblich veränderten Bedingungen begann seit 1931, in einer freilich im Vergleich mit der Planung unvollständig gebliebenen Durchführung, die russische Aktenedition zu erscheinen [3], deren deutsche Ausgabe von OTTO HOETZSCH besorgt wurde. Mit der Publikation dieser Akten einher ging die Edition von Aktenüberlieferungen aus solchen Staaten, deren Archive – beispielsweise Belgien – den Deutschen während des Weltkriegs zur Verfügung gestanden hatten, oder die auf anderen Wegen – beispielsweise aus Russland – nach Deutschland gelangt waren; ihre Schwächen traten insgesamt unübersehbar hervor [297: W. BAUMGART, Zeitalter 1, 45–46, und 25–29].

Mit dieser Tätigkeit selbstverständlich in einem gewissen Zusammenhang stehend und doch von der unmittelbaren Zielsetzung abgehoben, erschien von 1924 bis 1935 die „Friedrichsruher Ausgabe" der gesammelten Werke OTTO VON BISMARCKs [14]. Überhaupt wurden die großen Aktenwerke durch ein fast überreiches Angebot persönlich gefärbter Dokumentationen und Memoiren ergänzt, vorwiegend apologetischer Natur, wie aus der Feder von TIRPITZ [31: Erinnerungen; 30: Dokumente], seltener von kritischer Provenienz, wie die „Erinnerungen" von LICHNOWSKY [21]. Umgehend setzte in einer lebhaft geführten geschichtswissenschaftlichen Debatte auch die gerade für die Benutzung dieses Genus so notwendige Quellenkritik ein. Im Rahmen einer

> „British Documents on the Origins of the War 1898–1914"
>
> „Österreich-Ungarns Außenpolitik von der bosnischen Krise 1908 bis zum Kriegsausbruch 1914"
>
> „Documents Diplomatiques Français (1871–1914)"
>
> „Die Internationalen Beziehungen im Zeitalter des Imperialismus"
>
> Bismarck „Die gesammelten Werke"
>
> Memoiren

eingehenden Prüfung, die erst beträchtlich später durch die vorbildlich differenzierende und urteilende Untersuchung von FRIEDRICH HILLER VON GAERTRINGEN (vgl. unten 70) bei weitem übertroffen wurde, erhob ORON J. HALE [96: Bülow, 261–277] erhebliche Zweifel an der Glaubwürdigkeit der Bülow-Memoiren. Und in einer 1933 vorgelegten Dissertation gelangte HEINRICH SCHIBEL in seiner „Kritik von Eckardsteins Lebenserinnerungen und politischen Denkwürdigkeiten" zu dem Ergebnis, dass „Eckardsteins Memorien ... in der Darstellung historischer Ereignisse durchaus unzuverlässig ... als historische Quelle ... beinahe wertlos, oder doch nur mit der allergrößten Vorsicht und nach vorausgehender strenger Kritik zu gebrauchen" seien [116: 59]. Insgesamt hatte der Kampf mit den „Akten als Waffen", der sicherlich politisch nachteilige Folgen mit sich brachte, für die Geschichtswissenschaft zu einem editorischen Resultat geführt, das „in der jüngeren Forschung" sicherlich allzu „häufig" [402: G. SCHÖLLGEN, Gleichgewicht, 9] ignoriert wird. Mit der Veröffentlichung einschlägiger Akten und Quellen aber wurde schon in der Zwischenkriegszeit dieses Jahrhunderts eine Grundlage für die wissenschaftliche Erörterung über die Geschichte der deutschen Außenpolitik zwischen 1871 und 1914 geschaffen, die in vielerlei Hinsicht bis heute immer wiederkehrende „Grundmuster der Interpretation" zutage förderte.

2. Grundmuster der Interpretation

Da bereits während der Zwischenkriegsära dieses Jahrhunderts maßgebliche Interpretationen zur Geschichte der deutschen Außenpolitik zwischen 1871 und 1918, in mehr oder minder konturierter Form, vorgelegt wurden, ist eine intensive Beschäftigung mit den einschlägigen wissenschaftlichen Positionen dieser Zeit nicht allein lohnend, sondern erscheint für das einordnende Verständnis der späteren Entwicklungen sogar geboten. Die Außenpolitik der „Ära Bismarck" vorteilhaft von der der Wilhelminischen Zeit abzuheben, charakterisierte die sich mit diesem Thema in ganz unterschiedlicher Weise beschäftigenden Darstellungen aus der Zwischenkriegszeit [vgl. z. B. 36: F. HARTUNG, Geschichte; 40: F. RACHFAHL, Deutschland; 33: E. BRANDENBURG, Bismarck; 44: J. ZIEKURSCH, Geschichte; 39: H. ONCKEN, Ziele, 143–164]. Diese Feststellung gilt im Grunde auch für die sich mit dem Untersuchungsgegenstand besonders intensiv beschäftigende angelsächsische Geschichtswissenschaft [107: W. L. LANGER, Diplomacy, 3; 35: G. P. GOOCH, Studies, 61], obwohl GEORGE PEABODY GOOCH 1936 im ersten Band seiner „Studies in Diplomacy" auf die in der Bismarckzeit liegen-

Außenpolitik in der „Ära Bismarck" und in der Wilhelminischen Zeit

den Ursprünge der späteren Entwicklung durchaus schon hinwies [95: G. P. GOOCH, War, 1, 283]. Eine Ausnahme davon machte, zeitgenössisch in Deutschland dafür scharf attackiert [vgl. die Rezension von W. PLATZHOFF, in: HZ 130 (1924), 312–315] und zukünftige Pfade der Forschung frühzeitig weisend (siehe unten II. C, D, E), JOSEPH VINCENT FULLER mit seinem 1922 veröffentlichten Buch über „Bismarck's Diplomacy at its Zenith" [50], gelangte er doch zu dem Ergebnis, „that Bismarck's diplomacy, at the zenith of his power, contained all the causes of his Empire's downfall" [EBD., 325].

Nahezu einhellig betonten alle Gesamtdarstellungen zur Außenpolitik Bismarcks bzw. alle das Thema einschlägig berücksichtigenden Werke [vgl. z. B. 72: W. PLATZHOFF, Friedenspolitik; 80: V. VALENTIN, Außenpolitik; 46: O. BECKER, Bündnispolitik; 69: W. NÄF, Außenpolitik; 61: N. JAPIKSE, Friedenspolitik; 65: W. L. LANGER, Alliances] den Charakter der Friedenspolitik des Reichskanzlers. Die Stationen und Zusammenhänge des Untersuchungsgegenstandes, vom frühen Optionsproblem zwischen Österreich-Ungarn und Russland bis zu der sich im Rückversicherungsvertrag und der Englandpolitik der späten Jahre niederschlagenden Frage nach einer möglichen Wahl zwischen Großbritannien und dem Zarenreich, durchaus kontrovers abhandelnd, trafen sich die zeitgenössischen Arbeiten immer wieder, wie HERBERT D. ANDREWs Rückblick auf „Bismarck's Foreign Policy and German Historiography, 1919–1945" [293] zeigt, in der Betonung des saturierten Charakters deutscher Außenpolitik. Das galt auch, zum Teil wenigstens, wie HARTMUT KÖNIG [370: Reichskanzler] es sorgfältig nachgezeichnet hat, für die sowjetische Historiographie der Zwischenkriegszeit, die während der zwanziger Jahre, allerdings mit Ausnahmen, eher die These von der Saturiertheit und Friedensbereitschaft und während der dreißiger Jahre stärker, wenn auch nicht einhellig, den Hegemonialwillen und die Kriegsabsicht Bismarcks betonte [EBD., bes. 107–108].

Bismarcks Friedenspolitik

Von dieser im Urteil über die Außenpolitik des Kanzlers so eindeutig dominierenden Tendenz setzte sich mit seinem 1928 erschienenen Buch über „Bismarcks Friedenspolitik und das Problem des deutschen Machtverfalls" [70] ULRICH NOACK spektakulär ab: Im übertriebenen „Friedenswillen" des alternden Staatsmannes erblickte er „die Ursache des deutschen Machtverfalls" [EBD., XI]. Gewiss existierten, wie beispielsweise die Jahre später veröffentlichten Untersuchungen von HELMUT KRAUSNICK [64: Hatzfeldt, 566–583, und 63: DERS., Geheimpolitik] es im Einzelnen zeigten, unter den Militärs und Diplomaten oppositionelle Strömungen zur Außenpolitik des Kanzlers. Noack aber warf dem Reichskanzler vor, nicht die angeblich bestehende

Ulrich Noacks Position

Chance ergriffen zu haben, im Bündnis mit England gegen Russland Krieg geführt, Ostmitteleuropa befreit und deutschem Einfluss zugänglich gemacht zu haben. So intensiv seine These über „Das System der Aushilfen" [70: 275], freilich unter gänzlich veränderten Prämissen und Zielsetzungen, auch später (siehe unten II. D, E) erörtert wurde, so wenig überzeugend vermochte seine dem tatsächlichen Verlauf der Geschichte mehr als mühsam abgewonnene Alternativkonstruktion von der Möglichkeit eines deutsch-britischen Kriegsbündnisses gegen Russland zu wirken.

„Dämonie der Macht"

Gegen eine, teilweise tatsächlich überzogene, Einschätzung des Reichskanzlers als des Repräsentanten einer prinzipiell orientierten Friedenspolitik und gegen eine zu starke Betonung des Systematischen in seinem außenpolitischen Werk zog JOHANNES HALLER in seinem Aufsatz über „Bismarcks letzte Gedanken" [53] zu Felde. Nichts schien in der Politik des Reichskanzlers endgültig zu sein, vor allem aber nicht das „System von Aushilfen" [EBD., 269]. Einseitig wurde Bismarcks in der Tat durchgehend offene Außenpolitik sodann jedoch auf die Grundlage der schieren Macht reduziert, deren Dämonie Haller recht aufdringlich beschwor.

Otto Beckers Synthese

Alle einschlägigen Elemente der Gedankenbildung und Diplomatie des Kanzlers fasste OTTO BECKER bereits 1923, auf der Höhe des zeitgenössischen Forschungsstandes, vorbildlich zusammen [46: Bündnispolitik]. Dass er zudem die Kontinentalpolitik des Reichsgründers als Weltpolitik beurteilte, ohne Bismarck auch nur im entferntesten als Imperialisten zu verstehen [47: Weltpolitik, 103–122], mag damit zu tun gehabt haben, dass er dem aufkommenden Urteil, der an

Bismarck-Orthodoxie

seiner Politik der „freien Hand" festhaltende Kanzler habe im Grunde gegen die mächtigen Tendenzen einer neuen Zeit gehandelt, insgesamt vergeblich, entgegentreten wollte. In mancherlei Hinsicht orthodox, wenn auch in den Einzelheiten der Abhandlung ungemein reich, mutet die von WOLFGANG WINDELBAND über „Bismarck und die europäischen Mächte 1879–1885" [82] vorgelegte Untersuchung an, die sich freilich viel zu weitgehend von der Idee leiten ließ, „Die Einheitlichkeit von Bismarcks Außenpolitik seit 1871" [81: 127–155] beweisen zu wollen.

„Materielle Bedingungen der Geschichte"

Nicht zuletzt in Auseinandersetzung mit der für OTTO BECKERS Werk so kennzeichnenden Konzentration auf die Diplomatiegeschichte legte RUDOLF IBBEKEN 1928 seine „Untersuchungen" über „Staat und Wirtschaft" im Zeitraum von 1880–1914 [38] vor, deren Fragestellung und Untersuchungsgegenstände viel später wieder aufgenommen wurden (siehe unten II. D). Ungemein sorgfältig handelte er die deutsche Kolonialpolitik während der ersten Hälfte der achtziger Jahre und die

A.2. Grundmuster der Interpretation

wirtschaftlichen Spannungen in den deutsch-russischen Beziehungen am Ende der „Ära Bismarck" ab. In seinem Bemühen, die Bedeutung wirtschaftlicher Faktoren (sowie von Elementen der öffentlichen Meinung) für die Gestaltung der deutschen Außenpolitik zu bestimmen, gelangte er zu jeweils differenzierend voneinander abgehobenen Ergebnissen, wonach jedoch insgesamt, „gemessen an den durchgängigen Auffassungen, eine kräftigere Bewertung *materieller* Bedingungen der Geschichte zum Ausdruck gelangt ist" [EBD., 3].

Für den Stand der damaligen Forschung charakteristischer als Ibbekens Position war freilich, was HAJO HOLBORN in seiner 1926 vorgelegten Studie über „Deutschland und die Türkei 1878–1890" [60] über das Verhältnis von allgemeinen und persönlichen Kräften feststellte [EBD., 109]: „Nicht so sehr in den Verhältnissen als in den Personen ist die Notwendigkeit der späteren Entwicklung zu suchen." In diesem Sinne wurden, einer methodischen Anregung von HANS ROTHFELS folgend, wonach „es eine reizvolle Aufgabe" wäre, „die Geschichte der Bismarck'schen Außenpolitik durch Einzelbiographien ihrer Organe, durch eine vergleichende Botschaftercharakteristik aufzulockern" [71: A. PFITZER, Reuß, 1], Dissertationen vorgelegt, die sich mit bedeutenden Diplomaten des Kaiserreichs [EBD., und 56: A. HELMS, Schweinitz] beschäftigten.

<small>Der Vorrang des Personalen</small>

Der im Vorfeld der „Krieg-in-Sicht"-Krise vom Frühjahr 1875 stark umrätselten Petersburger Mission von Joseph Maria von Radowitz nahm sich HAJO HOLBORN auf der Grundlage der von ihm herausgegebenen „Aufzeichnungen und Erinnerungen aus dem Leben des Botschafters ..." an [27] und wies alle Spekulationen über damit verbundene, weitreichende Absichten des Reiches gegenüber Russland, allerdings im Letzten nicht überzeugend (siehe unten 103 und oben 4), zurück. Dagegen lenkte vor allem HANS HERZFELD [57: Kriegsgefahr], der kurz darauf seine „Friedensschluß, Kriegsentschädigung, Besatzungszeit" behandelnde Darstellung über „Deutschland und das geschlagene Frankreich 1871–1873" [58] vorlegte, die Aufmerksamkeit der Forschung auf die bis heute erörterten Fragen der „Krieg-in-Sicht"-Krise.

<small>„Mission Radowitz" und „Krieg-in-Sicht"-Krise als Gegenstände der Forschung</small>

Neben vielen anderen Problemen deutscher Außenpolitik während der „Ära Bismarck" zog vor allem die Kolonialpolitik des Kanzlers das Interesse der Forschung frühzeitig an. Im Prinzip wurden damals bereits die Erklärungen über den Untersuchungsgegenstand vorgelegt, an die spätere Forschungen weiterentwickelnd anknüpfen konnten. IBBEKENs – die dominierende Bedeutung der Außenpolitik letztlich betonende – Akzentuierung der ökonomischen Antriebe in Bismarcks

<small>Bismarcks Kolonialpolitik im Urteil der Geschichtswissenschaft</small>

Kolonialpolitik haben wir bereits kennengelernt. Ganz im Banne der äußeren Politik wurde der Sachverhalt dagegen von HELMUTH ROGGE [75: Kolonialpolitik, 305–333, und 423–443] und MAXIMILIAN VON HAGEN [51: Kolonialpolitik] interpretiert; letzterer erblickte im Kolonialerwerb einen maßvoll dimensionierten Abschluss der Reichsgründung [EBD., 569–570]. Originären Kolonialwillen gehabt zu haben, unterstellte MARY E. TOWNSEND dem Reichskanzler [43: Rise], während WILLIAM O. AYDELOTTE [45: Bismarck, und 133: Kolonien?, 41–68] die Kolonialpolitik als „ein Sicherheitsventil" [133: 65] für angestaute, vornehmlich innen-, aber auch außenpolitische Energien des Reiches beurteilte. A. J. P. TAYLORS pointierter These zufolge [79: Bid] strebte Bismarck nach Kolonien, um sich mit England zu entzweien und mit Frankreich auszugleichen – eine Interpretation (siehe auch unten 92 f.), die zeitgenössisch erst einmal entschieden zurückgewiesen wurde.

Systematisch prüfend fasste schließlich ADOLF REIN [74: Afrika-Politik, 79–89] alle aus dem Bereich der inneren und äußeren Politik genannten Motive zusammen und führte die wissenschaftliche Diskussion darüber zunächst an ihr vorläufiges Ende.

Die britische und russische „Schule" der Bismarck-Forschung

Durchgehend erörtert wurde das von seiner Gründung an für die Existenz des Reiches so entscheidende Verhältnis zu Großbritannien und Russland [vgl. z. B. den einschlägigen „Exkurs" bei 55: A. HELMS, Rußland, 199–203, sowie den Forschungsüberblick von M. VON HAGEN, Das Bismarckbild in der Literatur der Gegenwart. Berlin 1929, bes. 47–64]. Dass Bismarck aus politischen und weltanschaulichen Gründen der Beziehung mit dem Zarenreich die ausschlaggebende Bedeutung beimaß, war in der Historiographie vorherrschende Meinung. Nicht zuletzt im Zusammenhang mit den sehr intensiven Forschungen über den ja auch völkerrechtlich nicht unumstrittenen Rückversicherungsvertrag, vor dessen Über- sowie Unterschätzung HANS ROTHFELS schon 1922 warnte [76: Rückversicherungsvertrag, 265–292], wurde die Problematik ein ums andere Mal behandelt.

Gegen die „russische Position" der Forschung nahm, die Stationen deutscher Englandpolitik von „Bismarck's Advance to England, January, 1876" [54: D. HARRIS, 441–456] bis zum Bündnisvorschlag von 1889 abschreitend, FELIX RACHFAHL [73: Bündnispolitik] Stellung, der Bismarcks Außenpolitik durchgehend von einem gescheiterten Verlangen nach der britischen Option getragen sah. Seiner Interpretation traten ALEXANDER VON TAUBE [78: England], JOHANNES HALLER [97: England] und, mit gewissen Einschränkungen, auch MAXIMILIAN VON HAGEN [52: England] bei. Während RICHARD MOELLER in einem scharfsinnig argumentierenden Vorschlag [67: Bündnisangebot, 507–527,

A.2. Grundmuster der Interpretation 59

und 68: Noch einmal, 100–113] plausibel zu machen versuchte, dass Bismarcks 1889 den Briten unterbreiteter Bündnisvorschlag von vornherein auf eine englische Ablehnung berechnet gewesen sei, und damit indirekt die Bedeutung des russischen Fadens im Bündnisgewebe des Kanzlers betonte, unterstrichen Publikationen wie die von Friedrich Frahm [48: England, 365–431] und Carl Messerschmidt [66: Russische Politik] die „russische Position" ohne Einschränkung.

Au fond galt das auch, freilich im Rahmen einer alle Stränge und Tendenzen der ebenso kunstvoll gestalteten wie künstlich anmutenden Außenpolitik jeweils differenzierenden Gesamtbetrachtung, für die maßgeblichen Publikationen von Hans Rothfels [77: Bündnispolitik], Gerhard Ritter [41: Verhältnis] und Wilhelm Schüssler [42: Deutschland]. Schließlich machte im Zuge einer außerordentlich feinsinnigen Interpretation, von „einem Marginal Bismarcks von 1887" ausgehend, Siegfried A. Kaehler [62: 98–115] darauf aufmerksam, dass weit über die Dimension der Machtpolitik und Diplomatie hinaus, angesichts eines gar nicht zu übersehenden „Mangel[s] im geistigen Haushalt von Bismarcks Deutschland" [ebd., 115], der Reichskanzler durch die aus Großbritannien und dem Zarenreich vordringenden Ideologien des „Gladstonianismus" und des Panslawismus „den Zwang der Staatsnotwendigkeiten" (ebd., 115] in fundamentaler Gefahr sah. Die Frage nach der Existenzmöglichkeit einer auf die schiere Macht gegründeten Politik ohne „ostensiblen Missionsauftrag" (Ludwig Dehio) beschreibt (siehe auch unten 64) gleichzeitig ein zentrales Problem der Wilhelminischen Außenpolitik.

Geist und Macht in Bismarcks Außenpolitik

Neben ihrer aus der inneren Verfasstheit des Deutschen Reiches resultierenden Unstetigkeit wurde der „in der deutschen Politik von 1890 bis 1914" leitende „Prestigegedanke" [122: E. Wächter] schon damals als eines der zentralen Kennzeichen für die Entwicklung der deutschen Außenpolitik nach Bismarcks Entlassung eingeschätzt. Solche Kritik war nicht eben repräsentativ, fand aber in Veit Valentins Abhandlung über „Deutschlands Außenpolitik von Bismarcks Abgang bis zum Ende des Weltkrieges" [121], die anstelle „der chauvinistischen Betrachtungsweise ... die humanitäre" [ebd., 2] setzte, ihre durchaus gerechte, eher noch moderate Erwähnung.

Der „Prestigegedanke" und die Wilhelminische Außenpolitik

Im Einzelnen beschäftigte die Historiographie „das Rätsel der Nichterneuerung des Rückversicherungsvertrages" [89: C. Bornhak, 570–582] und im Zusammenhang damit die Entstehung der französisch-russischen Allianz [87: O. Becker, Bündnis], die William L. Langer [106: Alliance] als die machtpolitische Entsprechung zum deutsch-österreichischen Zweibund einschätzte. In welchem Ausmaß

Um die Nichterneuerung des Rückversicherungsvertrages

das Erbe der englisch-russischen Options- bzw. Bündnisproblematik für die Wilhelminische Außenpolitik relevant war, wurde sowohl in GERHARD RITTERS maßgeblicher Darstellung über „Bismarcks Verhältnis zu England und die Politik des ‚Neuen Kurses'" [41] deutlich, wie es das zentrale Thema der „Studien zur Außenpolitik des Bismarckschen Reiches" von WILHELM SCHÜSSLER [42: Deutschland] darstellte. Seinem Befund über Verlauf und Scheitern der deutsch-englischen Bündnissondierungen während der Jahre von 1898 bis 1901 ging eine wissenschaftliche Debatte über die, sei es verpasste, sei es gar nicht vorhandene, Chance, zu einem Bündnis zwischen Deutschland und Großbritannien zu gelangen, um Jahre voraus. EUGEN FISCHER machte „Holsteins Großes Nein" [94] für dieses Versäumnis verantwortlich. Wenn FRIEDRICH MEINECKE sich auch in seiner „Geschichte des deutsch-englischen Bündnisproblems 1890–1901" [108] von Fischers zänkischer Anklage, methodisch und sachlich überlegen, abhob, so neigte er doch eher dessen Position als der von GERHARD RITTER zu, der 1929 im Zusammenhang mit dem umrätselten, im Grunde eben nicht existenten Bündnisangebot Chamberlains von einer „Legende von der verschmähten englischen Freundschaft" [113] sprach. Widerlegt worden ist Ritters strikt, aber eng auf den Kern der „Bündnisverhandlungen zwischen Deutschland und England 1898–1901" [114: G. ROLOFF, 1167–1222] – Existenz bzw. Nichtexistenz eines britischen Vorschlages – konzentrierte Argumentation bislang nicht [369: H. W. KOCH, Negotiations, 378–392]. FRIEDRICH MEINECKE aber deutete seinerseits schon, über die diplomatische Dimension des Gegenstandes hinaus, auf innere Voraussetzungen Wilhelminischer Außenpolitik hin, die bis dahin eher unbeachtet geblieben waren: „Das Interesse der Konservativen an den Agrarzöllen und an der Erhaltung der Freundschaft mit Rußland, das Interesse der Großindustrie an der Flotte, die Flottenbegeisterung des Kaisers, das Interesse aller an der Erhaltung der Herrenstellung von Staat und oberer Gesellschaft gegenüber den Massen, – das alles wirkte bedingend und bedingt ineinander und schuf einen atmosphärischen Druck, der auch die außenpolitische Entscheidung unmerkbar beeinflusste. Vielleicht liegt hier doch eine der tiefsten Ursachen für das Scheitern der Bündnisverhandlung" [108: Geschichte, 261].

Die Methode, „die inneren Bedingungen der äußeren Politik" (siehe unten II. D, 1) als essentiell anzusehen, fristete damals im Rahmen der Geschichtswissenschaft eher eine Randexistenz. RUDOLF IBBEKEN untersuchte (siehe auch unten 85) das Verhältnis zwischen Handelsvertragspolitik und Diplomatie in der Außenpolitik Caprivis ebenso wie die Wechselbeziehung von wirtschaftlichen und politischen

Faktoren im Zusammenhang mit dem Bagdadbahnbau, demonstrierte dabei, wie „die Wirtschaft ... aus dem Bannkreis ihrer sachlichen Existenz in die Bewegtheit des politischen Lebens" [38: R. IBBEKEN, Wirtschaft, 279] rückte und resümierte über Bismarcks im „Widerspruch zur Zeitentwicklung" [EBD., 134] verlaufende Außenpolitik und den deutschen Weg in die Weltpolitik mit Max Webers Worten so: Noch in der „Ära Bismarck" veränderte „die Nation, der er die Einheit gab, langsam und unwiderstehlich ihre ökonomische Struktur" und wurde „eine andere ..., ein Volk, das andere Ordnungen fordern mußte, als solche, die er ihm geben konnte" [EBD., 275].

Diese „Verschmelzung von Kabinettspolitik und Wirtschaftsmachtpolitik" [EBD., 279] wurde in ECKART KEHRs Arbeiten [103: Schlachtflottenbau; 104: Primat] zu der bis heute höchst umstrittenen These zugespitzt, die deutsche Außenpolitik habe um 1900 unter dem Primat der Innenpolitik, besonders der Sammlungspolitik, und der Machterhaltung der Regierenden gestanden. Ohne Zweifel aber hat dieser Anstoß zu einer Ausweitung und Intensivierung der Forschungen zur Geschichte der deutschen Außenpolitik des Kaiserreichs geführt (siehe unten II. D). Allerdings standen und stehen ihre „unter dem Aspekt einer als besser gedachten Zukunft" [358: W. JÄGER, Forschung, 103] gewonnenen Ergebnisse generell unter dem methodischen Zweifel, ob bzw. inwieweit sich eine objektive Rekonstruktion der Vergangenheit unter der subjektiven Prämisse einer angenommenen Zukunftsperspektive vornehmen lässt.

Vorläufig jedenfalls dominierte die der „Großen Politik" verpflichtete Historiographie. In ihrem Rahmen wurden beispielsweise Bülows Außenpolitik kritisch [88: W. BECKER, England] und Tirpitz' Flottenpolitik [98: H. HALLMANN, Krügerdepesche, und 99: DERS., Weg] apologetisch abgehandelt. Mit einer bisweilen über Gebühr großen Mühe dem Vergeblichen nachspürend, wurden auch die nicht zum Zuge gekommenen Optionen Wilhelminischer Außenpolitik nachgezeichnet [beispielsweise von 105: W. KLEIN, Bjoerkoe]. Zeitgenössisch unübersehbar um Rechtfertigung des Reiches zu Lasten der Donaumonarchie bemüht, stand „Die deutsche Politik während der Balkankriege 1912/13" [109: H. MICHAELIS] zur wissenschaftlichen Diskussion. Und intensiver als den anonymen Kräften des geschichtlichen Verlaufs galt die historiographische Aufmerksamkeit dem Anteil des persönlichen Faktors im Zusammenhang der Wilhelminischen Außenpolitik, ohne die Existenz der innenpolitischen Bedingungen und des gesellschaftlichen Wandels zu übersehen, die, wie beispielsweise die Studien von WILLY ANDREAS über Kiderlen-Wächter zeigen [84: Randglossen, 246–

Dominanz der „Großen Politik"

276, und 85: DERS., Vorkriegszeit, 151–186], die Grenzen einer den Regeln des Kabinettzeitalters verpflichteten Diplomatie so krass zu erkennen gaben.

Der Ausbruch des Ersten Weltkrieges im Urteil deutscher Historiker (1919–1945)

Für die Geschichtswissenschaft der Zeit von ganz zentraler Bedeutung blieb die Beschäftigung mit dem Ausbruch des Ersten Weltkrieges. In den zwanziger Jahren schätzten beispielsweise HANS DELBRÜCK [91: Kriegsschuldfrage, 319] und ERICH BRANDENBURG [90: Ursachen, 76] Russland und Frankreich als die für den Kriegsbeginn verantwortlichen Mächte ein. Während der dreißiger Jahre ergab sich eine gewisse Differenzierung, wonach zwar „am stärksten in Berlin das Bestreben vorhanden" gewesen sei, „den Weltbrand zu vermeiden" [123: A. VON WEGERER, Ausbruch II, 423]. Den *„Fluch der neuen Zeit"*, wie HERMANN LUTZ das „erstarrte Bündnissystem" charakterisierte, über dessen Existenz und Wirkung vor allem HANS ROTHFELS' Untersuchungen zur britischen Bündnispolitik [z. B. 115: Marinekonvention, 365–372] Aufschluss lieferten, näher betrachtend, wandelte sich jedoch bei unverkennbar andauernder Grundstimmung des Apologetischen die Anklage gegen einzelne Staaten zu einer eher alle Großmächte der Vorkriegszeit mit abgestufter Intensität belegenden Verantwortung. Eine deutliche Ausnahme davon machte lediglich ein pazifistischer Autor wie WALTER FABIAN [92: Kriegsschuldfrage], der jeden Gedanken an ein angebliches Prävenire der deutschen Reichsleitung im Sommer 1914 als unzutreffend zurückwies. Dagegen machte sich in den Grenzen des vorwaltenden Bildes über den Kriegsausbruch durchaus herbe Kritik bemerkbar, beispielsweise an der „Einseitigkeit" des Schlieffen-Plans [100: E. HEMMER, Kriegserklärungen, XVI] bzw., im Zusammenhang damit, an der inneren Verfasstheit der Hohenzollernmonarchie [EBD., 133].

Französische und englische Einschätzungen aus der Zwischenkriegszeit

Im Gegensatz zur deutschen Historiographie der Zeit betonte auf französischer Seite [vgl. zusammenfassend zu dieser in Frankreich während der Zwischenkriegszeit geführten Diskussion 171: J. DROZ, Causes, 22–32] beispielsweise PIERRE RENOUVIN die vor allem Frankreich entlastende Verantwortung der Mittelmächte [110: Origines]. Freilich verwies RENOUVIN auch schon auf die Bedeutung der übernationalen Mechanik von Militärbündnissen [111: Crise, 360], während auf englischer Seite für GEORGE PEABODY GOOCH letztlich die Grundlagen des modernen Staates und des europäischen Staatensystems schlechthin für den Kriegsausbruch entscheidend geworden sind [vgl. auch 216: E. SCHRAEPLER, Forschung, 332].

Der amerikanische Revisionismus: Pro und contra

Vor allem aus den Vereinigten Staaten von Amerika kamen jene die deutsche Alleinverantwortung bestreitenden Urteile von Revisionisten wie HARRY E. BARNES [86: Genesis] und, weit sachlicher, SIDNEY B. FAY [93: Origins], während BERNADOTTE E. SCHMITT in seinen Publikationen durchaus [vor allem 117: Origins; 118: Coming] die entgegengesetzte Position vertrat.

Während sich die sowjetische Historiographie mit einschlägigen Veröffentlichungen eher zurückhielt und NIKOLAI PAWLOWITSCH POLETIKA, das imperialistische System allgemein anklagend, zu Anfang eher die Entente, danach stärker den Zweibund für den Kriegsausbruch verantwortlich machte [216: E. SCHRAEPLER, Forschung, 333], legte der italienische Publizist LUIGI ALBERTINI [83: Origins] mitten im Zweiten Weltkrieg ein dreibändiges Werk zu diesem Thema vor, das ungeachtet der erst später geführten Auseinandersetzung um seine die deutsche Politik während der Julikrise stark belastenden Ergebnisse bis heute maßgeblich blieb.

Zur sowjetischen Historiographie (1919–1945)

Luigi Albertinis großes Werk

Was den Zeitraum des Ersten Weltkrieges anging, so befasste sich die Geschichtswissenschaft eher mit militärischen als mit den außenpolitischen Problemen des Reiches, ohne in diesem Zusammenhang zu übersehen, dass RUDOLF STADELMANN sich in einem gedankenreichen Aufsatz mit den „Friedensversuchen im ersten Jahr des Weltkriegs" [119: 485–545] beschäftigte. Im Übrigen entspann sich gerade in der Auseinandersetzung über die Probleme von Friedenssuche und Kriegsbereitschaft, beispielsweise im Zusammenhang mit der deutschen Friedensnote vom Dezember 1916, ein neuer Streit darüber, wer tatsächlich oder angeblich friedensbereit gewesen sei [vgl. 120: H. UEBERSBERGER, Friedensangebot, 381–391, im Gegensatz zu 112: P. RENOUVIN, Guerre Mondiale, 398].

Umstrittene Friedensbereitschaft

So zeitabhängig diese Interpretationen über die Geschichte der deutschen Außenpolitik zwischen 1871 und 1918 allesamt auch anmuten mögen, sie präsentieren ein Grundmuster der Forschung, das weiterentwickelt wurde und auf das sich nach der Zäsur des Jahres 1945 „der neue Konsens" innerhalb der Geschichtswissenschaft, revidierend und aufbauend, zu gründen vermochte.

B. Im Schatten der „deutschen Katastrophe"

1. Der neue Konsens

Der neue Konsens über die Geschichte der deutschen Außenpolitik zwischen 1871 und 1918 lag keineswegs in einem Einverständnis über die Resultate der Historiographie. Dennoch herrschte zwischen 1945

Nach der „deutschen Katastrophe": Das Kontinuitätsproblem

und 1959/61 in zweierlei Hinsicht im deutschen und, sieht man vom Sonderfall der marxistischen Geschichtsschreibung in der Sowjetunion und der DDR einmal ab, auch im internationalen Rahmen weitgehende Einigkeit. Zum einen rückte die Frage nach dem historischen Ort des Kaiserreichs auf dem Weg deutscher Außenpolitik zwischen Bismarck und Hitler ins Zentrum des wissenschaftlichen Interesses. Zum anderen wurde, wie die Antworten zum Kontinuitätsproblem auch immer ausfielen, doch generell der Unterschied zwischen der Außenpolitik des Kaiserreichs und des „Dritten Reiches" betont.

Gewiss akzentuierte LUDWIG DEHIO [124: Gleichgewicht; 125: Weltpolitik] stärker die außen- (und innen-)politischen Verbindungen zwischen den verschiedenen Perioden der jüngeren deutschen Außenpolitik, während GERHARD RITTER [132: Europa], aber durchaus auch ein Autor wie RUDOLF STADELMANN [165: Flottenrivalität], eher auf die entsprechenden Differenzen hinwiesen. Einigkeit herrschte darüber, die Gefährdetheit des von Bismarck gegründeten Reiches noch schärfer als bislang schon hervorzuheben [vgl. beispielsweise 128: S. A. KAEHLER, Problem, 204–219, bes. 205] und die Existenz einer an Ideenarmut leidenden Machtpolitik [143: G. RITTER, Bismarckproblem, 673; 125: L. DEHIO, Weltpolitik, bes. 94 und 105] als gravierenden Mangel zu beklagen.

Unter dem Eindruck des Jahres 1933 gingen „die Gedanken" gleichsam wie automatisch „zu den Anfängen des Kaiserreichs und zu seinem Gründer, Bismarck" (BERNHARD KNAUSS), zurück. Eben in diesem Zusammenhang aber war es der die Persönlichkeit und Politik Bismarcks eher kritisch einschätzende FRANZ SCHNABEL, der 1956 feststellte, dass das Bismarcksche Reich zeitgenössisch doch „für immer mehr Deutsche die einzig denkbare Form Deutschlands" [in: GWU 7 (1956), 589] gewesen sei und der das Kontinuitätsproblem deutscher Außenpolitik und Geschichte bereits 1949/50 folgendermaßen umschrieb: „... so hat man eine einheitliche Linie erkennen wollen, die von Bismarck zu Hitler ... hinführe. Aber dabei werden die volkstümlichen und revolutionären Kräfte vergessen, die ... seit 1815 in Deutschland wirksam waren ... es ist eine durch nichts zu beweisende Unterstellung, daß ... der kleindeutsche Nationalstaat unter preußischer Führung ... auch ohne die von Bismarck angewandten Mittel hätte erreicht werden können und daß Bismarck nur durch seine Methode das kleindeutsche Reich in Mißkredit gebracht habe ... Auch die Liberalen wären mit Europa in Konflikt gekommen ... Auch die volkstümliche Bewegung also und gerade sie mußte über Europa Unruhe und Krieg bringen, sobald sie frei sich auswirken konnte" [144: Problem Bismarck, 1–27, hier 2–8].

Die Erörterung über Ziele und Methoden deutscher Außenpolitik, insbesondere in der Wilhelminischen Zeit, spitzte sich schon bald auf die von PETER RASSOW 1952 in Auseinandersetzung mit den einschlägigen Urteilen von WERNER NÄF und LUDWIG DEHIO geäußerte Ansicht zu, wonach diese beiden Historiker „die Reihe der Mißerfolge und das endgültige Scheitern der deutschen Außenpolitik nicht mehr als ein (von Deutschland gesehen) subjektives Verfehlen eines objektiv erreichbaren Zieles" ansahen, „sondern als ein subjektiv wohl begründetes Streben nach einem nur scheinbar erreichbaren, objektiv aber unerreichbaren Ziel" [162: Schlieffen, 300]. Ob in solchem Zusammenhang insbesondere der Wilhelminischen Außenpolitik im Vergleich mit der „Ära Bismarck" die entscheidenden Persönlichkeiten fehlten, wie FRITZ HARTUNG, WERNER FRAUENDIENST, aber auch WILLIAM L. LANGER annahmen [vgl. dazu 358: W. JÄGER, Forschung, 117], oder ob die „soziologischen Grundlagen" [126: G. W. F. HALLGARTEN, Imperialismus] für ihren Weg ausschlaggebend waren, wurde erst zögernd erörtert und allgemein zugunsten der als überlegen eingeschätzten Wirkung der persönlichen gegenüber der „strukturellen" Dimension beantwortet. Dagegen legte die marxistische Geschichtsschreibung in der Sowjetunion und in der DDR in Bezug auf den Untersuchungsgegenstand, anders als während der Zwischenkriegszeit und in den folgenden Jahrzehnten (siehe unten II. C, 2; II. D, 2; II. E, 1; siehe oben II. A, 2), nicht viel Neues vor. Die Geschichte deutscher Außenpolitik zwischen 1871 und 1918 wurde im Banne des orthodoxen Klassenkampf- bzw. Imperialismusschemas sowie unter der Perspektive der deutschen Sonderentwicklung eines politisch zu spät Gekommenen und daher über Gebühr Beutegierigen unter den übrigen Räuberstaaten angesehen [370: H. KÖNIG, Bismarck, z. B. 96 und 119].

Was nun im speziellen die Geschichte der Außenpolitik im Zeitalter Bismarcks anging, so fand sie im Rahmen von WALTER BUẞMANNs erstmals 1956 veröffentlichtem Handbuchbeitrag [134: Zeitalter] eine bis heute gültige, Tatsachen und Probleme des Untersuchungsgegenstandes souverän abhandelnde sowie Vorzüge und Nachteile der Außenpolitik des Reichskanzlers kritisch würdigende Darstellung. Eben auf die Grenze der Bismarckschen Leistung aber hatte schon 1948 GEORGE PEABODY GOOCH unter einem ganz prinzipiellen Aspekt hingewiesen: „The weakness of the ‚realists' – and Bismarck was the greatest of the tribe – is that they tend to think more of immediate than of ultimate returns" [135: Study, 341]. In dieser Perspektive verglich sodann WILLIAM N. MEDLICOTT Gladstones Idee einer europäischen Konzert- und Bismarcks Entwurf einer europäischen Gleichgewichtspolitik und gelangte zu dem Resultat, dass der britischen Tradition internationaler Politik mehr Zukunft zu eigen gewesen sei, während Bismarcks Weg der Allianzen in einer Sackgasse geendet, die er mit dem Frieden gleichgesetzt habe [139: Bismarck, 336–337; vgl. dazu auch unten 109]. Zu Grundproblemen deutscher (und europäischer) Außenpolitik „mit besonderem Blick auf die Bismarckzeit" stieß 1957 KARL-ERNST JEISMANN mit seinen gedankenreichen Betrachtungen über „Das Problem des Präventivkrieges" [137] vor. Und 1961 versuchte der polnische Historiker HENRYK WERESZYCKI plausibel zu machen (siehe oben 4; siehe unten 103), dass die im Vorfeld der „Krieg-in-Sicht"-Krise unternommene „Mission Radowitz" letztlich doch einen Test auf Russlands Allianzbereitschaft dargestellt habe [145: Alarm, 689–716]. MARTIN WINCKLER gebührt das Verdienst, die lange übersehene Krisenhaftigkeit deutscher Außenpolitik in den frühen Jahren des Bismarckreiches hervorgehoben und die bald schon viel eingehender erörterte Frage nach der Verträglichkeit des potentiellen Hegemon mit der Gleichgewichtsmechanik des Staatensystems, anhand neu erschlossener Pressematerialien, nachdrücklich aufgeworfen zu haben [419: Bündnispolitik]. Vorläufig wurde, zumindest im Rahmen der westdeutschen Geschichtswissenschaft, in Bezug auf diese Frage eher akzeptiert als abgelehnt, was der Schweizer Historiker LEONHARD VON MURALT dazu 1955 ausführte: „Bismarck beweist, daß deutsche Außenpolitik so geführt werden kann, daß weder die Nachbarn durch Deutschland noch dieses durch eine Koalition der anderen bedroht zu werden braucht." Und er folgerte daraus, das innere System Preußen-Deutschlands unter diesem Primat der Außenpolitik anerkennend sowie stark auf die Bedeutung der Persönlichkeit des Reichskanzlers abhebend: „Das preußisch-deutsche System bot einem wirklich verantwortlichen Staatsmann von der Größe Bismarcks die besten Wirkungsmöglichkeiten" [140: Verantwortlichkeit, 35]. Nachdenklicher klangen in dieser Hinsicht schon THEODOR SCHIEDERs geistig weit gespannte Betrachtungen über „Nietzsche und Bismarck" [397]. Sie ließen die Belastungen deutlich zutage treten, unter denen ein Grenzgänger wie Bismarck auf außenpolitisch schmalem Grat zwischen der von ihm einst revolutionär umgestalteten, ihm ansonsten aber vertrauten Welt und dem neuen, durch Nietzsche propagierten, das Werk des Reichskanzlers bedrohenden Zeitalter der Kriege bewahrend zu wirken hatte.

Von Untersuchungen zu einzelnen Problemen der Außenpolitik Bismarcks abgesehen [z. B. 142: P. RASSOW, Rückversicherungs-Vertrag, 758–765; 146: R. WITTRAM, Rußlandpolitik, 261–284; 373: H. KRAUSNICK, Großes Spiel, 357–427], traten bereits zunehmend mehr die äußeren Bürden und Zwänge ins Blickfeld, die das Deutsche Reich von vornherein belasteten und einengten. ERWIN HÖLZLEs universalgeschichtliche Betrachtung „Die Reichsgründung und der Aufstieg der Weltmächte" [136: 132–147] führte beispielsweise zu der Einsicht, dass Bismarcks Werk bis an den Rand des Erreichbaren gelangt war, über den nicht vorgedrungen werden konnte und durfte. Ja, dass nicht nur der Aufstieg zur Weltmacht im Sinne der amerikanischen Union oder des russischen Reiches, sondern auch die großmächtliche Unabhängigkeit kaum dauerhaft zu bewahren war, folgerte PAUL KLUKE aus seinen 1953 veröffentlichten Untersuchungen über „Ein diplomatisches Duell" zwischen „Bismarck und Salisbury" [138: 285–306, bes. 306].

<small>Beschränkungen deutscher Außenpolitik</small>

Das maßgebliche Werk über die Geschichte der Wilhelminischen Außenpolitik legte, wenn auch unter der speziellen Fragestellung nach dem Verhältnis von „Staatskunst und Kriegshandwerk" in der preußischen und deutschen Geschichte, 1960 GERHARD RITTER unter dem Titel „Die Hauptmächte Europas und das Wilhelminische Reich (1890–1914)" vor [164]. Dass er darin die sich allerorten, aber im besonderen Maße in Deutschland bemerkbar machende Tendenz zu einer Militarisierung der äußeren Politik als im nachteiligen Sinne geschichtsmächtig hervorhob, hatte sich bereits zuvor in seiner geharnischten „Kritik eines Mythos", nämlich des Schlieffen-Plans [163], angekündigt. Welche Wege die Forschung über „Die Außenpolitik des Deutschen Reiches 1890–1914" während des Zeitraums von 1945–1960 einschlug, zeichnet ein 1962 veröffentlichter „Literatur- und Forschungsbericht" von PETER G. THIELEN [167] im Einzelnen sorgfältig nach. Was die innen- und verfassungspolitischen Voraussetzungen deutscher Außenpolitik (siehe oben 62) anging, so konstatierte GEORGE PEABODY GOOCH schon recht früh, dass die Wilhelminische Außenpolitik „lacked unity of control" [153: Holstein, 511], und in der von FRITZ HARTUNG mit ERICH EYCKs These vom „persönlichen Regiment" des Kaisers geführten Auseinandersetzung traten, ungeachtet der vorläufig (siehe unten 95) überzeugenden Argumentation Hartungs, die Mängel der inneren Verfasstheit des Kaiserreichs hervor, die die Wilhelminische Außenpolitik so erheblich belasteten.

<small>„Staatskunst und Kriegshandwerk" von Gerhard Ritter</small>

<small>Das „persönliche Regiment"</small>

Einen Versuch, den Reichskanzler Caprivi und seine Außenpolitik aus dem übermächtigen Schatten Bismarcks zu lösen, unternahm 1955 HANS OTTO MEISNER [161]. Über Studien zu einzelnen Problemen Wilhelminischer Außenpolitik, wie beispielsweise über das Verhältnis zu dem immer maßgeblicher werdenden Bündnispartner Österreich-Ungarn [160: H. KRAUSNICK, Österreich-Ungarn, 485–520], über die deutsch-englische „Wende" während der Jahre 1898/1901 [147: O.

<small>Untersuchungen zur Wilhelminischen Außenpolitik</small>

BECKER, Wende, 353–400], über die sich seit 1905 abzeichnende Orientierung „Nordeuropas" vom Deutschen Reich zu Großbritannien hin [158: W. HUBATSCH, Nordeuropa, 594–606] und über die persischen Konzessionen des Reiches an das umworbene Russland im Jahre 1911 [130: B. G. MARTIN, Relations] hinaus legte WALTHER HUBATSCH zahlreiche Studien [kulminierend in 157: Ära Tirpitz] zur Flottenpolitik vor, deren Existenz und Dynamik für Ludwig Dehio die Singularität des deutschen Imperialismus während des gleichnamigen Zeitalters beschrieb. Hubatsch stellte Entstehung, Verlauf und Scheitern der deutschen Marinepolitik dar, versuchte das Werk von Tirpitz rechtfertigend zu verstehen und verschloß sich doch insgesamt nicht der Einsicht, dass der Tirpitz-Plan sich gegenüber der deutschen Außenpolitik gefährlich verselbständigte.

<small>Tirpitz' Marinepolitik</small>

Endlich unternahm WERNER FRAUENDIENST, wie zuvor bereits FRITZ HARTUNG und WILLIAM LANGER es getan hatten, aber im Gegensatz zur überwiegenden Mehrheit der deutschen Historiker, den Versuch, die Wilhelminische Weltpolitik als zeitgemäß und „natürlich" darzustellen. „Zum Verhängnis geworden" [150: Weltpolitik, 1–39, hier 11 und 15–16] sei ihr der Aufbau der Flotte, da deren Existenz den Gegensatz zu Großbritannien mit sich brachte. Frauendienst betont, im letzten allerdings manche Frage offen lassend, einen unlösbar widersprüchlichen Zwang, der das Reich aus inneren und äußeren Gründen zur Weltpolitik getrieben und es damit gleichzeitig in den Untergang geführt habe.

<small>Zeitgemäßheit der Wilhelminischen Weltpolitik</small>

Was vor solchem Hintergrund das Urteil der Historiographie über den Ausbruch des Ersten Weltkrieges betraf, so entwickelte es sich weiter in eine Richtung, die sich in den dreißiger Jahren andeutungsweise gezeigt hatte (siehe oben II. A, 2). Im Sinne des berühmten Diktums von Lloyd George aus dem Jahre 1933, wonach alle Staaten, ohne ihn zu wollen, in den Krieg hineingetaumelt seien, wurde es Gemeingut, vor allem der deutschen und französischen Historiker, zu konstatieren, die Prüfung der Dokumente erlaube nicht, „im Jahre 1914 irgendeiner Regierung oder einem Volk den bewußten Willen zu einem europäischen Kriege zuzuschreiben". 1959 folgerte KARL DIETRICH ERDMANN in seinem die Julikrise eingehend abhandelnden Handbuchbeitrag: Es „scheint der angemessene Weg zur Beurteilung des Kriegsschuldproblems von dem englischen Historiker Gooch gezeichnet zu sein, wenn er an das Hegel-Wort erinnert, daß die Tragödie ein Konflikt sei, in dem nicht Recht gegen Unrecht, sondern Recht gegen Recht stehe" [149: Zeit, 24]. Gegen diese weitgehend als definitiv bewertete Einschätzung der Sachlage hielt BERNADOTTE E. SCHMITT an seiner These von der

<small>Die Tragödie des Kriegsausbruchs</small>

deutschen Hauptverantwortung, nicht zuletzt in seinem 1958 wieder aufgelegten Buch aus der Zwischenkriegszeit (siehe oben 63), fest und behielt mit seiner Prognose recht, als er 1955 davon sprach, die Geschichte des „July 1914" sei nach wie vor ein „Unfinished Business" [Zit. nach 358: W. JÄGER, Forschung, 246, Anm. 28].

Die darüber schon bald ausbrechende große Forschungskontroverse entzündete sich ursprünglich an den Problemen der deutschen Kriegszielpolitik, die im Zeitraum zwischen 1945 und 1959/61 vor allem in den Darstellungen von HANS W. GATZKE über „Germany's Western War Aims during the First World War" [151: Drive] und von HENRY CORD MEYER über das Kriegsziel Mitteleuropa im Ersten Weltkrieg, im Rahmen eines „Mitteleuropa in German Thought and Action 1815–1945" [131] behandelnden Werkes, Beachtung fand. WOLFGANG STEGLICHs „Untersuchungen zu dem Friedensangebot der Mittelmächte vom 12. Dezember 1916" [166] ließen erkennen, dass das Ziel eines Verständigungsfriedens durchgehend mit dem Zwang zur Bündnissicherung im Konflikt lag. Kriegsziele und Friedenssuche: Zur Forschungslage zwischen 1945 und 1959/61

Auf den in seinen Wirkungen und Folgen so weitreichenden Frieden von Brest-Litowsk, der über der allgemeinen Konzentration auf „Versailles" tatsächlich in Vergessenheit geraten war, lenkte JOHN WHEELER-BENNETT erneut die Aufmerksamkeit der Forschung [168: Peace]. Und WERNER HAHLWEGs Darstellung über diesen „Diktatfrieden" zeigte, wie „verbraucht" sich im zeitgenössischen Kontext Kühlmanns traditionelle Diplomatie gegenüber den Notwendigkeiten eines neuen Zeitalters internationaler Politik ausnahm [154: Brest-Litowsk, 24–25]. Zum Frieden von Brest-Litowsk

Insgesamt war die Erforschung der Geschichte der Außenpolitik des Kaiserreichs dadurch charakterisiert, dass auf methodisch vertrauten und gedanklich weiterführenden Wegen der Untersuchungsgegenstand intensiv, perspektivenreich und kritisch durchdrungen wurde, freilich auf eine Quellenbasis gestützt, deren Probleme sich erst im Rückblick herausstellten.

2. Probleme der Quellenbasis – ein Exkurs

Zumindest exkursorisch sei an dieser Stelle auf ein Problem der sich in den Jahren nach dem Zweiten Weltkrieg mit der deutschen Außenpolitik zwischen 1871 und 1918 beschäftigenden Historiographie hingewiesen, das insbesondere für die westdeutsche Geschichtswissenschaft kennzeichnend war. Angesichts der ebenso ergebnis- wie gedankenreich voranschreitenden Entwicklung der Forschung (siehe oben Mangelhafte Quellenlage

II. B, 1) trat nämlich über geraume Zeit, im Grunde bis 1959/61, die Tatsache in den Hintergrund und geriet beinahe in Vergessenheit, dass die Quellenbasis, auf die sich zumindest die deutschen Darstellungen während dieser Zeit gründeten, problematisch war. Auf den ersten Blick schien das nicht der Fall zu sein. Denn vor dem Hintergrund der reichhaltigen Quellenpublikationen aus der Zwischenkriegszeit (siehe oben II. A, 1) wurde auch nach 1945 weiterhin einschlägiges Neuland erschlossen und das auf diesem Feld Veröffentlichte vergleichsweise rasch sowie gründlich der historischen Methodenkritik unterworfen – ohne dass die Fülle des in Frage kommenden Materials in diesem Zusammenhang vollständig präsentiert werden könnte, was allerdings WINFRIED BAUMGART im Rahmen seiner „Quellenkunde" [297: Zeitalter 2] bereits eingehend und vorbildlich getan hat.

Würdigung und Kritik von Memoiren

1949 beispielsweise unterzog WALTER GOETZ die soeben erschienenen „Erinnerungen des Staatssekretärs Richard von Kühlmann" [152] einer historisch-kritischen Würdigung, ging in diesem Zusammenhang auf so manches strittige Einzelproblem der Wilhelminischen Außenpolitik ein und fasste sein Urteil über diesen späten Vertreter der traditionalen europäischen Diplomatie so zusammen: „Er besitzt eine schöpferische politische Phantasie, während wir in Bülow den diplomatischen Routinier und in Holstein den politischen Dogmatiker zu sehen haben" [EBD., 52]. Ungleich intensiver befasste sich FRIEDRICH HILLER VON GAERTRINGEN quellenkritisch mit „Fürst Bülows Denkwürdigkeiten" [155], entwickelte ihre Entstehungsgeschichte und markierte den Anteil des Herausgebers, Franz X. von Stockhammern, am Zustandekommen des Werkes, übte eine alle Möglichkeiten der historischen Wissenschaft nutzende Textkritik und ging auf die bislang geführte Diskussion um den Quellenwert der Memoiren ein (vgl. oben 53 f.), so dass die Wissenschaft von da an über die Benutzbarkeit und vor allem über die Grenzen dieser vier Bände aus der Feder Bernhard von Bülows unterrichtet war.

Maßgebliche Editionen

Darüber hinaus erschienen in diesen Jahren umfangreiche und wertvolle Editionen, die für die Forschung inzwischen unverzichtbar geworden sind. NORMAN RICH und M. H. FISHER gaben „Die geheimen Papiere Friedrich von Holsteins" heraus, deren deutsche Ausgabe WERNER FRAUENDIENST besorgte [19]. In Anknüpfung an entsprechende Bemühungen von HELMUTH ROGGE [u. a. 20: Hohenlohe] wirkte sie der lange Zeit vorwaltenden Dämonisierung der „grauen Eminenz" entgegen und versuchte Friedrich von Holsteins Bedeutung für die Geschichte der Wilhelminischen Außenpolitik umfassend zu bestimmen.

B.2. Probleme der Quellenbasis – ein Exkurs

1959 edierte WALTER GÖRLITZ die „Kriegstagebücher, Aufzeichnungen und Briefe des Chefs des Marine-Kabinetts", Admiral von Müller, aus den Jahren 1914–1918 sowie einige Jahre darauf dessen „Aufzeichnungen ... über die Ära Wilhelms II." [25; 26], veröffentlichte jedoch leider nicht die originale, sondern die vom Autor während der zwanziger Jahre überarbeitete Fassung. Das schränkte den Wert beider Bände ein, die zur Wilhelminischen Außenpolitik nicht zuletzt unter der Frage nach dem „persönlichen Regiment" des Kaisers Aufschluss gaben und auf die Jahre später maßgeblich von JOHN RÖHL vorangetriebene Diskussion (siehe unten 95) verwiesen. In eindrucksvoller Form lieferte schließlich das 1960 von RUDOLF VIERHAUS edierte „Tagebuch der Baronin Spitzemberg" [29] allgemeine Eindrücke über die „Hofgesellschaft des Hohenzollernreiches", die auch für die Geschichte der Bismarckischen und Wilhelminischen Außenpolitik aufschlussreich waren. Im Hinblick auf die Bismarckzeit befand sich zudem die 1964 von WALTER BUßMANN vorgelegte Edition der „politischen Privatkorrespondenz des Staatssekretärs Herbert von Bismarck" [13] in Bearbeitung. In „ihrer Unabsichtlichkeit, in ihrem Verzicht auf eine diplomatische Sprachgebung" [EBD., 8] lag ihr spezifischer Quellenwert, der die Persönlichkeit Herbert von Bismarcks (siehe unten 102) autonomes Profil gewinnen ließ und dem engsten Mitarbeiter des Reichskanzlers dabei möglicherweise eine Spur zu wohlwollend begegnete, wie die eingehende Miszelle von EBERHARD KOLB es andeutend umschrieben hat [371: Staatssekretär, 300–318]. Dass ferner beispielsweise WERNER CONZE in seiner Darstellung „Polnische Nation und deutsche Politik im Ersten Weltkrieg" [148], die vor dem Beginn der großen Kriegszieldebatte einen Beitrag zu diesem Thema unter der weit über sich hinausweisenden, den Bruch zwischen dem 19. und 20. Jahrhundert markierenden Frage nach dem Nationalitätenproblem vorlegte, den Nachlass des Generalgouverneurs von Beseler benutzt hatte, war für die Forschung von einem gleichermaßen nicht zu unterschätzenden Wert.

Freilich konnten alle diese Trouvaillen und Editionen, was, lange unbemerkt, in den sechziger Jahren voll ins Bewusstsein trat, nicht verdecken, dass erst „die Rückkehr der Akten des deutschen Auswärtigen Amtes nach Bonn" am Ende der fünfziger und zu Beginn der sechziger Jahre, wie HANS HERZFELD diesen Tatbestand 1962 charakterisierte [in: GWU 13 (1962), 253], „nun endlich die Hemmungen beseitigt hat, die die deutsche Forschung auf diesem Felde lange Zeit zum Rückstand gegen das Ausland, vor allem die Vereinigten Staaten, verurteilt hatten". Ja, darüber hinaus wurden nun auch die Akten der anderen, für die

Rückkehr der deutschen Akten

Geschichte der Außenpolitik des Kaiserreichs maßgeblichen Staaten, teilweise viel zögernder als die deutschen Bestände, nach und nach zugänglich [vgl. dazu auch 211: W. SCHIEDER, Italien, 244]. Daher mutet es seltsam an, dass WALTHER HUBATSCH in Bezug auf die Geschichte des Ersten Weltkrieges 1955 feststellte, was, zugespitzt formuliert, im Hinblick auf die Entwicklung der deutschen Außenpolitik zwischen 1871 und 1918 insgesamt als gültig angesehen wurde, wonach die Geschichte dieses Zeitraums „so gut durchforscht" erschien, „wie kaum eine andere Epoche" [156: Weltkrieg, 2]. Heute wissen wir, dass erst die Rückführung der deutschen Akten bzw. die sukzessive Aufhebung bzw. Auflockerung der allgemeinen Sperrfristen die Grundlage dafür bildete, dass die Forschung in eine neue und fruchtbare Phase ihrer Entwicklung eintreten konnte. Sie schlug sich in einer erheblichen Erweiterung der Quellenbasis ebenso wie in einer teilweise ganz neu vorgenommenen Beurteilung des Untersuchungsgegenstandes nieder und nahm von „Fritz Fischers Anstoß" ihren Ausgang.

Zugang zu den Archiven

C. Die Bedeutung der „Fischer-Kontroverse"

1. Fritz Fischers Anstoß

Mit seinem 1959 veröffentlichten Aufsatz „Deutsche Kriegsziele. Revolutionierung und Separatfrieden im Osten 1914–1918" [179] und dem 1961 in erster Auflage publizierten Werk „Griff nach der Weltmacht. Die Kriegszielpolitik des kaiserlichen Deutschland 1914/18" [180] löste FRITZ FISCHER eine mit seinem Namen untrennbar verbundene, große wissenschaftliche Debatte aus [zur Namenstaufe der „Fischer-Kontroverse" vgl. 204: G. RITTER, 783–787]. Zu Beginn noch ganz einer klassischen Methode der Diplomatiegeschichte verpflichtet, entwickelte der Hamburger Historiker im Verlauf der Kontroverse seinen methodischen Ausgangspunkt und berücksichtigte zunehmend mehr, vorläufig kulminierend in seinem 1969 vorgelegten zweiten opus magnum „Krieg der Illusionen. Die deutsche Politik von 1911–1914" [182], die inneren Voraussetzungen Wilhelminischer Außenpolitik, bis er in einer zehn Jahre darauf unterbreiteten Studie „Bündnis der Eliten. Zur Kontinuität der Machtstrukturen in Deutschland 1871–1945" [183] weit intensiver als zuvor auf „die inneren Bedingungen der äußeren Politik" (vgl. II. D, 1) einging. Damit hatte er Resultate einer vom Ende der sechziger Jahre an ausgetragenen Diskussion (vgl. II. D, 2) übernommen, deren Auslösung und Verlauf nicht zuletzt auch durch die von

„Griff nach der Weltmacht" von Fritz Fischer

„Krieg der Illusionen" von Fritz Fischer

ihm herbeigeführte Umwälzung innerhalb der Geschichtswissenschaft ermöglicht worden waren und die sodann ihre eigenständige Ausprägung erfuhren.

Die „Fischer-Kontroverse" fand, mittlerweile in reicher Zahl vorliegende, immer wieder den Fortgang der Debatte resümierende Zusammenfassungen [siehe dazu 190: I. GEISS, Kriegsschuldfrage 51, Anm. 1], von denen in diesem Rahmen besonders auf zwei verwiesen sei: Einmal auf die die Urteilsbildung in der angelsächsischen Forschung zu weiten Teilen spiegelnde Monographie von JOHN A. MOSES [201: Illusion], die zugunsten von Fischers Ergebnissen Stellung nimmt, und zum anderen auf den „25 Jahre Fischer-Kontroverse" bilanzierenden Artikel von GREGOR SCHÖLLGEN [215: 386–406], der den neuesten Stand in der von Fischer begonnenen, vielfältige Reaktionen auslösenden (vgl. II. C, 2) und sodann im Wechsel von Attacke und Gegenattacke mehr und mehr in einen „Stellungskrieg" (ANDREAS HILLGRUBER) einmündenden Debatte präsentiert [vgl. bes. im Hinblick auf die Probleme der Julikrise und des Kriegsausbruchs die außerordentlich detaillierten und wertvollen Aufsätze von 234: B. J. WENDT, Fischer-Kontroverse, 99–132, und 235: DERS., Kriegsschuldfrage, 1–63].

Ausgangspunkt für FISCHERs wissenschaftliches Interesse war die Frage nach den deutschen Kriegszielen im Ersten Weltkrieg. Dabei ging es ihm im Gegensatz zum bislang gültigen Forschungsstand 1. um eine Akzentuierung der „Kontinuität der deutschen Politik im Kriege und ihre Charakterisierung als Kriegszielpolitik" [180: DERS., Kronberger Ausgabe, 7]. Das sog. „Septemberprogramm" (siehe oben 42 f.) vom 9. 9. 1914 als Kernstück ausladender Kriegzielvorstellungen wurde, Fischer zufolge, im Grunde ohne wesentliche Abstriche bis zum Kriegsende und ohne den ansonsten stets betonten Unterschied zwischen „gemäßigten" Zivilisten und „radikalen" Militärs von der deutschen Regierung einheitlich und offiziell verfolgt. 2. postulierte er, anders als allgemein angenommen, einen „Zusammenhang zwischen deutscher Politik im Zeitalter der ‚Weltpolitik' und den Kriegszielen des kaiserlichen Deutschlands während des Krieges" [EBD., 7]. 3. betonte er in seiner „Neuinterpretation der deutschen Politik im Juli 1914" den Anteil der deutschen Verantwortung für den Kriegsausbruch „stärker" [EBD., 7], als die deutsche Geschichtswissenschaft, in gar nicht zu übersehendem Gegensatz beispielsweise zu den Werken von ALBERTINI und SCHMITT (siehe oben II. A, 2 und II. B, 1), dies allgemein tat. Und 4. wies bereits sein Werk „Griff nach der Weltmacht" „über sich hinaus, indem es bestimmte Denkformen und Zielsetzungen für die deutsche Politik im Ersten Weltkrieg aufzeigt, die weiterhin wirksam geblieben sind. Von daher gesehen dürfte es auch ein Beitrag zu dem Problem der Kontinuität der deutschen Geschichte vom Ersten Weltkrieg bis zum Zweiten Weltkrieg sein" [180: DERS., Griff (1961), 12]. Nicht zuletzt diese Perspektive löste umgehend heftige Diskussionen aus. Denn nicht wenigen kam es so vor, als sei in diesem Kontext „Bethmann Hollweg der Hitler des Jahres 1914" (MICHAEL FREUND). Auf längere Sicht gesehen wirkte dieser Anstoß wissenschaftlich anregend, da die Diskussion um Kontinuität und Diskontinuität in der Geschichte der deutschen Außenpolitik auf ihrem Weg zwischen Bismarck und Hitler auf diese Art und Weise erneut angefacht wurde.

Die große Debatte um Fischers Werk

Insgesamt lösten Fischers Thesen rasch eine teilweise leidenschaftlich geführte Debatte aus, wobei der Hamburger Historiker, grosso modo jedenfalls, im Ausland eher Zustimmung fand und in der Bundesrepublik Deutschland eher auf Ablehnung stieß. Nicht zuletzt die gerade am Anfang der Diskussion scharf ausfallenden Attacken gegen sein Werk trieben ihn, freilich ebenso wie von ihm immer aufs Neue vor allem aus den Archiven der Bundesrepublik und der DDR zutage geförderte Dokumente, zu einer unübersehbaren Verschärfung seiner Position [vor allem 181: Weltmacht]. Um Weltmacht zu werden, so lässt sich sein Standpunkt bereits für die Mitte der sechziger Jahre umschreiben, habe die Reichsleitung unter dem angeblich machiavellistisch handelnden Bethmann Hollweg nach der britischen Neutralität gestrebt. Dies sei die politische Voraussetzung dafür gewesen, um auf dem Kontinent die Hegemonie zu erringen, sei es, dass die diplomatische Offensive der Julikrise mit einem überwältigenden politischen Sieg für das Reich endete, sei es, dass sie, viel wahrscheinlicher und durchaus beabsichtigt, in den bewusst ins Kalkül gezogenen großen Krieg einmündete. Diese Position fortentwickelnd, berücksichtigte er sodann immer stärker die nach seinem Dafürhalten zum Krieg drängenden innenpolitischen Motive [183: Bündnis] und legte seine Sicht der Dinge – in Auseinandersetzung mit seinen Hauptkontrahenten ZECHLIN, ERDMANN und HILLGRUBER (siehe unten II. C, 2) – 1983 noch einmal in geraffter Form vor [184: Juli 1914]. Im hin- und hergehenden Streit war zeitweise und in Bezug auf gewisse Aspekte des Untersuchungsgegenstandes, beispielsweise im Hinblick auf die weit aktiver als bis dahin angenommen operierende Politik der deutschen Reichsleitung im Verlauf der Julikrise, gar nicht zu verkennen, dass „sich die Standpunkte in Wirklichkeit bereits angenähert haben" [182: Illusionen, 672], wie FISCHER seinen Eindruck über die wissenschaftlich konträren Positionen zum Kriegsausbruch 1914 im Jahre 1969 umschrieb, obwohl die prinzipielle Auseinandersetzung über die vorwiegend offensiven oder vorwiegend defensiven Beweggründe der deutschen Außenpolitik im Juli 1914 bis heute andauert (siehe unten II. C, 2).

Neben den bereits erwähnten methodischen Impulsen, die von der „Fischer-Kontroverse" ausgingen, lag die für die Forschung gewiss bedeutendste Wirkung dieses mächtigen Anstoßes darin, dass das Wilhelminische Zeitalter insgesamt mit einer bis dahin nicht gekannten Intensität ins Blickfeld der internationalen Forschung rückte [vgl. im Hinblick auf die hier interessierende außenpolitische Fragestellung beispielsweise auch 171: J. DROZ, Causes], während das Interesse gegenüber der „Ära Bismarck" dahinter erst einmal zurückblieb und sodann im Zeichen der sich anschließenden Erörterungen über den Primat der inneren oder äußeren Politik aufs Neue ins Zentrum des Interesses rückte.

Impulse für die Forschung

Fischers für die Forschung so förderliche Wirkung reichte aber nicht zuletzt auch deshalb so weit, weil eine Reihe seiner Kollegen im In- und Ausland den Impuls aufnahmen, in vielerlei Hinsicht verstärkten und teilweise selbständig weiterentwickelten. In diesem Zusammenhang sind vor allem die Arbeiten von IMANUEL GEISS zu nennen, dessen nicht geringstes Verdienst darin liegt, 1976 in englischer Sprache eine Darstellung über die Geschichte der deutschen Außenpolitik zwischen 1871 und 1914 [331: Foreign Policy] vorgelegt zu haben. Wenn daran auch die Überbetonung des Kontinuitätsaspekts und der damit einhergehenden Unterschätzung der Zäsur des Jahres 1890 sowie ein zu einfaches Grundmuster des Ganzen, wonach innere Demokratie mit äußerer Friedfertigkeit in hohem Grade als kongruent erschien, kritisiert wurde [K. HILDEBRAND, in: HZ 223 (1976) 477–479], so bleibt doch die wissenschaftliche Leistung insgesamt gebührend zu würdigen, zählen doch gerade Gesamtdarstellungen zur Außenpolitik des Kaiserreiches zu den Raritäten der Geschichtswissenschaft.

Unterstützung für Fischers Position

Gleich zu Beginn der „Fischer-Kontroverse" unterstützte GEISS seinen Lehrer mit einer großen zweibändigen Dokumentation „Julikrise und Kriegsausbruch 1914" [10], deren Fischers Position einseitig begünstigende Kommentierung nicht zu übersehen war. Von ihrem polemischen Tonfall rückte GEISS später [11: Nachwort 1980] ab, ohne seine These von der „überwiegende[n] Verantwortung des Deutschen Reichs für den Ausbruch des Ersten Weltkriegs" [EBD., 380] damit zurückzunehmen, obwohl er angesichts der fortschreitenden Entwicklung der Forschung sodann die Tatsache zu beachten empfahl, dass auch die anderen Mächte ihre jeweils eigenen Ziele verfolgten [189: Nachwort 1985, 227 f.].

In Großbritannien erhielt Fischer über die ihm durch HARTMUT POGGE VON STRANDMANN zuteil gewordene Hilfe [202: Erforderlichkeit] hinaus vor allem durch die Arbeiten von JOHN RÖHL entscheidende und weiterführende Unterstützung. Dass Fischers Position in modifizierter Form Allgemeingut der Forschung geworden sei, wie RÖHL bereits 1971 feststellte [22: Fürsten, 10], mag – ungeachtet anderer gewichtiger, von Fischers Thesen abweichender bzw. sie differenzierender Stimmen – für weite Teile der angelsächsischen Historiographie zutreffender sein als für die Lage in der Bundesrepublik Deutschland. Zwar gilt die „alte" These vom reinen Verteidigungskrieg inzwischen längst als ebenso obsolet wie die vom Angriffskrieg pur et simple; doch stehen sich Fischers methodisch inzwischen im Zeichen eines Primats der inneren Politik geprägte Auffassung über eine offensiv gegründete Aktion der deutschen Reichsleitung in der Julikrise 1914 und ZECHLINs (sowie ERDMANNs und HILLGRUBERs) im Zeichen eines Primats der äußeren Politik gewonnene Position über ein defensiv motiviertes Prävenire Bethmann Hollwegs nach dem 28. Juni 1914 (siehe unten II. C, 2) nach wie vor in deutlicher Antithese gegenüber.

Offenheit der Forschungslage

JOHN RÖHLs wissenschaftliche Verdienste liegen, was den Verlauf der „Fischer-Kontroverse" angeht, und darüber hinaus, was die Auseinandersetzungen um die Frage nach dem Vorrang des Personalen oder des Strukturellen in der Geschichte betrifft, vornehmlich auf zwei Gebieten: Zum einen machte er auf die Quelle des sog. „Kriegsrates" vom 8. Dezember 1912 (siehe oben 36) und ihre – freilich höchst umstrittene – Bedeutung (zur wissenschaftlichen Diskussion darüber vgl. unten 81 f.) in der Vorgeschichte des Ersten Weltkrieges aufmerksam [206: von Müller, 651–673; 207: Schwelle, 72–134; 208: Generalprobe, 357–373]. Zum anderen belebte er, von seiner Darstellung über „Germany without Bismarck" [205] und seiner großen dreibändigen Edition der „Politischen Korrespondenz" Philipp Eulenburgs [16] ausgehend, aufs Neue, für die Geschichte der Außenpolitik des Kaiserreichs höchst relevant, die Erörterung über das „persönliche Regiment" Kaiser Wilhelms II. [vgl. dazu nach Abwägung aller Gesichtspunkte kritisch 195: E. R. HUBER, Persönliches Regiment, 224–248; und vorläufig zusammenfassend, 209: J. C. G. RÖHL/N. SOMBART (Eds.), Wilhelm II., und 210: J. C. G. RÖHL, Kaiser]. Von einer die Parlamentarisierungstendenzen des Kaiserreichs betonenden Richtung der Wissenschaft [M. RAUH, Die Parlamentarisierung des Deutschen Reiches, Düsseldorf 1977] setzte er sich dabei indirekt ebenso ab wie er der Auffassung direkt entgegentrat, wonach nicht zuletzt auch im Gebiet der äußeren Politik des Wilhelminischen Reiches eine anarchisch wirkende

Vorrang des Personalen oder Strukturellen

Polykratie der Institutionen und Personen (siehe unten II. D, 1, und II. D, 2) vorgeherrscht habe.

Auf Schweizer Seite war es der Baseler Historiker ADOLF GASSER, der Fischers Position von Beginn an teilte und teilweise sogar, im Zusammenhang mit seiner Interpretation des sog. „Kriegsrates" vom 8. Dezember 1912, schärfer und einliniger als Fischer argumentierte [vgl. auch 219: B. F. SCHULTE, Krisenkonferenz, 195]. Insgesamt spitzte er seine – dominierend von der Vorstellung einer für die Außenpolitik im negativen Sinne beeinflussten, „fortschreitenden Verpreußung des Reiches" [186: Präventivkrieg, 217] geprägte – Auffassung über den Kriegsausbruch 1914 dahin zu, dass er ursprünglich von einem 1913/14 gefassten Entschluss zum „Präventivkrieg" ausging und später von einer „Kriegsentfesselung" im offensiven Sinne zur Erwerbung von Hegemonie und Weltmacht überzeugt war [187: Militärgeist].

„Verpreußung des Reiches"?

In der Bundesrepublik Deutschland war es neben HELMUT BÖHME, der als erster die „Fischer-Kontroverse" methodisch in eine Auseinandersetzung über den Primat der Innen- oder Außenpolitik transformierte (siehe unten II. D, 1), und IMANUEL GEISS mit seiner Dissertation „Der polnische Grenzstreifen 1914–1918" [188] BERND F. SCHULTE, der in seinen Abhandlungen zur Wilhelminischen Militär- und Außenpolitik [217: Armee; 218: Kriegsausbruch; 219: Krisenkonferenz, 183–197; 220: Europäische Krise] Fischers Position – im hier behandelten Zusammenhang – teilte, vertiefte und fortentwickelte.

Methodisches Neuland

In welchem Maße tatsächlich „Macht und Verblendung" in der deutschen Kriegszielpolitik ihre verhängnisvolle Rolle spielten, zeigte der damals Fischers Position eher in Frage stellende als teilende [vgl. 197: K.-H. JANßEN, Falkenhayn] Ritter-Schüler KARL-HEINZ JANßEN [196]. Ja, dass der durch Fritz Fischers Herausforderung in das Zentrum des wissenschaftlichen Interesses gerückte Reichskanzler Bethmann Hollweg vor dem Hintergrund einer sich in der Tat zunehmend schwieriger gestaltenden innenpolitischen Lage ein hohes Maß an Eigenständigkeit besaß, ergab sich aus der Fischers Auffassungen in vielfältigem Sinne differenzierenden Debatte über die Politik und Persönlichkeit Bethmann Hollwegs (vgl. unten II. C, 2); sie fand ihren Niederschlag in KONRAD JARAUSCHs großer Biographie über diesen „rätselhaften Kanzler" [198]. Insgesamt aber hatte sich bewahrheitet, was 1967 im Rahmen einer Zwischenbilanz über Fischers mächtigen Anstoß festgestellt worden war: „Dieses Jahr 1961 wird, daran ist kein Zweifel, als ein Epochenjahr der Weltkriegsforschung ... in die Wissenschaftsgeschichte eingehen" [P. GRAF KIELMANSEGG, in: NPL 12 (1967) 328]. Warum sich jedoch, dem Urteil von THOMAS NIPPERDEY zufolge, Fritz

Deutsche Kriegszielpolitik

Bethmann Hollweg

1961: „Epochenjahr der Weltkriegsforschung"

Fischers „Interpretation nicht durchgesetzt hat", wenn auch „niemand ... hinter Fischer zurück" will und kann, der „eine etablierte Meinung mit neuen Quellen und neuen Interpretationen revidiert, ja revolutioniert" [zit. nach 220: B. F. SCHULTE, Europäische Krise, 288] hat, mag deutlich werden, wenn nunmehr, den Verlauf der wohl bedeutendsten Historikerkontroverse der Nachkriegszeit verfolgend, „die wesentlichen Antworten der Geschichtswissenschaft" dargestellt werden.

2. Die wesentlichen Antworten der Geschichtswissenschaft

Fritz Fischers provozierende Thesen und Ergebnisse lösten eine bis heute andauernde Debatte aus [neben den Beiträgen von MOSES, SCHÖLLGEN und WENDT – siehe oben II. C, 1 – vgl. auch 212: W. SCHIEDER, Einleitung. Weltkrieg, 11–23; 213: DERS., Erster Weltkrieg, 851– 857; 214: G. SCHÖLLGEN, Kontinuitätsproblem, 163–177]. Freilich stellte JOST DÜLFFER fest, dass es nunmehr um die „Fischer-Kontroverse" nicht zuletzt deshalb ruhiger geworden sei, weil der Weg der Forschung durch verschiedene Autoren „in ein das internationale System insgesamt einbeziehendes Deutungsmuster gebracht worden" [in: NPL, Beiheft 3, 1986, 83] sei (siehe auch II. E, 1 und 2).

Erste deutsche Reaktionen auf Fischers Herausforderung: Hans Herzfeld und Gerhard Ritter

Die ersten deutschen Reaktionen auf Fischers Buch „Griff nach der Weltmacht" fielen beträchtlich anders aus als das Urteil von KLAUS EPSTEIN, der es trotz kritisch einschränkender Bemerkungen als „important" und „great" kennzeichnete [172: War Aims, 167]. Gewiss, HANS HERZFELD setzte sich in außerordentlich differenzierter Art und Weise mit Fischers Werk auseinander [191: H. HERZFELD, Permanente Krise, 67–82], hielt jedoch insgesamt – wie auch PETER GRAF KIELMANSEGG in seiner 1968 veröffentlichten Gesamtdarstellung „Deutschland und der Erste Weltkrieg" [200] – an der Position einer grundsätzlich defensiven Orientierung des Deutschen Reiches während der Julikrise 1914 ebenso fest, wie er, deutlich abgehoben von Fritz Fischer, das Verhältnis zwischen Friedenssuche und Kriegszielpolitik als dem zeitlichen Wandel des militärischen Verlaufs unterworfen ansah. Ungeachtet neuer Erkenntnisse über die annexionistischen Tendenzen deutscher Politik im Ersten Weltkrieg vertrat auch Fritz Fischers schärfster Kritiker GERHARD RITTER weiterhin die These, wonach „die Politik der deutschen Regierung im Juli 1914 grundsätzlich defensiver, nicht aggressiver Natur gewesen ist" [203: Tragödie, 17].

Egmont Zechlins Position

In einer stattlichen Serie von Aufsätzen, die in dem 1979 publizierten Band „Krieg und Kriegsrisiko. Zur deutschen Politik im Ersten Weltkrieg" [238] im Wesentlichen ihren Niederschlag gefunden haben,

C.2. Die wesentlichen Antworten der Geschichtswissenschaft

hat sich EGMONT ZECHLIN von 1961 bis 1985 [239: Julikrise, 51–96] mit Fischers Thesen auseinandergesetzt und ist dabei zu ganz eigenständigen Ergebnissen gelangt. Zum einen beurteilt er die deutsche Außenpolitik in der Julikrise als einen Versuch, eine für das Reich unerträglich gewordene Position der Defensive mit offensiven Mitteln nach Möglichkeit politisch, wenn unumgänglich, militärisch zu einem gerade noch günstigen Zeitpunkt zu verbessern und geht für den Fall einer Konflagration, ganz im Gegensatz zu Fischers Annahme (siehe oben 74 f.), von vornherein von einer Mitwirkung Großbritanniens auf der gegnerischen Seite aus. Für den Fall des Scheiterns der politischen Strategie hatte der Reichskanzler nach Zechlins Interpretation dafür zu sorgen, Russland als Angreifer erscheinen zu lassen, um in innenpolitischer Hinsicht die SPD für die Mitwirkung am Kriege zu gewinnen. Zum anderen weist Zechlin – wie übrigens auch VOLKER ULLRICH [231: Kalkül, 79–97] – darauf hin, dass Bethmann Hollweg bis in die ersten Septembertage des Jahres 1914 hinein „Die Illusion vom begrenzten Krieg", also ohne ein volles Engagement der Briten, gepflegt und danach das „Septemberprogramm" vom 9. 9. 1914 als Mittel der Kriegführung gegen Großbritannien angesehen habe. Zechlins eindringliche Interpretation [vgl. 343: K. HILDEBRAND, Imperialismus, 343–344] ist in den quellennah und klug argumentierenden, dem Untersuchungsgegenstand freilich kritischer als Zechlin begegnenden Aufsätzen von VOLKER ULLRICH bestätigt und weitergeführt worden [siehe oben, und 417: DERS., Sprung, 97–106]. Zechlins Deutung des Geschehens im Sommer 1914 als eines spezifisch interpretierten Präventivkrieges hat, so umstritten dieser Begriff ohne Zweifel anmutet und so unterschiedlich, ja widersprüchlich die dafür im Einzelnen genannten Motive auch sein mögen, eher Anerkennung gefunden als Fischers These vom langfristig entworfenen Offensivkrieg [vgl. bereits relativ früh dazu: F. T. EPSTEIN, in: JbbGOE 20 (1972) 247–274].

Mit dieser Position verwandt erscheint diejenige von ANDREAS HILLGRUBER, der die Aufmerksamkeit der Forschung auf die Bedeutung der Gedankenwelt Kurt Riezlers, des persönlichen Sekretärs von Bethmann Hollweg, lenkte. Aus dessen Schriften rekonstruierte er „Riezlers Theorie des kalkulierten Risikos", die für „Bethmann Hollwegs politische Konzeption in der Julikrise 1914" [192: 333–351] bestimmend gewesen sei [kritisch dazu 228: W. C. THOMPSON, Eye, 73–95, und 383: W. J. MOMMSEN, Krise, 99]. Seine Interpretation über „Die deutsche Politik in der Julikrise 1914" [193: 191–215] mit den nach seinem Urteil prägenden Elementen eines spezifisch deutschen Präventivkrieg-Verständnisses, der dafür maßgeblichen Feindbilder und der Gegensätz-

Eigenart des deutschen Präventivkrieg-Verständnisses

lichkeit zwischen politischer, gegen Russland gerichteter und militärischer, gegen Westen zielender Strategie fasste HILLGRUBER sodann 1981 noch einmal zusammen. Zuvor aber hatte er, im Jahre 1967, eine Studie vorgelegt [350: Rolle], in der Grundmuster und Konzeptionen deutscher Außenpolitik auf ihrem Weg zwischen Bismarck und Hitler souverän nachgezeichnet und vor allem, für die Forschung neu und wegweisend, „das Aufkommen grundlegend neuer Zielvorstellungen der deutschen Außenpolitik während des Ersten Weltkrieges" [EBD., 58–67] differenziert entwickelt wurden.

Die von GERHARD RITTER – aufgrund seiner nie ausgeräumten Zweifel an der Richtigkeit der in Riezlers Notizen enthaltenen Aussagen über Bethmann Hollwegs Motive im Juli 1914 [170: A. BLÄNSDORF, Weg, 674] – abgelehnte Präventivkrieg-These hat KARL DIETRICH ERDMANN überzeugend weiterentwickelt [175: Zeit, bes. 39–40]. Sein großes, für die Forschung bleibendes Verdienst liegt ohne Zweifel in seiner seit 1964 andauernden intensiven Beschäftigung mit der Persönlichkeit und Politik Bethmann Hollwegs [173: Beurteilung, 525–540]. Da ein Nachlass Bethmann Hollwegs praktisch nicht existiert, wurden die lange Zeit nicht veröffentlichten Tagebücher Kurt Riezlers um so wichtiger. ERDMANN hat sie 1972 publiziert und mit einem „politische[n] Profil" Riezlers eingeleitet [28: 19–159], das diesen zwischen Geist und Macht sich bewegenden Repräsentanten des deutschen Bildungsbürgertums glänzend porträtiert. Der Kieler Historiker stellt den Reichskanzler nicht zuletzt deshalb in den Mittelpunkt der deutschen Vorkriegs- und Kriegspolitik, weil „die Politik Deutschlands in der Julikrise ... die Politik Bethmann Hollwegs" [174: K. D. ERDMANN, Deutschland, 48] war. Sie erscheint insgesamt „als eine fehlgeschlagene Anwendung" [EBD., 50] der Riezlerschen Theorie des kalkulierten Kriegsrisikos und „paßt weder in das Schema eines wider seinen Willen in den Krieg gedrängten noch in das Schema eines willkürlich zum Krieg drängenden Deutschland" [EBD., 53] hinein. Ja, mit Recht lenkt Erdmann den Blick über die für das Deutsche Reich verbindlichen Motive hinaus auf die der anderen Staaten, wurde Deutschland doch ebenso wie seine Kontrahenten von „der machtpolitischen Maxime" geleitet, „von der wir das Handeln aller am europäischen System beteiligten Großstaaten bestimmt sehen" [EBD., 55].

Die editorische Leistung und der sachliche Ertrag der von ERDMANN herausgegebenen „Tagebücher, Aufsätze, Dokumente" Kurt Riezlers dürfen auf gar keinen Fall durch die Diskussion um die „Echtheit" einzelner die Julikrise 1914 betreffender „Blätter" des Tagebuches in Vergessenheit geraten. Die durchaus ernst zu nehmenden, von

C.2. Die wesentlichen Antworten der Geschichtswissenschaft 81

FRITZ FELLNER [in: MIÖG 81 (1973) 490–495] und vor allem von BERND SÖSEMANN [223: Erforderlichkeit, 261–275, und 224: DERS., Tagebücher, 327–369] vorgetragenen Einwände sind durch ERDMANNs Erwiderung [176: Echtheit, 371–432] und durch den Aufsatz von AGNES BLÄNSDORF (siehe oben 80) zurückgewiesen worden. Die weit über die quellenkritische Seite des Streites hinausgehenden Angriffe von BERND F. SCHULTE [221: Verfälschung] haben „zur Frage der Echtheit der Riezler-Tagebücher nichts entscheidend Neues" [VOLKER ULLRICH, in: Süddeutsche Zeitung vom 10. September 1985, S. 10] geboten. Ungeachtet nach wie vor bestehender quellenkritischer Zweifel gegenüber einigen Texten zur Julikrise gilt das Riezler-Tagebuch als eine bedeutende, freilich nicht zu überschätzende Quelle für die Geschichte der Wilhelminischen Außenpolitik, dessen Aussagen die eine oder andere Interpretation der Julikrise allerdings nicht in eindeutiger Form zu belegen vermögen.

Bereits frühzeitig erkannte WOLFGANG SCHIEDER, dass die These von der offensiven Defensive „das Verständnis der deutschen Politik abhängig" mache „von dem der internationalen Politik vor und im Kriege" [211: W. SCHIEDER, Italien, 246], während sich FRITZ FISCHER zunehmend stärker im nationalhistorischen Kontext auf „die inneren Bedingungen der äußeren Politik" (vgl. II. D, 1) konzentrierte. Beide Elemente in seiner Interpretation miteinander zu verbinden, war von Beginn an das Anliegen WOLFGANG J. MOMMSENs, der durchaus zu Fischers Kritikern zählte, aber stets darum bemüht war, aus den Darlegungen des Hamburger Historikers zur Kenntnis zu nehmen, dass beispielsweise „für die Entscheidungen der deutschen Regierung im Juli 1914 Präventivkriegserwägungen eine große Rolle gespielt haben" [W. J. MOMMSEN, in: NPL 16 (1971) 483] und dass Bethmann Hollwegs Spielraum durch Militärs und Öffentlichkeit entscheidend eingeengt wurde. Eine innere und äußere Elemente versuchsweise miteinander verbindende Interpretation der Wilhelminischen Außenpolitik legte er dann in seiner 1969 veröffentlichten Darstellung „Das Zeitalter des Imperialismus" [382] vor. In einer sehr differenzierten Kritik lehnte MOMMSEN dagegen das zweite große Werk des Hamburger Historikers „Krieg der Illusionen" im großen und ganzen ab, weil ihn die von FISCHER unterstellte Verbindung zwischen wirtschaftlichen Kräften und äußerer Politik nicht überzeugte [in: NPL 16 (1971) 482–493], und weil er in Analogie zu EGMONT ZECHLIN [238: Krieg, 138–147] die von John Röhl und Fritz Fischer offensichtlich überschätzte Bedeutung des sog. „Kriegsrates" vom 8. Dezember 1912 durch eine insgesamt einleuchtende historische Situationsanalyse auf ein angemessenes Maß

Wolfgang J. Mommsens Position

zurückführte und relativierte [vgl. im Einzelnen zu Mommsens sich mit dem Fortgang der Forschung wandelnden Auseinandersetzungen gegenüber dem „Kriegsrat" 219: B. F. SCHULTE, Krisenkonferenz, 183–197]. Mommsen wandte sein wissenschaftliches Interesse zunehmend stärker den Wirkungen zu, die aus der inneren Verfasstheit des Wilhelminischen Deutschland für die äußere Politik des Reiches bis in die Julikrise hinein resultierten; er fasste sie unter dem bezeichnenden Titel „Die latente Krise des Deutschen Reiches 1909–1914" [383] in einem Handbuchbeitrag zusammen.

Darstellungen zur deutschen Kriegszielpolitik

Die Beschäftigung der Geschichtswissenschaft mit Fischers Ergebnissen über die deutsche Kriegszielpolitik ließ deren bis dahin gar nicht wahrgenommenes Ausmaß erst zutage treten. Der Tendenz nach fand Fischer beispielsweise Zustimmung in den Studien von LANCELOT L. FARRAR [vor allem 177: Illusion; 178: Divide], die freilich über die Betrachtung der deutschen Politik weit hinaus in die Geschichte des Staatensystems reichen. Ausgesprochen kritisch gegenüber Fischers Thesen von der Homogenität zwischen Zivilisten und Militärs äußerte sich dagegen WINFRIED BAUMGART, der in seiner Darstellung „Deutsche Ostpolitik 1918" [169] so prinzipiell zwischen den Vertretern des Auswärtigen Amtes und der Obersten Heeresleitung unterschied, dass JOSEF ENGEL zweifelnd fragte, ob diese Alternativen nicht doch zwei Seiten einer Medaille seien [in: GWU 24 (1973) 59]. Unterschiede zwischen Annexionisten und Gemäßigten in der „die politischen Grundfragen des Ersten Weltkrieges" erörternden deutschen Hochschullehrerschaft betonte KLAUS SCHWABE [222: Wissenschaft], während vor allem WOLFGANG STEGLICHs Arbeiten [226: Friedenspolitik; 227: Friedensappell] und die Dissertation seines Schülers WILHELM ERNST WINTERHAGER [236: Mission] immer wieder „die positiven Kriegsziele der Reichsregierung" hervorhoben: Sie „waren nicht Ausdruck des Machtwillens, sondern Elemente eines Sicherungsstrebens, das sich im Verlauf des Krieges zum Streben nach einem Selbstbehauptungsfrieden wandelte. Es gab daher auch keine eigentliche ‚Kriegszielpolitik'. Zutreffender dürfte es sein, von Sicherungspolitik und von Friedenspolitik zu sprechen" [226: W. STEGLICH, Friedenspolitik, XII]. Über diese von Einseitigkeiten gewiss nicht freie Deutung des Problems hinausgehend und ZECHLINs wegweisende Studien [237: Friedensbestrebungen] fortführend, hat vor allem VOLKER ULLRICH in verschiedenen Aufsätzen [229: Japan, 359–374; 230: Osten, 45–63; 232: Mitteleuropapläne, 348–371, und 233: Verhandlungsfrieden, 397–419], jenseits von Apologie und Anklage, immer wieder die sich „zwischen Verhandlungsfrieden und Erschöpfungskrieg" bewegenden

Friedenspolitik des Reiches

Versuche „der ... Reichsleitung", die „Friedensfrage" zu lösen, materialreich und reflektiert abgehandelt.

Während ein groß angelegter Versuch, den „Ausbruch des Ersten Weltkrieges" [185: K. J. GANTZEL u. a., Konflikt] mit sozialwissenschaftlich quantifizierender Methode zu erklären, den kritischen Kommentaren von JOHN RÖHL, VOLKER BERGHAHN und IMANUEL GEISS nicht standhielt [vgl. dazu 343: K. HILDEBRAND, Imperialismus, 350–354], ließ sich in einschlägiger Reaktion auf die von Fischers Arbeiten ausgehenden Impulse ein sehr beachtlicher Erkenntnisfortschritt der marxistischen Geschichtswissenschaft in der DDR konstatieren. Wenn die Kontinuitätsthese des Hamburger Historikers insgesamt auch viel Zustimmung erfuhr, so wurde ihm doch durchgehend vorgehalten, dass er die antiimperialistischen Gegenkräfte im Verlauf der Geschichte des Kaiserreichs und des Weltkrieges zu wenig berücksichtige, dass er die Politik der Herrschenden mit der der Mehrheit des Volkes unzulässigerweise gleichsetze und dass seine Darstellung der ökonomischen Verankerung entbehre. Alle diese Elemente fanden, neben einer umfassenden Abhandlung des Weltkriegsgeschehens, in dem von FRITZ KLEIN maßgeblich betreuten dreibändigen Werk „Deutschland im Ersten Weltkrieg" [368] ausführliche Berücksichtigung. In einer imponierenden Forscherleistung hat vor allem WILLIBALD GUTSCHE [beispielsweise 335: Grundtendenzen; 336: Monopolbourgeoisie; 337: Gewicht; 338: Herausbildung; 339: Entfesselung] immer wieder versucht, die Grundtendenzen im Funktionsmechanismus zwischen „Industriemonopolen, Großbanken und Staatsorganen in der Außenpolitik des Deutschen Reiches 1897 bis Sommer 1914" [340: Monopole] freizulegen. Sieht man von der orthodox postulierten und kaum überzeugenden Prämisse ab, die verschiedenen Phasen Wilhelminischer Außenpolitik eng an scheinbar entsprechende wirtschaftliche Verläufe anzubinden, so erbrachten Gutsches Abhandlungen doch eine Vielfalt an neuen Quellenzeugnissen und sachlichen Erträgen.

Historiographie der DDR

Im Übrigen förderte der sich im langen Schatten der „Fischer-Kontroverse" vollziehende Gang der Forschung wertvolle Editionen zutage wie beispielsweise den „Briefwechsel Hertling–Lerchenfeld" [18] und die „Nachgelassene[n] Papiere des Botschafters Hatzfeldt" [17]. WERNER FRAUENDIENST veröffentlichte einen, spurenweise noch der Gedankenwelt der Zwischenkriegszeit verpflichteten, ungemein kenntnisreichen Handbuchbeitrag, der u. a. auch die Wilhelminische Außenpolitik zwischen 1890 und 1909 behandelt [326]; im Vergleich damit fiel die sich daran anschließende, stark auf das militärische Element konzentrierte Darstellung von WALTHER HUBATSCH über die Jahre

Editionen und Handbuch-Beiträge

von 1914 bis 1918 eher ab [156; siehe auch oben 77]. In universalgeschichtlicher Perspektive bettete ERWIN HÖLZLE die Geschichte der deutschen Außenpolitik am Vorabend des Ersten Weltkrieges in eine allerdings von apologetischen Tendenzen nicht freie Darstellung über „Die Selbstentmachtung Europas" [194] ein. Dabei wies die von ihm gewählte Methode in eine Richtung, die zwar in Deutschland vereinzelt auf Ablehnung stieß, weil damit die Verantwortung der deutschen Regierung für den Kriegsausbruch allzu leicht relativiert werden könne [217: B. F. SCHULTE, Armee, XXIII, und XXVIII, gegen 343: K. HILDEBRAND, Imperialismus], die jedoch insgesamt von der internationalen Forschung in den letzten Jahren immer stärker eingeschlagen worden ist. In seiner Holstein-Biographie [394] ging NORMAN RICH auf grundlegende Probleme der deutschen Außenpolitik und des europäischen Staatensystems ein und betonte nicht zuletzt den unüberbrückbaren Gegensatz zwischen Kabinettspolitik und Massenzeitalter. CHRISTOPHER ANDREW [292: World Policy, 137–151] und JONATHAN STEINBERG [z. B. 413: Copenhagen, 23–46; 412: Background, 193–215] berücksichtigten innenpolitische und mentalitätshistorische Motive Wilhelminischer Außenpolitik, JOACHIM REMAK [393: 1914, 353–366] verwies auf die prägenden Bedingungen des internationalen Systems. Und JAMES JOLL spürte den „Unspoken Assumptions" [359] der 1914 Handelnden nach. Mit seiner Darstellung „The Origins of the First World War" [361] unterbreitete er sodann eine alle Motive beachtende und gewichtende Darstellung, die Fritz Fischers Resultaten ebensoviel wie denen seiner Kontrahenten verdankt. JEAN-BAPTISTE DUROSELLE [318: L'Europe] ordnete den Anteil der deutschen Politik in das Geschehen der Staatengeschichte ein, und RAYMOND POIDEVIN gelang es, gerade durch seine intensive Beschäftigung mit den wirtschaftlichen Faktoren deutscher Außenpolitik und ungeachtet seiner Betonung der Existenz weit ausgreifender Kriegsziele in den Jahren zwischen 1914 und 1918, darzulegen, dass der „Wirtschafts- und Finanznationalismus ... nicht monokausal verantwortlich gemacht werden" kann „für die Entfesselung des Ersten Weltkrieges" [388: Nationalismus, 162].

Im Banne der „Fischer-Kontroverse" trat das wissenschaftliche Interesse an der Außenpolitik der „Ära Bismarck" eher zurück, obwohl MARTIN WINCKLERs überaus kritisch nach der Existenzberechtigung des Deutschen Reiches fragende Studien [vor allem 420: „Krieg-in-Sicht"-Krise, 671–713; vgl. auch oben 66 zur „Bündnispolitik"] durchaus unter dem Eindruck der mit der „Fischer-Kontroverse" einhergehenden Diskussionen entstanden sind. Dagegen deutete die „Zum Problem der sozialökonomischen Hintergründe der russisch-deutschen Entfremdung im Zeitraum von 1878 bis 1891" Stellung nehmende Untersuchung der marxistischen Historikerin SIGRID KUMPF-KORFES [374: Draht] bereits auf Debatten kommender Jahre hin, als auch in der nichtmarxistischen Geschichtswissenschaft „die inneren Bedingungen der äußeren Politik" ins Zentrum des Interesses rückten.

D. Um den Primat der Innen- oder Außenpolitik

1. Die inneren Bedingungen der äußeren Politik

An eines der „Grundmuster der Interpretation" (vgl. II. A, 2) aus der Zwischenkriegszeit anknüpfend, schenkte insbesondere die westdeutsche Geschichtswissenschaft dem „Inneren der äußeren Politik" seit dem Ende der sechziger Jahre zunehmend ihre Aufmerksamkeit. Was in diesem Zusammenhang die „neu" untersuchten Themen angeht, so waren sie – sieht man vom Sonderfall des seinerzeit außerordentlich differenziert von RUDOLF IBBEKEN [38] abgehandelten Untersuchungsgegenstandes des Bagdadbahnbaus einmal ab, dem sich nunmehr, allerdings nicht im Banne eines Primats der inneren Politik und auf ganz unterschiedliche Weise, WOLFGANG J. MOMMSEN [z.B. 384: Finanzimperialismus, 17–81], ALEXANDER SCHÖLCH [400: Durchdringung, 404–446], HELMUT MEJCHER [379: Bagdadbahn, 447–481] und GREGOR SCHÖLLGEN [402: Gleichgewicht] widmeten – eben die alten: Bismarcks Kolonialpolitik, das deutsch-russische Verhältnis in den späten achtziger Jahren, Caprivis Handelsvertragspolitik und der deutsche Schlachtflottenbau in der Wilhelminischen Zeit (siehe oben II. A, 2). Was damals allerdings eher am Rande der deutschen Historiographie existierte, rückte jetzt für einige Jahre in den Mittelpunkt einer lebhaft geführten Diskussion, bis der Gang der internationalen Forschung nach und nach das Bewahrenswerte dieser wissenschaftlichen Richtung vom Übertriebenen einer „neuen Orthodoxie" (siehe unten 94) trennte und klarer zu erkennen gab, ob und wie weit die Akzentuierung innerer Faktoren die Tatsachen und Zusammenhänge der äußeren Politik des Deutschen Kaiserreiches zwischen 1871 und 1918 zu erklären vermag. Dem raschen Erfolg der sog. Gesellschaftsgeschichte, die unseren Kenntnisstand anfangs bereicherte, kam, in der Bundesrepublik Deutschland noch stärker und spezifischer als in anderen Staaten, eine mächtige Zeittendenz entgegen, die, in ganz unterschiedlichen Ausformungen, mit einer Renaissance des marxistischen Denkens in der westlichen Welt einherging.

Neu – alte Themen

„Gesellschaftsgeschichte"

"Organisierter Kapitalismus"

"Große Depression und Bismarckzeit" von Hans Rosenberg

Helmut Böhmes methodische Initiative

In einem nicht unerheblichen Maße durch die sich aus dem Modell vom „Organisierten Kapitalismus" [289: H. U. WEHLER, Organisierter Kapitalismus, 36–57; grundlegende Kritik daran übte 252: L. GALL, Interventionsstaat, 1–16] ergebenden Prämissen, direkt oder indirekt, bedingt, förderte, was in erster Linie den Bereich der inneren Politik angeht, eine Darstellung wie die von DIRK STEGMANN über „Die Erben Bismarcks" [Köln/Berlin 1970] weiterführende, wenn auch durchaus umstrittene Ergebnisse über die sog. Sammlungspolitik des Wilhelminischen Deutschland zutage und erschloss JÜRGEN KOCKAs „Klassengesellschaft im Krieg" [Göttingen ²1978] ein bislang vernachlässigtes Terrain „deutsche[r] Sozialgeschichte 1914–1918". „Ausgangspunkt" für diese Abhandlung des Bielefelder Sozialhistorikers war „ein letztlich aus der Marxschen Klassentheorie abgeleitetes, allerdings stark stilisiertes und aus dem Kontext des Marxschen geschichtsphilosophischen Denkens weitgehend herausgelöstes, durch neuere Erkenntnisse der Konfliktanalyse ergänztes und in einer für uns brauchbaren Weise operationalisiertes klassengesellschaftliches Modell" [EBD., 3].

Während das „hier benutzte marxistische Modell" [EBD., 141] sich nicht auf die Erklärung außenpolitischer Phänomene erstreckte, war dieser Anspruch der Grundtendenz nach der neuen, teilweise „marxiste non orthodoxe" (RENÉ SCHWOK) orientierten Richtung durchaus inhärent. Mehr fragend als behauptend hatte 1967 HANS ROSENBERG in seinen „Große Depression und Bismarckzeit" betitelten Studien über „Wirtschaftsablauf, Gesellschaft und Politik in Mitteleuropa" [277] auf die angebliche Interdependenz von „Trendperioden der Außenpolitik und wirtschaftliche[n] Wechsellagen" [EBD., 258–265] sowie auf eine ihm auffällig vorkommende Parallelität von „außenpolitische[r] und ... binnenwirtschaftliche[r] Kartellbewegung" [EBD., 266–273] in der späten Bismarckzeit hingewiesen. Unter Berufung auf Eckart Kehr hatte HELMUT BÖHME kurz zuvor in seinen Aufsehen erregenden [neben der arg überzogen wirkenden Kritik von 285: H.-U. WEHLER, Sozialökonomie, 344–374 vgl. die sachlich gehaltene Miszelle von 250: L. GALL, Staat, 616–630] „Studien zum Verhältnis von Wirtschaft und Staat während der Reichsgründungszeit 1848–1881" [244: Weg] einen „methodischen Ansatz" wieder aufgenommen, der „sich nicht nur für die Erforschung der Probleme des Ersten Weltkrieges, sondern ... auch für die Geschichte der deutschen Reichsgründungszeit als überaus fruchtbar" [EBD., 1] erwies. Dass sich jedoch nicht nur Deutschlands bis zur sog. „zweiten Reichsgründung" [vgl. dazu kritisch abwägend 330: L. GALL, Europa, 135–136] verfolgter „Weg zur Großmacht" im Banne wirtschaftlicher und gesellschaftlicher Bedingungen vollzog, sondern dass diese auch die späte Russlandpolitik des vom Verfasser bewusst entmythologisierten Reichskanzlers bestimmten [245: H. BÖHME, Politik, 26–50], versuchte er ebenso plausibel zu machen, wie er sich darum bemühte, das deutsch-russische Verhältnis vom Berliner Kongress bis ans Ende der kurzen „Ära Caprivi" [246: Wirtschaftsbeziehungen, 173–190, sowie 191–206; und 247: Grenzen, 175–192] im Banne des Ökonomischen zu deuten. Die sich seit 1879 bemerkbar machende deutsch-russische Entfremdung erschien ihm dabei als das Resultat „der einander ausschließenden Interessen der russischen und deutschen Agrarier und Industriellen im Bereich von Roggen, Weizen, Hafer, Gerste, Eisenbahnmaterial, Maschinen und Textilien" [245: Politik, 41]. Ausdrücklicher als in seinen Arbeiten zuvor berücksichtigte er jetzt auch die in der historiographischen Diskussion umstrittene Idee einer „gesellschaftlichen Systemstabilisierung" und stellte in bewusster Opposition zur überlieferten Sicht der Dinge (siehe oben II. A, 2 und II. B, 1) für die der „Ära Bismarck" folgende Phase deutscher Außenpolitik gleichfalls fest: „Die Handels- und Finanzpolitik bestimmte viel entscheidender den Beginn des jeweiligen nationalen Chauvinismus als die allgemeine oder auch ‚große' genannte Politik, weil nunmehr – nach 1893 – der organisierte Kapitalismus im Streckbett nationaler Rivalitäten imperialistische Züge entwickelte" [246: Wirtschaftsbeziehungen, 175–176].

Den Gedanken, wonach gesellschaftliche Systemstabilisierung – im Rahmen einer „Theorie des Sozialimperialismus" und im Banne eines „Primats der Innenpolitik" – dominierendes Ziel deutscher Innen- und Außenpolitik zwischen 1871 und 1918 gewesen sei, hatte – in Fortentwicklung der Studien von Eckart Kehr – HANS-ULRICH WEHLER 1969 in die wissenschaftliche Debatte hineingetragen [283: Bismarck] und damit Diskussionen ausgelöst, die den abgehandelten Untersuchungsgegenstand weit überschritten [EBD., 501]. Die Motive und Ziele der partienweise ganz konventionell abgehandelten deutschen Kolonialpolitik in den achtziger Jahren des 19. Jahrhunderts wurden im Zusammenhang einer „Theorie" gedeutet, die unter der dem Werk vorangestellten Maxime von Karl Marx stand, wonach „die Anatomie der bürgerlichen Gesellschaft in der politischen Ökonomie zu suchen sei" [EBD., 13]. Die Interpretation, Otto von Bismarck als einen im Banne wirtschaftlicher sowie gesellschaftlicher Zwänge handelnden Imperialisten zu verstehen, der, als politischer Typus seiner Zeit mit entsprechenden Phänomenen in Frankreich, England und den Vereinigten Staaten von Amerika vergleichbar, nahezu ausschließlich auf Herr-

Hans-Ulrich Wehlers „Theorie des Sozialimperialismus"

schaftsstabilisierung und Systemerhaltung bedacht gewesen sei, entspringt dem Entwurf einer „kritischen Theorie". Darunter wurde in Anlehnung an die marxistische Tradition im Allgemeinen und an Vertreter der „Frankfurter Schule" wie Horkheimer und Habermas im Besonderen „jene ‚theoretische Anstrengung' verstanden ..., ‚die mit dem Interesse an einer vernünftig organisierten zukünftigen Gesellschaft' die vergangene und gegenwärtige ‚kritisch durchleuchtet' ..." [EBD., 14]. Insofern erschien in einem oftmals allerdings „sehr allgemeinen Sinne" [EBD., 16] „der Imperialismus – als die neue und neuartige Phase der weit zurückreichenden okzidentalen Expansion über die Erde – ... hier als ein Ergebnis der wirtschaftlichen, gesellschaftlichen und politischen Entwicklungen während bestimmter Perioden der Industrialisierung" [EBD., 16; im Gegensatz zu diesem reduktionistisch anmutenden Verständnis des Imperialismus vgl. die auch alle anderen von der Forschung erarbeiteten Beweggründe dieser Erscheinung berücksichtigende Darstellung von 403: G. SCHÖLLGEN, Zeitalter]. Probleme der äußeren und internationalen Politik treten im Rahmen dieser Interpretation als autonome Erscheinungen der geschichtlichen Welt zurück oder werden negiert; als zentral gilt allein das von den gewählten Prämissen geprägte Resultat, Bismarck als einen Repräsentanten des sog. „pragmatischen Expansionismus" zu begreifen, der nicht zuletzt auch mit dem Mittel der Außenpolitik „sozialimperialistischen Widerstand gegen den Emanzipationsprozeß der industriellen Gesellschaft in Deutschland" [283: H.-U. WEHLER, Bismarck, 501] geleistet habe.

Über die Beschäftigung mit einzelnen Problemen der Geschichte des Kaiserreichs hinaus [287: H.-U. WEHLER, Krisenherde], die sich u. a. auch auf die „späte Rußlandpolitik unter dem Primat der Innenpolitik" [284: 235–264] erstreckte, musste sich, was die Geschichte der deutschen Außenpolitik zwischen 1871 und 1918 anging, die Tragfähigkeit der neuen „Theorie" im Rahmen der 1973 von WEHLER vorgelegten Gesamtdarstellung über „Das Deutsche Kaiserreich 1871–1918" [288] erweisen. Sehr summarisch wird auch in diesem Rahmen die „Wilhelminische ‚Weltpolitik'" lediglich „als Innenpolitik" [EBD., 176] interpretiert und insgesamt, eher kurz als bündig, die „Außenpolitik unter dem ‚Primat der Innenpolitik'" [EBD., 184] verstanden, so dass das Vorgehen der kaiserlichen Regierung während der Julikrise 1914 als eine in der „Flucht nach vorn" [EBD., 192] endende „aggressive Defensivpolitik" [EBD., 193] erscheint – gesellschaftlich nahezu determiniert und politisch darauf ausgerichtet, selbst um den Preis des Krieges die parlamentarisch-emanzipatorischen Folgen des allgemeinen Modernisierungsvorgangs zu vermeiden. Fast unausweichlich erhob sich

Außenpolitik als Innenpolitik

D.1. Die inneren Bedingungen der äußeren Politik

in der Forschungsdiskussion die kritische Frage nach „der Vermittlung der allgemeinen sozialstrukturellen Erklärungsebene mit den konkreten Entscheidungen deutscher Politik in der Julikrise" [417: V. ULLRICH, Sprung, 99] – abgesehen davon, dass innenpolitisch vergleichbare Zustände auch für andere am Kriegsausbruch 1914 beteiligte Staaten verbindlich waren.

Die 1967 bzw. 1969 veröffentlichten, gleichfalls Bismarcks Kolonialpolitik behandelnden Aufsätze von HENRY A. TURNER JR., der kurzfristige, im Vorfeld der Reichstagswahl von 1884 liegende innenpolitische Gründe für „Bismarck's Imperialist Venture" [281: 47–82] reklamierte, und von HARTMUT POGGE VON STRANDMANN, der langfristige Überlegungen des Kanzlers im Sinne einer außenpolitischen Kanalisierung innenpolitischer Energien als ausschlaggebend für den deutschen Schritt nach Übersee ansah [273: Origins, 140–159], beabsichtigten letztlich keine übergeordneten Entwürfe im Sinne einer umfassenden sozialwissenschaftlichen Theorie zu unterbreiten. Dagegen versuchte HORST MÜLLER-LINK in seiner Dissertation über „Preußen-Deutschland und das Zarenreich von 1860 bis 1890" [270: Industrialisierung] die Außenpolitik beider Staaten, für sich und wechselseitig, in direkter bzw. funktionaler Abhängigkeit vom allgemeinen bzw. jeweils nationalen Industrialisierungsvorgang zu erklären. Über das Ergebnis der marxistischen Untersuchung von SIGRID KUMPF-KORFES hinaus, die die deutsch-russische Entfremdung und die russisch-französische Annäherung als „logische[n] Abschluß einer letztlich sozialökonomisch bedingten politischen Entwicklung" [374: Draht, 191] begreift, ist Müller-Link darum bemüht, das deutsch-russische Verhältnis unter den Kategorien der „ökonomischen Rückständigkeit" und der „partiellen Modernisierung" sowie unter dem angeblich für beide Seiten gültigen „Primat der Innenpolitik" zu erfassen; er schätzt die Verschlechterung der Beziehungen zwischen Berlin und St. Petersburg als stetig voranschreitend ein und sieht darin das unter den gegebenen Verhältnissen nahezu unausweichliche Ergebnis innenpolitischer Bedingungen.

Deutsch-russische Beziehungen (1860–1890) unter dem „Primat der Innenpolitik"

Während HANS-ULRICH WEHLER die Geschichte der Außenpolitik des Kaiserreichs als Funktion einer antiparlamentarisch und antiemanzipatorisch orientierten Status quo-Politik der in Preußen-Deutschland führenden Schichten interpretierte, unternahm ARNO J. MAYER einen damit vergleichbaren Versuch [267: Persistence] auf europäischer Ebene. Dieser Darstellung vorausgegangen waren Aufsätze, die die „Domestic Causes of the First World War" [265: 286–300; vgl. auch 266: Internal Causes, 291–303] untersuchten und den Kriegsausbruch des Jahres 1914 aus dem antidemokratischen Beharrungswillen von

„Adelsmacht und Bürgertum" von Arno J. Mayer

"Adelsmacht und Bürgertum" [267] vor allem gegenüber der Industriearbeiterschaft herzuleiten bestrebt waren, ohne auf den in diesem Zusammenhang relevanten, jeweils nationalen Anteil im Zusammenhang der Geschichte des Staatensystems, beispielsweise des deutschen Kaiserreichs, spezifisch einzugehen.

Vorrang der inneren Politik

Eben darum bemühten sich andere, ebenfalls einem Primat der inneren Politik verpflichtete Publikationen. DIETER GROH akzentuierte in seinem Aufsatz über „Innenpolitische Faktoren für die Präventivkriegsbereitschaft des Deutschen Reiches 1913/14" [254: Je eher, 501–512] die finanzielle Seite der deutschen Rüstungspolitik; und BARBARA VOGEL betrachtete in ihrer Darstellung über die „Deutsche Rußlandpolitik" [282] das außenpolitische Element „der deutschen Weltpolitik unter Bülow" bis zu einem gewissen Maß als autonom. Der Geschichte der deutschen Außen- und Militärpolitik schenkte vor allem VOLKER R. BERGHAHN seine Aufmerksamkeit, dessen Werk über den „Tirpitz-Plan" [242] den „gegen Parlament und England" [EBD., 21] gerichteten Schlachtflottenbau als Resultat „einer innenpolitischen Krisenstrategie" darstellte. Und in seiner Abhandlung über die Vorgeschichte des Kriegsausbruchs, die die Phänomene des Rüstungswettlaufs stark beachtete [243: Germany and the Approach of War in 1914], bezeichnete er Deutschland als das innenpolitisch in die „Sackgasse" geratene Kaiserreich [in: NPL 16 (1971) 494–506]; aus dieser habe die Regierung im Sommer 1914, nicht kaltblütig und langfristig geplant, sondern eher panikartig und überstürzt die militärische „Flucht nach vorn" gesucht.

Rüstungswettlauf und Kriegsausbruch

Die „Domestic Factors in German Foreign Policy before 1914" akzentuierte auch WOLFGANG J. MOMMSEN als ausschlaggebend für die Geschichte der Außenpolitik des Kaiserreichs [268: 3–43]. Allerdings war er bestrebt, sich von Hallgartens soziologisch-marxistischem, von Fischers moralischem und von Böhmes, Wehlers und, in gewisser Hinsicht, auch Berghahns „kehritischem" Ansatz dadurch abzuheben, dass er „die latente Krise des Deutschen Reiches" (siehe oben 82), welches ihm „bereits Anfang der 1890er Jahre" als „ein nahezu unregierbares Gebilde" vorkommt [in: MGM 15 (1974) 13], aus einer umfassend beschriebenen Disproportion zwischen sozialem Wandel und politischer Verfasstheit abzuleiten bemüht ist. Insofern beurteilt er die deutsche Außenpolitik in der Julikrise 1914 auch weniger als „die Folge ungehemmten Weltmachtstrebens als vielmehr innerer Schwäche und Verwirrung innerhalb der engeren Führungsschichten des Deutschen Reiches" [EBD., 28].

„Die latente Krise des Deutschen Reiches"

In England und Deutschland vergleichender Perspektive hat MICHAEL R. GORDON, die in beiden Ländern unterschiedlich intensiv ausgebildete Staatstradition aufschlussreich betonend, das Verhältnis zwischen „Domestic Conflict and the Origins of the First World War" [253: 191–222] untersucht. Die inneren Faktoren äußerer Politik jeweils spezifisch hervorhebend, haben PETER LEIBENGUTH [263: Modernisierungskrisis] und ROLF WEITOWITZ [290: Caprivi] die Geschichte der „Ära Caprivi" betrachtet; hat OLLI KAIKKONENs Darstellung „Deutschland und die Expansionspolitik der USA in den 90er Jahren des 19. Jahrhunderts" [260] der öffentlichen Meinung bevorzugte Aufmerksamkeit geschenkt; hat HELGA DEININGERs Buch „Frankreich – Rußland – Deutschland 1871–1891" [248] die „Interdependenz von Außenpolitik, Wirtschaftsinteressen und Kulturbeziehungen im Vorfeld des russisch-französischen Bündnisses" untersucht und hat MICHAEL BEHNENs Habilitationsschrift „Rüstung – Bündnis – Sicherheit. Dreibund und informeller Imperialismus 1900–1908" [241] vor allem die wirtschaftliche Dimension der Dreibundpolitik erhellt.

Ob und inwieweit die Betonung der inneren Bedingungen der äußeren Politik [vgl. dazu auch 12: M. BEHNEN, Quellen, Einleitung] über die Geschichte der deutschen Außenpolitik zwischen 1871 und 1918 zureichend Aufschluss zu geben vermochte, hing freilich vom allgemeinen Gang der wissenschaftlichen Debatte ebenso ab wie von den „Reaktionen der Herausgeforderten".

_{Einzeluntersuchungen zum Verhältnis von Innen- und Außenpolitik}

2. Die Reaktionen der Herausgeforderten

Gegen den Versuch, die äußere und internationale Politik als Funktion innenpolitischer Bedingungen zu begreifen, erhob sich, durch verschiedene Beiträge von ANDREAS HILLGRUBER eingeleitet [vgl. vor allem 259: Politische Geschichte, 529–552], mannigfacher Widerspruch, der in der Sache, nicht zuletzt in der angelsächsischen Geschichtswissenschaft, Erfolg hatte. In diesem Sinne plädierte KLAUS HILDEBRAND 1976 für „Die Notwendigkeit einer politischen Geschichtsschreibung von den Internationalen Beziehungen" [258: Geschichte, 328–357], kritisierte – darin später von OTTO PFLANZE unterstützt (siehe unten 93 f.) – differenzierend den anvisierten Paradigmenwechsel („Organisierter Kapitalismus" oder „Hegemonie und Gleichgewicht"), trat für die Autonomie der äußeren und internationalen Politik als Gegenstand der Historiographie ein und bemängelte die fehlende Vermittlung zwischen sozialer „Struktur" und außenpolitischen Entscheidungen.

Autonomie der äußeren und internationalen Politik

Konkret entzündete sich die Kritik an WEHLERS Buch „Bismarck und der Imperialismus" [283; z.B. 240: W. BAUMGART, Imperialismustheorie, 197–207]. PAUL KENNEDY beispielsweise, der für die „Ära

War Otto von Bismarck ein sozialer Imperialist?

Bülow" durchaus sozialimperialistische Züge in der deutschen Außenpolitik konstatierte, diagnostizierte den „Manipulated Social Imperialism" für Bismarcks Außenpolitik als „antedated" [262: Expansion, 134–141].

Von der „Peripherie" aus auf die „Zentrale" blickend, bemängelte dagegen WOLFGANG REINHARD den altmodischen „Eurozentrismus" des Werkes: „Provokatorisch formuliert: trotz ihrer betonten Fortschrittlichkeit erweisen sie [die Diskussionsbeiträge zur Sozialgeschichte K. H.] sich als reaktionär, insofern sie einem überholten europa-zentrischen Geschichtsbild verhaftet sind. Ja man könnte sogar behaupten, der Eurozentrismus ist hier der Preis für den Fortschritt, weil die Wendung zur sozio-ökonomischen Geschichtsinterpretation zu einem Primat der Innenpolitik geführt hat, für den die Vorgänge auf den eigentlichen Schauplätzen imperialistischer Politik kaum mehr zählen" [274: „Entkolonialisierung", 389]. Insgesamt wurden, von ganz und gar unterschiedlicher Warte aus, Wehlers Funktionalisierung der Außenpolitik und sein manipulatives Geschichtsverständnis kritisiert, von HANS ROTHFELS beispielsweise [396: Bismarck, 10–12], der seinerseits durchaus die Wechselwirkung zwischen innerer und äußerer Politik betonte,

Kontroverse Hallgarten–Wehler

ebenso wie von GEORGE HALLGARTEN, der Wehlers Ansatz an sich wohlwollend gegenüberstand. Doch wie der marxistische Historiker KONRAD CANIS [305: Bismarck, 199] wies auch er ihm handwerkliche Mängel nach, erhob Zweifel, ob das Buch vor der Fachkritik werde bestehen können, monierte die hypertrophe, den Leser eher verwirrende als orientierende Belegtechnik und nahm vor allem dagegen Stellung, Bismarck als Imperialisten zu qualifizieren [255: G. W. F. HALLGARTEN, Bismarck, 257–265; dagegen 286: H.-U. WEHLER, Noch einmal, 226–235; und darauf 256: G. W. F. HALLGARTEN, Wehler, 296–303].

Lothar Galls Position

Eine zunächst noch eher theoretisch gehaltene Widerlegung der These vom „Primat der Innenpolitik" präsentierte 1978 LOTHAR GALL [251: England, 46–59]. Und im Rahmen seiner großen Bismarck-Biographie ließ er die umfassende Einordnung der zeitgenössischen Kolonialpolitik in die äußere Politik des Reichskanzlers folgen [329: 615–623]. Von nüchterner Skepsis gegenüber dem vom Jahr 1879 an beobachtbaren außenpolitischen „System der Aushilfen" geleitet – eine Perspektive der Betrachtung, die auch der gleichfalls zweifelnd nach der Tragfähigkeit der Außenpolitik Bismarcks fragende, Wehlers Deutung der Kolonialpolitik distanziert rezipierende ANDREAS HILLGRUBER in seiner Gesamtdarstellung „Bismarcks Außenpolitik" [351] zuvor bereits eingenommen hatte – gab Gall der sozialimperialistischen Interpretation der überseeischen Erwerbungen keinen Raum mehr in seiner Rekonstruktion der Gedankenbildung Bismarcks. Denn der über die alltägliche Diplomatie hinaus nach grundlegenden Lösungen des außenpolitischen Dilemmas der deutschen Großmacht Ausschau haltende Bismarck suchte, Gall zufolge, eben über das Mittel der Kolonialpolitik den Ausgleich mit Frankreich zu Lasten von England.

In sehr grundsätzlicher Art und Weise erfuhr auch WEHLERS Geschichte über „Das Deutsche Kaiserreich 1871–1918" [288] Kritik. Für die in unserem Zusammenhang interessierende Geschichte der deutschen Außenpolitik zwischen 1871 und 1918 verwies THOMAS NIPPERDEY ablehnend auf die Tatsache, dass der äußeren Politik im Banne eines funktionalistischen Geschichtsverständnisses ihre Eigenständigkeit genommen werde. „Auch von ‚autonomen' Machtrelationen, von Situationszwängen, ja, horribile dictu, von einem irreduzierbaren Machtwillen" seien „alle außenpolitischen Überlegungen und Bewegungen" geleitet gewesen: „Sie sind nicht auf innenpolitische Strategien reduzierbar" [271: ‚Kaiserreich', 549]. Vergleichbar distanziert fiel die Kritik von HANS-GÜNTER ZMARZLIK [291: Kaiserreich, 105–126] aus, der dem als „zeitgerecht und beeindruckend" [EBD., 125] eingeschätzten Buch an sich mit viel Sympathie begegnete. Dennoch bemängelte auch er den deterministischen Grundzug des Ganzen und monierte, dass „Innenpolitik ... im Mittelpunkt" stehe: „Außenpolitik bleibt zweitrangig" und nehme „weniger als ein Zehntel des Buches" [EBD., 108] ein, was er auch deshalb bedauerte, weil ihn gerade manche dieser Partien überzeugten.

Wehlers „Kaiserreich" im Urteil von Thomas Nipperdey und Hans-Günter Zmarzlik

Über eine prinzipiell angelegte, wirtschaftshistorisch begründete Kritik an dem Begriff des „Organisierten Kapitalismus" [257: V. HENTSCHEL, Wirtschaft, bes. 9–21] hinaus stellte schließlich der amerikanische Historiker OTTO PFLANZE fest, dass die Modelle der „negativen Integration" und der „Sammlungspolitik", des „Bonapartismus" und des „Sozialimperialismus" sich allesamt als Konstruktionen erwiesen, denen nicht zuletzt auch der notwendige Quellenbeleg weitestgehend fehle: „Mit dem Modell ‚Sozialimperialismus' haben sozialwissenschaftlich orientierte Historiker ohne Erfolg versucht, das ältere Modell zu ersetzen, das nicht nur Historikern und Politikwissenschaftlern seit langem bekannt war, sondern von Staatsmännern mindestens 400 Jahre lang praktiziert worden war, nämlich das des Gleichgewichts der Kräfte. Wenn Historiker in Modellen denken *müssen* (was sich keineswegs als notwendig erwiesen hat), so sollte das Modell des europäischen Gleichgewichts den Verfechtern der ‚Systemanalyse' gleichwohl einer größeren Beachtung wert sein" [272: Herrschaftstechnik, 594]. In einer Skizze über Bismarcks äußere Politik hat er sodann die These

Kritik aus den USA: Otto Pflanze

vom Primat der inneren Politik verworfen, hat die Annahme, das deutsch-russische Verhältnis zwischen 1887 und 1890 sei in hohem Maße wirtschaftlich bedingt gewesen, als unzutreffend zurückgewiesen und hat auf das Episodische der Bismarckschen Kolonialpolitik anstelle des Systematischen verwiesen [376: Kaiserreich, 31–38].

In der angelsächsischen Geschichtswissenschaft wurde im Hinblick auf die neue Schule, deren Vorzüge durchaus würdigend, gegenüber der alten, Bismarck glorifizierenden und den „Primat der Außenpolitik" beschwörenden Orthodoxie (vgl. oben II. A, 2) nunmehr von einer „new orthodoxy" [J. SHEEHAN, in: JMH 48 (1976) 567] gesprochen. JAMES JOLL beispielsweise hielt den deutschen Vertretern der „neuen Orthodoxie" und ihrem amerikanischen Repräsentanten Arno Mayer vor, es sei ihnen bislang nicht gelungen, das zentrale Problem einer plausiblen Verbindung zwischen politischen Entscheidungen einerseits und Revolutionsfurcht oder ökonomischem Interessendruck andererseits zu lösen [360: Politicians, 105]. GEORGE F. KENNANS Darstellung „The Decline of Bismarck's European Order: Franco-Russian Relations, 1875–1890" [363] ließ in auffälliger Weise erkennen, eine wie geringe Aufmerksamkeit die handelnden Staatsmänner der Zeit den von der „neuen Orthodoxie" als entscheidend reklamierten Themen überhaupt widmeten. Und PETER LÖWENBERG brachte die Konstruktion von „Arno Mayer's ‚Internal Causes and Purposes of War in Europe ...'" als ein „Inadequate Model of Human Behavior, National Conflict, and Historical Change" [264] nicht zuletzt dadurch zum Einsturz, dass er die jakobinisch anmutende Dichotomie vom „guten" Volk und seinen „bösen" Herrschern als ein Fehlurteil überführte, indem er neben der „Torheit der Regierenden" überzeugend auf die bekannte Tatsache von der „Torheit der Regierten" (siehe unten 109) hinwies, die ja 1914 überall in Europa jubelten, als der Krieg begann.

Dass die Geschichte der Außenpolitik des Kaiserreichs nicht im Zusammenhang von innenpolitischer Steuerung und Verführung aufging, wurde noch deutlicher, als englische Sozialhistoriker in Auseinandersetzung mit der „neuen Orthodoxie" „Mythen deutscher Geschichtsschreibung" [299: D. BLACKBOURN/G. ELEY] entdeckten und, teilweise von einem unorthodoxen Marxismus geprägt, u.a. davor warnten, Geschichte allzu einfach und ausschließlich als „Manipulation von oben" zu verstehen. Lange zuvor hatten ELEY und BLACKBOURN in ihren Untersuchungen zur Geschichte des deutschen Kaiserreichs bereits auf die nicht zuletzt für die äußere Politik relevante und mit dem sozialen Imperialismus einhergehende Selbstorganisation an der Basis hingewiesen und in außenpolitischer Hinsicht festgestellt, dass das

Trommeln der diversen, für die Gestalt des Kaiserreichs so charakteristischen Verbände Existenz und Entwicklung von Nationalismus und Flottenpolitik, von Imperialismus und Weltpolitik stärker beeinflusst habe als die sammlungspolitische Manipulation durch die herrschenden Schichten. Radikaler Nationalismus und bürgerliche Kultur hatten durchaus miteinander zu tun, wie die Repräsentanten aus den überkommenen Führungsschichten nicht selten friedliebender auftraten als die Vertreter des bürgerlichen Liberalismus [vgl. dazu 346: K. HILDEBRAND, Antagonismus, bes. 314 und 325].

Parallel dazu kam, für die Beurteilung der äußeren Politik des Kaiserreichs durchaus belangvoll, erneut die Diskussion über die Existenz eines „persönlichen Regiments" Kaiser Wilhelms II. auf. Gegen die These, für die „Ära Bismarck" eine Quasi-Diktatur des Reichskanzlers sowie für die Wilhelminische Zeit eine autoritäre Führungsanarchie anzunehmen und das außenpolitische Vorgehen jeweils als „aggressive Defensivpolitik" zu verstehen (siehe oben 88), hielt MANFRED RAUH dafür, „die Parlamentarisierung des Deutschen Reiches" (siehe oben 76) als die innenpolitisch dominierende Tendenz der Zeit zu betonen und in Verbindung damit auf außenpolitischem Terrain eher das zeitgemäß Normale des Wilhelminismus als das Gegenteil davon zu akzentuieren [391: M. RAUH, „Deutsche Frage", 109–166, und 167–182]. Demgegenüber untermauerte JOHN RÖHL (siehe auch oben 67, 71, 76 f.) seine die „strukturalistische" Sicht der Dinge attackierende Position vom „persönlichen Regiment" als eines institutionalisierten, durch vorwegnehmenden Gehorsam wirkenden „Königsmechanismus" [z. B. in: 276: J. C. G. RÖHL, Wilhelm II., 539–577]. Er hob die politische Bedeutung des Hofes hervor und verband damit die freilich umstrittene These, die Umgebung des Kaisers habe planmäßig auf die Entfesselung des großen Krieges hingewirkt. Differenziert sprach dagegen WOLFGANG J. MOMMSEN von der autoritären Polykratie des Kaiserreichs als von einem „System umgangener Entscheidungen" [269: 239–265], das „offenbar in der Tat dem Untergang geweiht" (WOLFGANG J. MOMMSEN) gewesen und während der Julikrise einer kaum mehr kalkulierbaren, endlich gescheiterten Außenpolitik gefolgt sei (siehe oben 81 f.).

Eher kritisch als zustimmend fiel auch der Kommentar der marxistischen Geschichtswissenschaft der DDR gegenüber den Resultaten der „neuen Orthodoxie" aus. Über die allgemein bekannten Vorbehalte marxistischer Kritik hinaus wandte, spezifisch und bemerkenswert, KONRAD CANIS beispielsweise [305: Bismarck; 306: Außenpolitik, 982–997] gegenüber der Dissertation von Horst Müller-Link ein, sie gründe

Das Problem einer Parlamentarisierung des Reiches

„Königsmechanismus" und Kriegsentfesselung

„System umgangener Entscheidungen"

Kritik der DDR-Historiographie gegenüber der „neuen Orthodoxie"

außenpolitische Probleme viel zu „linear auf Industriewachstum, Gesellschaftsstruktur und Machthierarchie" und eliminiere weitgehend „die Wechselwirkungen zwischen den verschiedenen Bereichen einschließlich subjektive Faktoren" [305: Bismarck, 5]. Zudem verenge der Autor die deutsch-russischen Beziehungen, denen Canis nicht zuletzt mit diplomatiehistorischer Methode und unter Auswertung des Waldersee-Nachlasses sorgfältig folgt [zur Kritik an der Bismarck seit 1887 unterstellten Kriegsbereitschaft vgl. R. LILL, in: GWU 33 (1982) 120], zu einer „Resultante ökonomischer Vorgänge, vor allem der Probleme des Industriewachstums" [305: Bismarck, 5–6, Anm. 2]. Darüber hinaus ruhe die Untersuchung auf einer nur schmalen Materialbasis, und „zu den außenpolitischen Fragen selbst, die er meist gleichsam neben oder am Rande seiner ökonomischen Ursachenforschung abhandelt, bietet Müller-Link nichts Neues, geht also über die von ihm allerdings heftig angegriffenen bekannten bürgerlichen Arbeiten nicht hinaus" [EBD., 6, Anm. 2]. Mit Entschiedenheit betont Canis, dass „gegen die Position vom Primat der Außenpolitik nun nicht etwa ein ebenso starres Prinzip vom Primat der Innenpolitik gesetzt werden" [EBD., 11] dürfe und ist im Rahmen der marxistischen Geschichtswissenschaft darum bemüht, dieser methodischen Maxime im Verlauf seiner Darstellung zu genügen. [Vgl. allgemein zur Auseinandersetzung der marxistischen Historiographie mit den „bürgerlichen" Positionen der überlieferten Geschichtswissenschaft und der „neuen Orthodoxie" 424: H. WOLTER, Außenpolitik, 5–27.]

Als eine Betrachtung, die innere und äußere Faktoren jeweils kasuistisch berücksichtigt, wurde auch VOLKER BERGHAHNs großes Werk über den „Tirpitz-Plan" [242] kritisch gewürdigt. Grundlegend bemerkte MICHAEL HOWARD, richtungweisend für den sich abzeichnenden Gang der internationalen Historiographie auf dem Gebiet der Geschichte deutscher Außenpolitik (vgl. unten II. E) in diesem Zusammenhang, dass die eher „bürgerliche" als „aristokratische" Tirpitz-Flotte zu keinem Zeitpunkt des Wilhelminischen Reiches das „nationale Trauma" der Deutschen, als ein zwischen Frankreich und Russland „eingeklemmtes Volk militärisch besonders verwundbar zu sein" [357: Krieg, 166], habe beheben können. Das Gegenteil war der Fall, wie auch MICHAEL SALEWSKI es in seiner Studie über Tirpitz [278] gezeigt hat. Darin akzeptiert er Volker Berghahns These, die Stoßrichtung der Flotte habe gegen England gezielt, wenngleich der Kieler Historiker darin auch eher ein Abschreckungs- als ein Offensivinstrument erblickt. Dagegen verwirft er die Auffassung, wonach sich der Flottenbau insofern auch, ja zentral, gegen das Parlament gerichtet habe, um diesem die Bewilligungskompetenz zu entwinden [vgl. im Einzelnen 278: M. SALEWSKI, Tirpitz, 49–51].

Während detaillierte Spezialuntersuchungen, beispielsweise von BRUCE WALLER „The Reorientation of German Foreign Policy after the Congress of Berlin, 1878–1880" [418: Crossroad] oder EMILY ONCKEN über „Die deutsche Politik während der Zweiten Marokkokrise 1911" [386: Panthersprung], die Thesen Kehrs und der „Kehriten" in direkter Auseinandersetzung widerlegten und den jeweiligen Vorrang außen- bzw. machtpolitischer Faktoren betonten, schoss DAVID CALLEO mit der Studie „The German Problem Reconsidered" [304] in seiner Kritik gegenüber den Vertretern des „Primats der Innenpolitik" gewissermaßen übers Ziel hinaus. Angesichts der geographischen Bedingungen des Deutschen Reiches und der historischen Erfahrungen preußischer und deutscher Geschichte postulierte er einen für die moderne Geschichte Deutschlands nahezu durchgehend als verbindlich angenommenen außenpolitischen Systemzwang – eine wiederum sehr pointierte Anschauung der Dinge, auf deren Nachteile KLAUS HILDEBRAND aufmerksam gemacht hat [345: Staatskunst, 643–644]. *David Calleos Gegenposition und ihre Grenzen*

Insgesamt aber begann sich, im Zusammenhang der internationalen Entwicklung [vgl. auch 261: D. E. KAISER, Germany, 442–474], auch die Geschichtswissenschaft in der Bundesrepublik von den „Erklärungsmodellen" freizumachen, denen man nicht selten anmerkte, „daß sie von einem bestimmten ideologisch-politischen Standpunkt herrühren und eigentlich ausgedacht sind, um diesen Standpunkt zu beweisen" [341: S. HAFFNER, Bismarck, 13]. In diesem Sinne wurde darauf aufmerksam gemacht, dass für zeitgenössisch in ganz unterschiedlichen politischen Lagern anzusiedelnde Vertreter, von der konservativen Rechten bis zur pazifistischen Linken, der „Primat der Außenpolitik" unumstritten war [296: W. BAUMGART, Deutschland, 13; 345: K. HILDEBRAND, Staatskunst, 638–640]. Festgestellt wurde zudem, dass die dem „Primat der Innenpolitik" folgende Schule mit Phänomenen wie Macht, Machthunger und Machtverfall, die eine geschichtsmächtige Rolle spielten, nichts anzufangen versteht [280: M. STÜRMER, Flottenbau, 58]. Und erörtert wurde darüber hinaus die Frage, inwieweit der Preis für Bismarcks saturierte Außenpolitik die Hinnahme der innenpolitischen Ruhelage gewesen bzw. inwieweit mit der innenpolitischen Bewegung während der Wilhelminischen Zeit außenpolitische Unruhe aufgekommen sei [344: K. HILDEBRAND, Großbritannien, 48–49; 345: Staatskunst, 633 und 641; 346: Antagonismus, 314]. Eine solche Wechselwirkung zwischen innerer und äußerer Politik zu untersuchen und dabei die auf wissenschaftliche Erkenntnis der Vergangen- *Ideologischer Ballast*

„Primat der Außenpolitik" und zeitgenössisches Urteil

Wechselwirkung zwischen innerer und äußerer Politik

heit, nicht auf politische Gestaltung von Gegenwart und Zukunft gerichtete Frage nach einem Zuviel oder Zuwenig an unkanalisierter Massenbeteiligung auf dem Terrain der Bismarckischen und Wilhelminischen Außenpolitik aufzuwerfen, erscheint an sich so selbstverständlich geboten zu sein, dass daraus bei objektiver Betrachtung kaum abzuleiten ist, damit werde gegen Parlamentarisierung und für Kabinettspolitik plädiert. Dass somit die Geschichte der deutschen Außenpolitik nicht geschrieben werden darf als eine Geschichte ihrer zeitgenössischen Kritiker von links oder rechts, vom Standpunkt der Revolution oder des Staatsstreiches, des progressiven oder reaktionären Kriegsgedankens aus, setzte sich als Einsicht im Gang der internationalen Forschung durch, die „Macht und Mentalität als zentrale Begriffe der Deutung" zunehmend stärker berücksichtigte. Und das Bemühen um ein Verständnis der Vergangenheit, das sich in den „Positionen der Historiographie" spezifisch niederschlägt, muss nicht schon deshalb apologetisch sein, weil es sich nicht anmaßt, anzuklagen und zu richten.

Historizität der Urteilsbildung

E. Macht und Mentalität als zentrale Begriffe gegenwärtiger Deutung

1. Positionen der Historiographie

Angesichts der Ergebnisse der „Fischer-Kontroverse" und der Debatte „Um den Primat der Innen- oder Außenpolitik" nahm die Historiographie von der Vorstellung Abschied, dass es für die Geschichte der deutschen Außenpolitik zwischen 1871 und 1918 ein für allemal eine verbindliche Dominanz ihrer inneren oder äußeren Faktoren gebe [vgl. auch H.-U. WEHLER, Geschichtswissenschaft heute, in: Stichworte zur ‚Geistigen Situation der Zeit', hrsg. von J. HABERMAS, Bd. 2, Frankfurt a. M. 1979, 736]. Vielmehr gilt es, jeweils fallweise das Wechselverhältnis zwischen internationalen und gesellschaftlichen Faktoren zu bestimmen, um das historisch Spezifische zu erkennen. In diesem Sinne hat vor allem GUSTAV SCHMIDT den groß angelegten Versuch unternommen, die deutsche und britische Außenpolitik in ihrer bilateralen Interdependenz und vor dem jeweils bestimmenden innenpolitischen Hintergrund darzustellen [399: G. SCHMIDT, Imperialismus]. Und auch JOST DÜLFFER hat sich in seinem Beitrag über die Geschichte der Außenpolitik des Kaiserreichs [316: Deutschland, 469–567] darum bemüht, dieses methodische Gebot zu beachten. Dass innere Faktoren, wie beispielsweise der Kulturkampf, außenpolitische Funktion erlangten, beschäftigt die Einzelforschung in diesem Zusammenhang ebenso [314: J. D. DOERR, Germany, 51–72; 298: W. BAUMGART, Prolog, 231–256] wie Studien über das Verhältnis zwischen innerer Staatsform und äußerer Politik gezeigt haben (siehe oben 97), dass die häufig angenommene Identität zwischen parlamentarischer Republik und äußerer Friedfertigkeit sowie konstitutionellem (oder neo-absolutistischem) Obrigkeitsstaat und kriegerischer Außenpolitik fragwürdig ist. Die Regeln der Staatengesellschaft, das Phänomen der wirtschaftlich und gesellschaftlich nicht reduzierbaren Macht und die Wirksamkeit der in der zeitverhafteten Gedankenbildung von handelnden Staatsmännern vorwaltenden Mentalität treten zwischen derlei schlichte Zuordnungsversuche von Innen- und Außenpolitik. Ja, sie verleihen der in einen internationalen Zusammenhang gestellten Außenpolitik eines Nationalstates, nolens volens, ein gar nicht zu unterschätzendes Maß an Autonomie gegenüber der jeweils ganz unterschiedlichen inneren Form eines Staates.

<small>Innere Staatsform und äußere Politik</small>

Was in diesem Rahmen die Bedeutung des für das Zeitalter allgemein charakteristischen Imperialismus in Bezug auf die deutsche Außenpolitik angeht, so darf sie weder gering geachtet noch überschätzt werden. Auf der einen Seite hat vor allem LOTHAR GALL [329: Bismarck, 640–641; 330: Europa, 85–92] gezeigt, in welch entscheidendem Maße die sich damals vollziehende Dynamisierung der Außenpolitik die Transformation der europäischen in eine globale Staatengesellschaft vorantrieb und wie die Herausforderung des balancierten Mächtesystems durch eine Nationalisierung der europäischen Politik das deutsche Dilemma, Saturiertheit und Wachstum miteinander verbinden zu müssen, steigerte. Auf der anderen Seite verfolgte das Deutsche Reich im Prinzip ebenso wie an entscheidenden Weggabelungen seiner äußeren Politik kaum genuin imperialistische Ziele, sondern blieb eher kontinental orientiert. Zeitweise freilich gerierte es sich, nicht zuletzt um des auch innenpolitisch bedingten Prestiges willen, mit fatalen Folgen imperialistisch (vgl. oben I. B, 2).

<small>Dynamisierung der äußeren Politik</small>

<small>Das Reich zwischen Saturiertheit und Wachstum</small>

Insgesamt wurde die Reichsgründung vom europäischen Mächtesystem erst einmal akzeptiert [372: E. KOLB (Hrsg.), Europa], ohne dass Gefährdungen zu verkennen wären, die dem Reich anhafteten und denen seine mit einem hohen Grad an Zukunftsbelastung verbundene Existenz von vornherein unterworfen war. Zumindest als ebenso schwerwiegend wie diese politisch zu lindernde oder zu steigernde Schwierigkeit erwies sich jedoch die Tatsache, dass eine ganz gegen den Willen Bismarcks sich einstellende, durch die siegreichen Kriege

<small>Probleme der Reichsgründung</small>

zwischen 1864 und 1871 überall in Europa anzutreffende Militarisierung des Politischen [oben I. 4, und 356: M. HOWARD, War, 455–456, sowie 378: H. LUTZ, Gründung, 488–489] verhängnisvolle Wirkungen zeitigte, die schon die auswärtige Politik des Reichsgründers zu untergraben begannen, nach der Zäsur des Jahres 1890 mehr und mehr auf deutscher und europäischer Ebene hervortraten und endlich in „The Cult of the Offensive" [321: S. VAN EVERA, 58–107] vor dem Ersten Weltkrieg einmündeten. Darüber hinaus hat PAUL W. SCHROEDER darauf aufmerksam gemacht, dass der durch die Reichsgründung bedingte Fortfall der mittleren und kleinen Pufferstaaten, vor allem in Süddeutschland, dem europäischen System der großen Mächte den Manövrierraum nahm und ihre Rivalität, sozusagen Grenze an Grenze, verschärfte [406: Lost Intermediaries, 1–27].

In diesem Zusammenhang stehen sich nach wie vor die Auffassungen gegenüber, die darüber auseinandergehen, inwieweit das Deutsche Reich, ungeachtet aller sich mit seiner Existenz für die europäische Staatenwelt verbindenden Probleme, Europa im Grunde doch als verträglich erschien [398: T. SCHIEDER, Staatensystem, 230–248; für die Reichsgründungsphase 344: K. HILDEBRAND, Großbritannien, 61] oder inwieweit es auf Europa, ungeachtet der historischen Leistung Bismarcks, eher unverträglich wirken musste [siehe dazu unter außenpolitischem Blickwinkel 351: A. HILLGRUBER, Außenpolitik, 200–201, und 353: Bismarck, 104–105; unter innen- und außenpolitischer Perspektive 329: L. GALL, Bismarck, 706–708].

Stärker als für eine geraume Zeit üblich, ist erneut die Tatsache ins Blickfeld der Geschichtswissenschaft gerückt, einzusehen, in welch entscheidendem Maße die Regeln und Mechanismen der Staatengesellschaft auch die Gestaltung der deutschen Außenpolitik geprägt haben. Die Chance eines solchen Zugangs beschreibt allerdings zugleich die darin liegende Gefahr. Denn so brillant uns PAUL W. SCHROEDER vor Augen geführt hat, dass eine der Machtpolitik inhärente Zwanghaftigkeit selbst „Gladstone as Bismarck" [405: 163–195] handeln ließ, so könnte daraus allzu leicht, ohne dass Schroeder dem erläge, die blinde Wirksamkeit einer das genuin Politische einebnenden bzw. eskamotierenden Allmacht eines anonymen Regelwerks abgeleitet werden [vgl. dazu 345: K. HILDEBRAND, Staatskunst, 644].

Wie großmächtliche Politik und gesellschaftlicher Wandel sich vielmehr gegenseitig beeinflussten, war 1978 Thema einer großen Tagung des „Instituts für europäische Geschichte" in Mainz, auf der „Der Berliner Kongreß von 1878" im Spannungsfeld zwischen den Notwendigkeiten des europäischen Staatensystems und den Forderungen des

E.1. Positionen der Historiographie 101

südosteuropäischen Nationalismus, zwischen „Politik der Großmächte und ... Probleme[n] der Modernisierung" ergebnisreich behandelt wurde [380]. Insgesamt bewegt sich die Entwicklung der internationalen Forschung dahin, die Vielfalt der Erscheinungen des Staatensystems, nicht zuletzt seine von Macht und Mentalität geprägten Aktionen und Wirkungen, stärker als bisher auch für die Erklärung einer nationalen Außenpolitik wie der des deutschen Kaiserreichs zu berücksichtigen und über die in solchem Kontext leichter feststellbaren materiellen Faktoren hinaus auch das jede äußere Politik bestimmende irrationale Element nicht zu vernachlässigen (vgl. oben 93), das sich einer feststehenden Definition notabene entzieht, sondern dem vielmehr kasuistisch nachzugehen ist.

Eben die Wechselwirkung zwischen internationalem System und nationaler (Außen-)Politik, entweder von dieser oder von jener Perspektive her den Ausgangspunkt der eigenen Untersuchung nehmen, betonen RENÉ GIRAULT [332: Diplomatie] und RAYMOND POIDEVIN [388: L'Allemagne] unter starker Berücksichtigung der ökonomischen Grundlagen, THEODOR SCHIEDER [398: Staatensystem] mit hervorgehobener Beachtung der die Machtpolitik beeinflussenden geistigen Strömungen der Zeit, MICHAEL STÜRMER [414: Ruheloses Reich] mit unübersehbarem Interesse für die die Geschichte mitbestimmenden geographischen Bedingungen, GEORGE F. KENNAN [363: Decline; 364: Alliance] mit entscheidender Akzentuierung des personalen Faktors, JAMES JOLL [361: Origins; 359: Assumptions] mit nicht nachlassender Aufmerksamkeit für die subkutan prägende Gedanken- und Stimmungswelt der Handelnden (und Regierten) und GEOFFREY BARRACLOUGH [295: Agadir] mit dem ehrgeizigen Anspruch auf umfassende, das innere und äußere Gefüge der europäischen Staaten erfassende „Krisenanalyse". <small>Grundlagen äußerer Politik: Ökonomie – geistige Strömungen – Geographie – Personen – Mentalitäten – „System"</small>

Mit großer gedanklicher Intensität hat LANCELOT L. FARRAR den Zusammenhang zwischen deutscher Außenpolitik und internationalem System in seiner „Arrogance and Anxiety" als zwei Seiten einer Medaille beurteilenden Darstellung über „The Ambivalence of German Power, 1848–1914" [322] durchdrungen. Ungeachtet eigener ehrgeiziger Ziele hatte sich die deutsche Außenpolitik, so lautet sein Urteil, vor allem im Juli 1914 den Regeln der internationalen Politik zu fügen und musste vor dem Hintergrund des damals verbindlichen (Groß-)Machtbegriffs sowie der vorwaltenden Empfindungen aller verantwortlich Handelnden im Konfliktfall, dem Gebot der Zeit gemäß, optieren: „It was their duty to preserve Austria-Hungary, not peace" [EBD., 162]. Noch stärker als Farrar betrachten andere angelsächsische Historiker, <small>Bündnis- oder Friedenserhaltung</small>

Der Kriegsausbruch 1914 in universaler Perspektive

insbesondere im Hinblick auf die Julikrise und den Kriegsausbruch 1914, die Geschichte der deutschen Außenpolitik in universaler Perspektive [vgl. auch – in Auseinandersetzung mit 362: M. KAHLER, Rumours, 374–396 – 417: V. ULLRICH, Sprung, 97–106]. Das gilt, mit durchaus unterschiedlichen Resultaten, für JOACHIM REMAK, der im Ausbruch des Ersten Weltkrieges nicht mehr und nicht weniger als „The Third Balkan War" [393: 353–366] erblickt, wie auch für den ihm widersprechenden PAUL W. SCHROEDER, der ganz entschieden die Bedeutung des seit 1890 außer Kontrolle geratenden Systems betonend, den Ausbruch des Ersten Weltkrieges „as Galloping Gertie" [404: 319–345] interpretiert.

Dies trifft auch für L. C. F. TURNER zu, der die Mobilmachungsabläufe auf russischer und deutscher Seite als kriegauslösend diagnostiziert [beispielsweise 415: Mobilisation, 252–268; 416: Schlieffen-Plan, 199–221], und für JAMES JOLL, der die Akteure der Vorweltkriegsjahre letztlich als Gefangene ihrer Zeit versteht [361: Origins, 203]. Als unstrittig hat sich jedenfalls, sieht man einmal von Bernd F. Schultes Einwand ab (siehe oben 84), die Einsicht durchgesetzt, dass, gerade um ihre Eigenart bestimmen zu können, die Geschichte der deutschen Außenpolitik der vergleichenden Dimension bedarf.

Positionen der marxistischen Geschichtswissenschaft

Was nun in diesem Zusammenhang die marxistische Geschichtswissenschaft angeht, so hat sie sich unermüdlich theoretischer Bemühungen unterzogen, um, sei es insgesamt, sei es kasuistisch, die Abhängigkeit des Außenpolitischen vom Ökonomischen nachzuweisen. So wenig ein solcher Versuch auch aufs Ganze gesehen zu überzeugen vermag, so interessant und wertvoll präsentieren sich doch die dabei zutage geförderten Quellen und Resultate im Einzelnen (vgl. oben 83).

Autonomie der äußeren Politik und Bedeutung handelnder Persönlichkeiten: Tendenzen in der marxistischen und nichtmarxistischen Forschung

Zweifellos bemerkenswert erscheint zudem, dass die marxistische Historiographie die Außenpolitik des Kaiserreichs als einen Gegenstand von vergleichsweise hoher Autonomie beurteilt (siehe oben 95 f.) und dass sie nicht zuletzt der Bedeutung des personalen Faktors große Aufmerksamkeit schenkt [vgl. insbesondere die Porträts in den von G. SEEBER herausgegebenen Bänden, 409: Gestalten, beispielsweise über Waldersee, H. von Bismarck, Radowitz, Bucher etc.]. Das geht einher mit einer in der nichtmarxistischen Forschung vertretenen Auffassung, durch intensive Beschäftigung mit außenpolitisch repräsentativen Persönlichkeiten wie Herbert von Bismarck [410: L. L. SNYDER], Holstein [394: N. RICH], Kühlmann [401: G. SCHÖLLGEN, 293–337] oder Lichnowsky [425: H. F. YOUNG] neuen Aufschluss über die Qualität deutscher Außenpolitik im Kaiserreich zu gewinnen bzw. durch eine personengeschichtlich angelegte, diesen Rahmen jedoch systematisch überschreitende Betrachtung, beispielsweise der in England akkreditierten Botschafter des Kaiserreichs, einen spezifischen Zugang zur Frage nach der Existenz des „persönlichen Regiments" zu bahnen [vgl. auch: G. SCHÖLLGEN, in: NPL 24 (1979) 384–398].

Alle diese Faktoren, freilich unterschiedlich intensiv, berücksichtigend und, von Ausnahmen abgesehen, durchgehend die Eigenständigkeit außen- und machtpolitischer Faktoren betonend, denen gegenüber innere Einflüsse als für die deutsche Außenpolitik weniger prägend beurteilt werden, haben verschiedene Studien das Verhältnis des Deutschen Reiches zu einzelnen Großmächten untersucht, so beispielsweise L. A. PUNTILA „Bismarcks Frankreichpolitik" [390], PAUL M. KENNEDY „The Rise of the Anglo-German Antagonism, 1860–1914" [365], ANDREAS HILLGRUBER, in Grundzügen, die „Deutsche Rußland-Politik 1871–1918" [z. B. 352: 94–108], REINER POMMERIN „Die USA in der Politik der Reichsleitung" [389; vgl. auch die anders als Pommerin den deutsch-amerikanischen Gegensatz betonende Untersuchung von 323: R. FIEBIG-VON HASE, Lateinamerika] und ROLF-HARALD WIPPICH „Japan und die deutsche Fernostpolitik 1894–1898" [423]. Untersuchungen über die Peripherie Südosteuropas bzw. des Nahen Ostens, die im Lauf der Zeit zunehmend stärker ins Zentrum deutscher Außenpolitik rückte, haben GREGOR SCHÖLLGEN [402: Gleichgewicht] und ANDREAS HILLGRUBER [355: Südosteuropa, 179–188] vorgelegt. Den Friedensbewegungen in Deutschland (und England), die gegenüber der ihnen wie blind vorkommenden Machtpolitik nach alternativen Lösungen suchten, haben ROGER CHICKERING [309: Imperial Germany] und FRANCIS L. CARSTEN [307: Radical Movements] ihre Aufmerksamkeit geschenkt (siehe auch unten 112). Und JOST DÜLFFER hat in seiner die Haltung des Deutschen Reiches intensiv berücksichtigenden Darstellung über „Die Haager Friedenskonferenzen von 1899 und 1907 in der internationalen Politik" die einsetzende Suche nach „Regeln gegen den Krieg" [315] verfolgt. Selbstverständlich sind immer wieder, aufgrund neuer Quellen und neuer Fragestellungen, mit neuen Methoden und neuen Ergebnissen, einzelne Begebenheiten, Entscheidungen und Zusammenhänge deutscher Außenpolitik zwischen 1871 und 1918 behandelt worden: Vom archivalischen und sachlichen Befund her ertragreich hat beispielsweise ULRICH LAPPENKÜPER erneut die Geschichte der „Mission Radowitz" dargestellt [377]; WOLFGANG STEGLICH hat „Bismarcks englische Bündnissondierungen" aus den Jahren 1887–1889 in klassisch diplomatiegeschichtlicher Art untersucht [411: 283–348]; RAINER LAHME hat den Qualitätsunterschied zwischen Bismarcks und Caprivis äußerer Politik hervorgehoben [375]; JAMIE COCKFIELD hat die außen-

Verhältnis des Reiches zu einzelnen Großmächten

Friedensbewegungen

Erkenntnisfortschritte

politischen Optionen des Deutschen Reiches angesichts der „Fashoda Crisis, 1898–99" [310: 256–275] freigelegt, und PETER WINZEN hat die außenpolitischen Konzeptionen Bülows und Holsteins [421: Weltmachtkonzept; 422: Englandpolitik] rekonstruiert. Die erste Marokkokrise stand in den Arbeiten von ALBRECHT MORITZ [385: Problem] und HEINER RAULFF [392: Machtpolitik] zur Debatte. Auf die entsprechenden Abhandlungen von GEOFFREY BARRACLOUGH und EMILY ONCKEN über die zweite Marokkokrise ist bereits hingewiesen worden (siehe oben 97 und 101). Die kriegerisch ausgetragene und diplomatisch gezähmte Balkankrise der Jahre 1912/13 hat in den Studien von JAMES M. MILLER [381: Concert] sowie R. J. CRAMPTON [312: Detente] Beachtung gefunden. Über die Positionen der Historiographie zur Frage des Kriegsausbruchs im Jahre 1914 ist bereits ausführlich berichtet worden (siehe oben II. C, 1 und 2; II. D, 1 sowie 102). Hinsichtlich der Geschichte der deutschen Außenpolitik im Ersten Weltkrieg stehen sich die gegensätzlichen Positionen nach wie vor schroff gegenüber: den Unterschied zwischen der „Siegfriedens"- und der „Verständigungsfriedens"-Partei eher im Sinne von Fritz Fischer einzuebnen oder ihn im Sinne von Winfried Baumgart eher zu akzentuieren, im Sinne von Fischer die Verwirklichung der Kriegsziele oder im Sinne von Wolfgang Steglich und WILHELM ERNST WINTERHAGER [236: Mission, bes. 667] die Suche nach Frieden als leitende Perspektive der Außenpolitik zu begreifen. Lancelot Farrars Versuch, das Gegensätzliche als Ausdruck des prinzipiell Gleichen zu begreifen (siehe oben 101), und Andreas Hillgrubers Analyse, die sich im Verlauf der zweiten Hälfte des großen Krieges ausbildenden, ganz neuartigen und für die zukünftige Geschichte des Reiches prägenden Vorstellungen und Konzepte deutscher Außen- und Militärpolitik zu betonen (siehe oben 95 und 79f.), verwiesen im Zusammenhang mit einer Positionsbestimmung der Historiographie bereits auf „Tendenzen der Forschung", die für eine Darstellung der Geschichte der deutschen Außenpolitik zwischen 1871 und 1918 maßgeblich sind.

2. Perspektiven der Forschung

Lothar Gall hat darauf hingewiesen, dass sich die „Eigenständigkeit" der Geschichtsschreibung von den internationalen Beziehungen nur dann behaupten werde, wenn sie über die aspekthafte „Konzentration auf die auswärtige Politik" eines „jeweiligen einzelnen Staates" [330: L. GALL, Europa, 165] hinaus durch vergleichende Beschäftigung mit „den europäischen Zusammenhängen" ihres Untersuchungsgegenstandes eine tendenziell auch andere Bereiche des staatlichen, wirtschaftlichen und sozialen Lebens umfassende Erklärungskraft zu gewinnen imstande sei. Das bedeutet – neben der unüberhörbaren Forderung nach einer umfassend angelegten Geschichte der Staatengesellschaft in der Moderne Europas – jedoch auch, im Rahmen einer für die Forschung unerlässlichen Darstellung der Außenpolitik des deutschen Nationalstaates zwischen 1871 und 1918, die europäischen Bezüge gebührend zu beachten. Die Ansätze zu einer solchen, internationale und gesellschaftliche Faktoren einbeziehenden Methode sind mittlerweile unübersehbar (vgl. oben 101). Dass sich im Wechselverhältnis zwischen den innen- und außenpolitischen Faktoren des historischen Geschehens eine vergleichsweise hohe Autonomie „des zwischenstaatlichen Systems" [294: R. ARON, Jahre, 29] konstatieren lässt, macht beispielsweise für RAYMOND ARON die Essenz der Geschichte aus [EBD., passim]. Als entscheidend ist in solchem Zusammenhang die Tatsache zu beachten, dass die Geschichte der deutschen Außenpolitik zwischen 1871 und 1918 mit der allgemeinen Entwicklung eines historischen Übergangs vom alten System Europas „in ein ganz neues Zeitalter der europäischen, ja, der Weltgeschichte" [330: L. GALL, Europa, 92] einherging. Bereits langfristig waren jene von der Doppelrevolution des 18. Jahrhunderts ausgehenden wirtschaftlichen und geistigen Impulse wirksam, die die innere Ordnung der Staaten ebenso wie die Staatenordnung Europas so grundlegend herausforderten und die die Grenzen zwischen Innen- und Außenpolitik, zwischen Staaten- und Bürgerkrieg verflüssigten. Die die Wiener Ordnung tragenden Streben zerbrachen endgültig: die vor dem Hintergrund der Napoleonischen Kriege gewonnene Solidarität der Kabinette, die lange bestehende Trennung zwischen europäischer und kolonialer Welt und die die Großmächte voneinander separierenden mittleren und kleinen Pufferstaaten [siehe dazu insgesamt 407: P. W. SCHROEDER, 19th-Century, 1–26]. Gründung und Entwicklung des Deutschen Reiches fallen somit in eine Periode europäischer Geschichte, in der unschätzbare Vorzüge des Staatensystems – wie: wechselseitige Sicherheit aller Partner, ungefähre Befriedigung ihrer Ansprüche und hohe Flexibilität ihres gemeinsamen Tuns [319: R. B. ELROD, Concert, 173] – auf der einen Seite noch einmal während der „Ära Bismarck" eine oftmals virtuos anmutende Klimax erreichten und auf der anderen Seite, damit gleichzeitig einhergehend, aufgrund einer unübersehbaren Künstlichkeit der Methoden und Ziele deutscher Außenpolitik sowie vor dem Hintergrund eines sich ins Globale ausdehnenden und vom Gesellschaftlichen und Ideologischen herausgeforderten Staatensystems in die Krise gerieten. Die perspektivisch ausschlag-

Marginalia:
- Eigenständigkeit „des zwischenstaatlichen Systems"
- Vom alten System Europas zum neuen Zeitalter der Weltgeschichte
- Ende der Wiener Ordnung

gebende Frage lautet daher, wie weit das Allgemeine der Staatengesellschaft den Gang deutscher Außenpolitik geformt hat bzw. inwieweit es das Besondere deutscher Außenpolitik war, das „dem rennenden Pferd noch die Sporen gegeben" [JOHANNES HALLER, nach 398: T. SCHIEDER, Staatensystem, 123] hat.

Vor dem allgemeinen Hintergrund einer Zeit [vgl. dazu auch EBD., 264–272], die durch zunehmende Einwirkung des Ökonomischen auf die Staatspolitik, der Öffentlichkeit auf die Diplomatie, des (militärischen) Prestigegedankens auf die Staatsräson der Kabinette und der innenpolitischen Integrationsbedürfnisse auf die Außen- und Rüstungspolitik charakterisiert war, die eine Polarisierung der Mächte mit sich brachte und die Gegenbewegungen völkerrechtlicher und pazifistischer Provenienz hervorrief, gilt es herauszufinden, was die Außenpolitik des Kaiserreichs als „singulär" [125: L. DEHIO, Weltpolitik, 15] kennzeichnete: Auf dem Gebiet der Machtpolitik zählte in Wilhelminischer Zeit dazu ganz gewiss die von der Seerüstung ausgehende, Großbritannien vor der Haustür bedrohende Flotte, die den weltpolitischen Gegensatz Englands zu Russland in den Hintergrund treten ließ.

Darüber hinaus und für die deutsche Außenpolitik zwischen 1871 und 1918 möglicherweise signifikanter erscheinen aber auf dem Gebiet der Ideologie das zu sein, worauf neben GERHARD RITTER und LUDWIG DEHIO (siehe oben 64) vor allem FRANZ SCHNABEL bereits frühzeitig aufmerksam gemacht hat [144: Problem Bismarck, 1–27]: Der äußeren Politik des Kaiserreichs fehlte eine die Macht veredelnde Idee, die im eigentlichen, wie HEINZ GOLLWITZER ausgeführt hat [334: Weltgedanken, 83–109], eine Großmacht vom Klein- und Mittelstaat bezeichnend abhebt. Im Schnittpunkt zwischen Machtpolitik, deren „Kleinstaaten und Großmächte" unterscheidendes „Lebensgesetz" darin liegt, die einen nach Anlehnung oder Neutralität und die anderen nach Autonomie und Expansion streben zu lassen [341: S. HAFFNER, Bismarck, 14], und Ideologie, ohne deren Ausstrahlung die äußere Politik einer Großmacht dumpf bleibt und sogar abstoßend wirkt, gilt es zukünftig das Spezifische der Außenpolitik des deutschen Kaiserreichs aufzuspüren. Kategorien, die geeignet sind, die europäische und deutsche Dimension des Untersuchungsgegenstandes ebenso miteinander zu verbinden wie voneinander zu trennen, zeichnen sich in diesem Zusammenhang ab: LOTHAR GALLS dem Spannungsverhältnis von Gleichgewicht und Hegemonie verfeinernd abgewonnenes Interpretament von einer von Phase zu Phase europäischer Geschichte wechselnden „Macht der freien Hand" [328: L. GALL, Balkan, 551–571] deutet ebenso in diese, von der Forschung weiter zu verfolgende Richtung wie der von JOHN HERZ geprägte Begriff vom „Sicherheitsdilemma", dessen Existenz für Deutschlands Außenpolitik aufgrund besonderer, dem Reich anhaftender Gegebenheiten ganz unterschiedlicher Herkunft durchgehend eine außergewöhnlich hohe Bedeutung besaß. Und gleichfalls in diesem Sinne förderlich wirken das von HENRY KISSINGER aufgeworfene Problem des legitimen oder revolutionären Charakters einer nationalen Außenpolitik im Verhältnis zur internationalen Ordnung [367: Großmächte, 8–11], die von KLAUS HILDEBRAND entfaltete Frage nach der Normalität oder dem Ausnahmecharakter deutscher Außenpolitik in der europäischen Geschichte [348: Eigenweg, 15–34] oder das von LANCELOT L. FARRAR gezeichnete Grundmuster eines während des Verlaufs des Ersten Weltkrieges für die grundlegende Antinomie zwischen dem Deutschen Reich und seinen Gegnern typischen „stalemate" [177: Illusion, 151], das weit in die Vergangenheit zurück- und auf die Zukunft vorausweist: Lange Zeit, bis zum Eintritt der Vereinigten Staaten von Amerika in den Ersten Weltkrieg, war die alliierte Koalition nicht stark genug, um das Reich zu besiegen, während dieses sich als zu schwach erwies, um Europa nach seinem Gutdünken zu ordnen. Inwieweit also bewegte sich im außenpolitischen und internationalen Feld der „Eigenweg" des Deutschen Reiches im Rahmen des Zeitgemäßen, oder inwieweit verfolgte es auf diesem Terrain einen „Sonderweg"? Mit anderen Worten: Die mit den neuen Strömungen der Zeit allgemein aufkommende Unregierbarkeit, ja der zunehmende „Politikverlust", die ihre Entsprechung in den an die Grenzen der Zivilisation gelangenden und deren Kruste ein ums andere Mal durchstoßenden wissenschaftlichen Erkenntnissen und künstlerischen Experimenten eines gleichzeitig durch Fortschritt und Pessimismus gekennzeichneten „fin de siècle" fanden, spiegeln selbstverständlich ebenso allgemeine Tendenzen der Zeit wie sie immer wieder die Frage aufwerfen, ob nicht alle diese revolutionären Herausforderungen der Moderne die gleichzeitig stärkste und verwundbarste Macht Europas, das Deutsche Reich, besonders intensiv ergriffen: Inwieweit also vermögen sie einen ebenso allgemeinen wie besonderen Erklärungshintergrund für die Geschichte der während der „Ära Bismarck" noch gezügelten und danach entfesselten Außenpolitik des Kaiserreichs zu bieten?

Als maßgeblich ist in solchem Rahmen natürlich zu beachten, dass die Außenpolitik eines Nationalstaates wie des Deutschen Reiches in einer Zeit beurteilt wird, in der Krieg als beileibe nicht geächtetes Mittel der Staatenwelt galt, ja unter Umständen sogar zur Wiederherstellung des Gleichgewichts, der Ordnung und der Legitimität des Staatensystems dienen konnte. Erst als das hochgemute Vertrauen in die

Strategie einer raschen Niederwerfung des Gegners im Verlauf des Ersten Weltkrieges angesichts des grausamen Triumphes der Ermattungskriegführung tiefer Ratlosigkeit Platz machte, dämmerte die Erkenntnis, dass es Stufen zivilisatorischer Entwicklung gibt, auf denen Krieg zu führen selbst dem Sieger schadet. Lange vorbei waren die Zeiten des 18. Jahrhunderts, als vorsichtige Herrscher angesichts knapper Ressourcen zur Zähmung der Bellona geradezu genötigt wurden. Nahezu geschwunden war die Erinnerung an jene Schrecken der Napoleonischen Kriege, die zur entscheidenden Grundlage für die Wiener Friedensordnung geworden war: Deren – freilich schon im Verlauf des 19. Jahrhunderts (1854/56; 1859; 1866; 1870/71) stark in Frage gestellten – Ergebnisse wirkten, von einer unübersehbaren Sucht aufs ungewiss Neue zunehmend überlagert, mittlerweile so selbstverständlich, dass sie zu ihrer eigenen Überwindung beitrugen. Industrielle Kriegführung und mobilisierte Massen förderten dagegen jene Totalisierung des Militärischen, die den Staatsmännern im Verlauf des Weltkrieges endgültig jenes schon im polarisierten Frieden der Vorkriegszeit rar gewordene Element einer freien Wahl raubte. Im Bewusstsein der Tatsache, dass Krieg ein Mittel des Staatenlebens war, gilt es – als Perspektive der Forschung – unvoreingenommen zu ergründen, wie sich beispielsweise auf der politischen Linken die ablehnende bzw. zustimmende Haltung gegenüber dem imperialistischen bzw. revolutionären, dem offensiven bzw. defensiven Krieg ausnahm, und aus welchen Gründen etwa Repräsentanten des „alten Systems" nicht selten entschiedener zur Friedensbewahrung neigten als die eines „liberal tingierten Imperialismus" (WILLY SCHENK), welche gesellschaftliche Modernisierung und politische Parlamentarisierung vornehmlich als Vehikel wirkungsvoll gesteigerter Machtpolitik einschätzten. Auch in dieser Hinsicht geht es also darum, in der Geschichte der deutschen Außenpolitik jener Zeit die verwirrend vielfältige Historizität der Vergangenheit zu entdecken.

Als ein für die Gestaltung der deutschen Außenpolitik maßgeblicher Faktor hat der „Anteil der Militärs an der Kriegskatastrophe von 1914" (GERHARD RITTER) bereits vielfältige wissenschaftliche Beachtung gefunden. Fragen stellen sich dagegen, wenn man das Verhältnis zwischen Öffentlichkeit und Außenpolitik näher in Augenschein nimmt, wirkten öffentliche Einflüsse doch, anders als in parlamentarisierten Staaten wie dem monarchischen England oder dem republikanischen Frankreich und eher mit dem zaristischen Russland und der österreich-ungarischen Monarchie vergleichbar, ungefiltert und direkt auf die Regierenden des deutschen Kaiserreichs ein. Hellsichtig hat

E.2. Perspektiven der Forschung 109

FRANZ SCHNABEL in diesem Zusammenhang einmal unterschieden zwischen „Diplomaten" und „Patrioten", deren ungestümer Nationalismus die überlieferte Tradition der Staatenbeziehungen zerrissen habe. Dass es Schnabel dabei nicht um eine Apologie der Kabinettspolitik und eine Verurteilung der neuen Kräfte ging, versteht sich ebenso wie es heute darauf ankommt, das unter den damaligen Umständen konfligierende Verhältnis zwischen Außen- und Innenpolitik, zwischen Diplomatie und Öffentlichkeit, zwischen Staatsführung und Presse jenseits aller Vorurteile und Schablonen neu zu untersuchen. Im Sinne umfassender, nicht selektiver Aufklärung ist auf der einen Seite festzuhalten, dass es beispielsweise in einer Großstadt wie Hamburg beträchtliche Teile der Bevölkerung gab, die dem gemeinhin die Nachricht vom Kriegsausbruch begleitenden Enthusiasmus mit Distanz begegneten (VOLKER ULLRICH, Kriegsalltag. Hamburg im Ersten Weltkrieg, Köln 1982, 14). Zum anderen gilt es freilich auch, nach der „Torheit der Regierten" ebenso wie nach der „Torheit der Regierenden" zu fragen (WILHELM G. GREWE). Diese Forschungsperspektive im Speziellen zu verfolgen, erfordert im Allgemeinen, der Beziehung von „internationaler Konstellation und innerstaatlichem Systemwandel" (RICHARD LÖWENTHAL) angemessene Aufmerksamkeit zu schenken, also über das hinaus, was Diplomaten bewusst in ihr Handeln einbezogen, auch dasjenige zu erschließen, was ihr Tun unbewusst beeinflusste. Nicht zuletzt in dieser Hinsicht muss der Geschichte der kaiserlichen Diplomaten als Individuen und als „Korps" [408: K. SCHWABE; vgl. auch 308: L. CECIL, Service] auch zukünftig das wissenschaftliche Interesse gehören; in solchem Kontext aber ist HERBERT BUTTERFIELDS Einsicht als ein in kritischem Vergleich zwischen verschiedenen Kulturen gewonnener Maßstab an die Außenpolitik und Diplomatie des Bismarckreiches anzulegen: „Even so, a country with a sound tradition in diplomacy may go further over a long period than one that has brilliant individuals" [303: Diplomacy, 372].

Schließlich erscheint es geboten, im Hinblick auf die Geschichte der Außenpolitik des Kaiserreichs Überlegungen aufzunehmen und Vorschläge zu überprüfen, die PAUL KENNEDY in seiner großen Darstellung über „Economic Change and Military Conflict from 1500 to 2000" [366: Rise] entwickelt hat: Welche wirtschaftlichen Ressourcen und geographischen Bedingungen standen, reichhaltig oder begrenzt, autonom oder abhängig, unangreifbar oder gefährdet, dem Deutschen Reich in einem Zeitalter zur Verfügung, in dem die deutsche Teilhabe am weltwirtschaftlichen System die Bedeutung nationalökonomischer Autarkie lange Zeit zurücktreten ließ, bis der Verlauf des Weltkrieges auch

Seitennotizen: Bevölkerung und Kriegsausbruch; Intentionales und funktionales Handeln; Probleme der Diplomatie; „Economic Change and Military Conflict"

in dieser Hinsicht für jähen Wandel sorgte, und in dem die allgemeine Beschleunigung der modernen Zeit den traditionellen Schutz des nationalstaatlich geschlossenen Raumes relativierte, so dass nicht zuletzt auch in dieser Hinsicht, mit dem ökonomischen Motiv eng verbunden, in den Jahren 1917/18 die Forderung nach dem unverwundbaren Großraum immer lauter wurde (vgl. oben 45f.)? Wie reagierten überhaupt

Zwischen Tradition und Wandel

die Träger überlieferter „politische[r] Werte und Gesellschaftsbilder" [G. HÜBINGER, in: NPL 32 (1987) 189–210] auf die neuen außenpolitischen Herausforderungen eines teilweise abrupten und teilweise unmerklichen Wandels der Zeit? Wie kam es jenseits der Debatte über den zu erwartenden „langen" oder „kurzen" Krieg und jenseits aller Spekulationen über die wirtschaftliche Möglichkeit oder Unmöglichkeit eines

Krieg und Zivilisation

großen Krieges im Zeitalter einer hoch entwickelten und dicht miteinander verflochtenen Zivilisation im Einzelnen dazu, dass ein sich auf der Höhe des ökonomischen Fortschritts befindlicher Staat rüstungswirtschaftlich den Krieg der Vergangenheit vorbereitete? Verweist auch dieser Hiatus auf einen spezifisch deutschen Gegensatz zwischen den alten und neuen Kräften des Reiches? Oder reflektiert dieser Sachverhalt lediglich symptomatisch ein für Europa damals allgemein verbindliches (Krisen-)Phänomen im Sinne der Darstellungen von ARNO MAYER (siehe oben 89f.) und GEOFFREY BARRACLOUGH (siehe oben 101)? Worin lagen eben auf diesem Feld die natürlich gegebenen und

Deutschland und England

die politisch verfassten Unterschiede zwischen dem Reich und Großbritannien, das gerade Repräsentanten eines nationalen Liberalismus wie Max Weber oder Gustav Stresemann, innenpolitisch auf Reform und außenpolitisch auf Machterweiterung bedacht, als Vorbild einschätzten?

Von solchen vergleichend auf den europäischen Zusammenhang ausgerichteten Perspektiven zur Erforschung der Geschichte der deut-

Desiderate

schen Außenpolitik zwischen 1871 und 1918 abgesehen, gibt es Desiderate, die sich in einem eher bilateralen Zusammenhang präsentieren. Sicherlich fehlt eine an HEINRICH LUTZ' Werk „Österreich-Ungarn und die Gründung des Deutschen Reiches" [378] anschließende und methodisch über NICHOLAS DER BAGDASARIANs vorwiegend diplomatiehistorische Darstellung „The Austro-German Rapprochement, 1870–1879" [313] hinausreichende, Bündnisfrage, Wirtschaftsbeziehungen und Kulturproblematik zwischen der Doppelmonarchie und dem Reich einbeziehende Abhandlung über die Geschichte des Zweibundes. Verstärkte Beachtung verdient, von JERZY W. BOREJSZA [301: Bismarck, 599–630] angemahnt, die Haltung des Deutschen Reiches gegenüber den Völkern, die sich national selbst zu bestimmen bzw. zu restaurieren im Begriffe standen, wie überhaupt zu den kleineren Staaten Europas. Von Interesse dürften zudem Studien sein, die, stärker als bisher üblich, kulturellen und interkulturellen Faktoren Beachtung schenken und auf diesem Wege möglicherweise zu erklären imstande sein könnten, warum, über alle in diesem Zusammenhang anzuführenden machtpolitischen und wirtschaftlichen Faktoren hinaus, Großbritannien letztlich immer, wie RAYMOND ARON annimmt, eine „Pax Americana" der „Pax Germanica" vorgezogen hätte. Dass gerade in solchem Rahmen „Internationale Wissenschaftsbeziehungen und auswärtige Kulturpolitik im deutschen Kaiserreich" [395: G. A. RITTER, 5–16] eine intensiver als bisher ihnen zuteil gewordene Berücksichtigung verdient, dürfte auf der Hand liegen. Kultur und Außenpolitik

Dem in der Geschichte nicht zum Zuge Gekommenen nachzuspüren, ist, wie so oft, auch im Falle unseres Untersuchungsgegenstandes für die Erkenntnis des tatsächlichen Geschehens höchst aufschlussreich. PETER WINZEN hat beispielsweise die Frage aufgeworfen, die einer Vertiefung wert erscheint: Gab es, lange bevor Bethmann Hollweg diesen Weg, wenn auch letztlich vergeblich, beschritt, in der Entscheidungslage deutsch-englischer Beziehungen an der Jahrhundertwende für das Reich die Alternative, als Juniorpartner der Briten Weltpolitik zu betreiben, anstatt, auf das englische Erbe spekulierend, Großbritannien durch den Bau der Schlachtflotte herauszufordern? Oder lag in dem anmaßenden Tun der „zu spät" Gekommenen gar so etwas wie eine fatale Zwangsläufigkeit der Geschichte? War es, wie auf englischer Seite Sanderson im Dialog mit Crowe argumentierte, unter Umständen sogar die Verpflichtung des Besitzenden, dem Verlangenden entgegenzukommen, um diesen vor revolutionären Schritten zu bewahren und somit die Existenz des Bestehenden insgesamt nicht zu gefährden? Oder gewann damit nicht gerade der im System jeweils am rigorosesten Auftretende die Verfügung über dessen Spielregeln? Wo also lag in solch einem machtpolitischen Duell die Grenze zwischen revolutionärem Umsturz und friedlichem Wandel des internationalen Status quo [343: K. HILDEBRAND, Imperialismus, 185]? Alternativen ohne Wirklichkeitsgehalt Revolutionärer Umsturz und friedlicher Wandel

Solche Fragen aufzuwerfen, verweist nicht zuletzt auf jene verpassten Chancen einer ausbalancierten Flexibilität, die dem internationalen System bis zu einem gewissen Grade auch nach der Zäsur des Jahres 1890 bis in die Vorweltkriegszeit hinein, wenn auch mit der abnehmenden Wahrscheinlichkeit einer politischen Verwirklichung, durchaus inhärent waren: Solche Optionen wären beispielsweise einmal unter dem Gesichtspunkt einer deutsch-russischen Verständigung zu Lasten Österreich-Ungarns oder einer deutsch-französischen Annä- Optionen der Großmächte herung zu Lasten Großbritanniens näher zu untersuchen. Vergleichbare Alternativen existierten für jede der anderen Großmächte, die jeweils für sich daran interessiert waren, auf solchem Weg die Rolle des Schiedsrichters zu gewinnen. Konkret auf die Strategiediskussion innerhalb der deutschen Regierung und ihrer Umgebung bezogen, hat bereits THEODOR SCHIEDER darauf aufmerksam gemacht, dass neben dem sich während der letzten Jahre vor 1914 immer stärker ausbreitenden Kriegsfatalismus eine während der Reichskanzlerschaft Bethmann Hollwegs vertretene Linie vernünftig dosierter Machtpolitik – Hans Plehn: „Deutsche Weltpolitik und kein Krieg!" – existierte, die, im Zusammenwirken mit England, durch neuerliche Akzentuierung der überseeischen Ambitionen des Reiches auf europäische Entspannung bedacht war [398: T. SCHIEDER, Staatensystem, 269; dieser nicht verwirklichten Option deutscher Außenpolitik ist 402: G. SCHÖLLGEN, Gleichgewicht, bislang am intensivsten nachgegangen].

<small>„Deutsche Weltpolitik und kein Krieg!"</small>

Ertragreich dürfte es ferner sein, die Haltung verschiedener politischer Parteien und gesellschaftlicher Gruppierungen des Kaiserreiches zur deutschen Außenpolitik ihrer Zeit eingehend zu betrachten [vgl. beispielsweise 333: H. GOLLWITZER, Katholizismus, 224–257; und 324: R. FLETCHER, Revisionism], die Spurensuche nach „anti-militaristischen", pazifistischen Strömungen weiter zu vertiefen [302: B. VOM BROCKE, Wissenschaft, 405–508] und der Geschichte des „Völkerbundsgedanke[ns]" in Deutschland während des Ersten Weltkrieges" [325: U. FORTUNA, Völkerbundsgedanke], vor allem auch im Hinblick auf den Versuch einer paradigmatischen Erweiterung in der Betrachtung äußerer und internationaler Politik von der „realistischen" zur „idealistischen" Perspektive hin, Aufmerksamkeit zu schenken.

<small>Außenpolitik, Parteien und Gesellschaft</small>

<small>„Realistische" und „idealistische" Perspektive</small>

Alle diese für die Gesamtheit der äußeren Politik eines Nationalstaates prägenden Elemente haben letztlich einzugehen in eine vor allem in der angelsächsischen Wissenschaft aufs Neue erörterte Definition des außenpolitischen Machtbegriffs und der nationalen Staatsräson [vgl. vor allem GORDON CRAIGs und FELIX GILBERTs „Reflections on Strategy in the Present and Future", in 311: P. PARET (Hrsg.), Modern Strategy, 863–871]. Inwieweit beispielsweise die Macht eines Staates durch politische und ökonomische, durch militärische und kulturelle Homogenität charakterisiert oder durch eine Heterogenität zwischen wirtschaftlicher Modernität und militärischer Tradition gespalten war, wirft Fragen auf, deren Beantwortung über die Qualität seiner Außenpolitik vor allem dann Aufschluss zu geben vermag, wenn sie in übernational vergleichender Hinsicht abgehandelt werden und darüber nicht in Vergessenheit gerät, dass ein Staat modern sein kann, ohne nach

<small>Problem und Probleme der Staatsräson</small>

<small>Homogenität und Heterogenität des Machtbegriffs</small>

"westlichem" Muster verfasst zu existieren. In dem von Gordon Craig und Felix Gilbert angedeuteten Sinn, die Staatsräson des deutschen Kaiserreichs, systematisch und durchgehend sowie kasuistisch und phasenweise, neu zu bestimmen, erscheint als lohnende Aufgabe: „Die Geographie" als „die Mutter der Geschichte" (GEORGE PEABODY GOOCH) und die „Hobbesianische Furcht" (HERBERT BUTTERFIELD) der Völker und Staaten, die ökonomischen Ressourcen der großen Mächte (PAUL M. KENNEDY) und die politischen Entscheidungen ihrer Verantwortlichen, die „Unspoken Assumptions" (JAMES JOLL) von Regierenden und Regierten und die psychologischen Voraussetzungen von „Human Behavior" (PETER LOEWENBERG) in der äußeren Politik, die Bedeutung des Personalen (GEORGE F. KENNAN) und die Berücksichtigung einer sog. „Krisenhaftigkeit" des internationalen Systems als Symptom der allgemeinen Zeiterscheinung mögen, zusammen mit mannigfachen anderen, damit verknüpften oder davon unabhängigen Faktoren, den Rahmen definieren und Ingredienzen benennen, um jene schwierige „Normalität der deutschen Außergewöhnlichkeit" (NORMAN RICH) erklären zu können, die auch für die Geschichte der Außenpolitik des Kaiserreiches zwischen 1871 und 1918 charakteristisch war.

„Normalität der deutschen Außergewöhnlichkeit"

Spätestens zwischen 1914 und 1918, als die Grenzen zwischen äußerem Krieg und innerem Frieden, zwischen Kombattanten und Zivilbevölkerung, zwischen „Staatskrieg und Privatfrieden" (HANS MAIER) hinfällig wurden, trat klar hervor, wie weit sich die nach 1815 noch einmal schöpferisch restaurierte und zuletzt nur noch mühsam bewahrte Überzeugung verflüchtigt hatte, wonach der Maxime des 18. Jahrhunderts gemäß der Bürger gar nicht bemerken solle, wenn der König eine Bataille schlage. Was sich seit langem im „trockenen Krieg" angebahnt hatte, brach nunmehr im „totalen Krieg" hervor: Das Duell der Staaten wurde zum Kampf der Völker. Allerdings: Sowohl diejenigen, die 1914, selbst wenn sie vom bevorstehenden Krieg Schreckliches ahnen mochten, nicht ermessen konnten, was sie auslösten, als sie, weil zu kämpfen normaler war als nachzugeben, den Krieg begannen, als auch diejenigen, die unter dem Eindruck der entfesselten Kriegsfurie auf militärisch erfolgreichem Weg und in ideologisch unerschütterlicher Überzeugung danach strebten, die Welt zukünftig ein für allemal vom Übel des Krieges zu erlösen, und die durch ihren Hang zum Absoluten gerade mit Macht das Gegenteil vom Ersehnten beförderten, agierten ungeachtet aller letztlich so ausschlaggebenden nationalen und gesellschaftlichen, weltanschaulichen und personalen Unterschiede im Einzelnen, im Zusammenhang der jeweils epochal verbindlichen Voraussetzungen und Bedingungen ihrer Zeit – d. h.: Historische

Staatenkrieg und Völkerringen

Epochaler Zusammenhang

Wirkungen politischen Handelns sind aufgrund ihrer sich in der Gegenwart nur andeutenden und sich erst in der Zukunft entfaltenden Konsequenzen lediglich in einem sehr bedingten Maße absehbar. Daher gilt auch, auf allen Ebenen des Staates und in allen Schichten der Gesellschaft, für die auf dem Feld der deutschen Außenpolitik zwischen 1871 und 1918 Handelnden, „daß die Menschen ihre Geschichte zwar selbst machen, aber die Geschichte nicht kennen, die sie machen" [294: R. ARON, Jahre, 33].

F. Ergebnisse und Entwicklungen der Geschichtsschreibung seit 1989 Nachtrag zur 3. Auflage

1. Zum Stand der Forschung

Das bleibende Interesse am Untersuchungsgegenstand der äußeren Politik des deutschen Kaiserreichs im Zeitraum der Jahrzehnte zwischen der Reichsgründung und dem Ende des Ersten Weltkriegs spiegelt sich in den regelmäßig erscheinenden Abhandlungen des Forschungsstandes: Im Rahmen der in der Zeitschrift „Geschichte in Wissenschaft und Unterricht" publizierten „Literaturbericht[e]" zur Geschichte der bismarckischen und wilhelminischen Epoche beispielsweise finden auch die einschlägigen Veröffentlichungen zur Außenpolitik angemessene Erwähnung [vgl. für den hier zur Debatte stehenden Publikationszeitraum 438: R. LILL/W. ALTGELD; 426: W. ALTGELD; 444: J. SCHOLTYSECK; 445: DERS.] Während der im Jahr 2004 vorgelegte monographische Forschungsbericht „Das Deutsche Kaiserreich" aus der Feder von EWALD FRIE [433] die Geschichte seiner äußeren Politik nur sehr fragmentarisch behandelt, bietet der von JOST DÜLFFER 1996 unterbreitete Artikel „Foreign Policy" in dem von ROGER CHICKERING herausgegebenen Sammelband zur Geschichtsschreibung über „Imperial Germany" [432] einen sachkundig gebahnten Einstieg in die grundlegenden Probleme des Themas [vgl. dazu auch 439: CH. LORENZ]. In souveräner Art und Weise hat sodann MAGNUS BRECHTKEN im Jahr 2003 die „Ergebnisse und Thesen" der jüngeren, etwa seit 1989/90 erschienenen Literatur unter dem Titel „Das Deutsche Kaiserreich im internationalen Staatensystem 1871–1918" [427] ebenso gelehrt wie gedankenreich kommentiert.

Nicht zuletzt aus diesem Beitrag geht aber zweifelsfrei hervor, dass „Macht und Mentalität als zentrale Begriffe" [vgl. oben II.E.] auch

Berichte zum Forschungsstand

für die Entwicklung der Forschung seit 1989 nach wie vor Gültigkeit besitzen. Das heißt aber, dass die über viele Jahre und Jahrzehnte dominierende Tendenz, die äußere Politik des Kaiserreichs als eine Ableitung seiner inneren Verhältnisse zu begreifen, als widerlegt zu gelten hat. In diesem Sinne urteilt JOHN LOWE in seiner 1994 publizierten Darstellung „The Great Powers, Imperialism, and the German Problem, 1865–1925" über diese wissenschaftlich überholte Position: „Doubt persists particularly about the heavy, not to say exclusive, emphasis placed on domestic issues (dubbed the ‚new orthodoxy') which has been challenged by two quite distinct groups of historians. Several British and American historians have disputed some of the more sweeping assertions made by protagonists of the Fischer or Wehler ‚schools'. More recently still, the revival of the study of political history in West Germany in the 1980s has produced a marked swing away from many of the basic assumptions of those ‚schools'" [441: 143]. In dieser Perspektive glaubt der in Cambridge lehrende Historiker BRENDAN SIMMS, nicht zuletzt auch in Bezug auf die Forschungsentwicklung zur Geschichte des deutschen Kaiserreichs, sogar so etwas wie „The Return of the Primacy of Foreign Policy" [446] beobachten zu können.

_{Primat der Innen- oder Außenpolitik}

Allein, diese bewusst pointierte Feststellung beurteilt den Gang der Dinge doch eine Spur zu einseitig. Der Vielschichtigkeit der Sache angemessener erscheint dagegen, was in diesem Zusammenhang unlängst CORNELIUS TORP über das Verhältnis von „Wirtschaft und Politik in Deutschland 1860–1914" weit differenzierter festgestellt hat. Danach ist „das, was bislang vor allem als das Ergebnis endogener Triebkräfte gedeutet wurde, lediglich Teil einer allgemeinen transnationalen Reaktion, deren länderspezifische Ausformung mindestens ebenso sehr von der Weltmarktposition einer Volkswirtschaft und internationalen Interaktionszusammenhängen wie von nationalgeschichtlich abzuleitenden Faktoren abhing" [447: 370].

„Die Herausforderung der Globalisierung" von Cornelius Torp

Mit anderen Worten: Jenseits der lange Zeit so intensiv geführten Auseinandersetzung um den Primat der inneren oder äußeren Politik und im erklärten Gegensatz zu der geläufigen These, dass Außenpolitik nicht Außenpolitik ist, wäre im Sinne der sich stetig voranbewegenden Entwicklung der Forschung, nicht zuletzt im Hinblick auf die Geschichte des deutschen Kaiserreichs, einmal die grundlegende Frage zu stellen, inwieweit die internationalen Bedingungen der Staatenwelt die inneren Verhältnisse von Staaten beeinflussen, prägen, hin und wieder sogar determinieren: Ist Innenpolitik Innenpolitik – so lässt sich in dieser Perspektive ein ganz zentrales Problem der Geschichtswissenschaft umschreiben, auf das es bis dato noch keine zureichenden Antworten gibt. Kurzum: Weil die Relevanz der zwischenstaatlichen Beziehungen für die Geschichte der Ära Bismarck und des Wilhelminischen Zeitalters kaum mehr bestritten wird, mag einleuchten, dass selbst die schon so oft totgesagte Diplomatiegeschichte im Rahmen der historiographischen Disziplin ihre nach wie vor unaufgebbare Position behauptet: „Clio's anemic patient is alive", stellte KARINA URBACH demgemäß vor einigen Jahren im „Historical Journal" fest [448: 997].

<small>Relevanz der Diplomatiegeschichte</small>

Indes, diese Tatsache hat nicht zuletzt damit zu tun, dass sich die Geschichtsschreibung von den Internationalen Beziehungen durchgehend mit neuen Herausforderungen auseinanderzusetzen hat. Ansatzweise, eher in Ergänzung zum bevorzugten Untersuchungsgegenstand des außenpolitischen Entscheidungshandelns als diesen verdrängend, finden vor allem die neuen kulturgeschichtlichen Themen Berücksichtigung in dem von WILFRIED LOTH und JÜRGEN OSTERHAMMEL im Jahr 2000 herausgegebenen Sammelband „Internationale Geschichte. Themen – Ergebnisse – Aussichten" [440]. Darin wird nicht zuletzt der „Pluralität der Kulturen" [JÜRGEN OSTERHAMMEL] im Zeichen der als Interpretament entdeckten Globalisierung verstärkte Aufmerksamkeit geschenkt [vgl. dazu auch F. KIEßLING, Der „Dialog der Taubstummen" ist vorbei. Neue Ansätze in der Geschichte der internationalen Beziehungen des 19. und 20. Jahrhunderts, in: HZ 275 (2002) 651–680]. „Erneuerung und Erweiterung einer historischen Disziplin" lautet ganz in diesem Sinne der Untertitel einer um die Synthese traditionaler und moderner Themen bemühten Anthologie, die ECKART CONZE, ULRICH LAPPENKÜPER und GUIDO MÜLLER im Jahr 2004 vorgelegt haben [430]: In dieser „Geschichte der internationalen Beziehungen" wird die klassische Auseinandersetzung mit „Staat und Politik" ergänzt um die transnationale Komponente der „Globale[n] Perspektive" sowie um die teils herkömmlichen, teils neuartigen Untersuchungsgegenstände der „Internationale[n] Wirtschaftsbeziehungen", des „Kulturtransfers" und der „Internationalen Gesellschaftsbeziehungen".

<small>„Internationale Geschichte"</small>

Allein, mit voranschreitender Zeit richtet sich der Anspruch der „Neuen Kulturgeschichte" inzwischen mehr und mehr darauf, die überlieferte „Geschichte der Politik" zu verdrängen, zumindest aber zu marginalisieren. BARBARA STOLBERG-RILINGER beispielsweise rückt die subjektive Dimension historischer Phänomene, „Sinneswahrnehmungen, Denksysteme und Deutungsmuster, Symbole und Repräsentation, soziale Praxis und Rituale" [ANDREAS RÖDDER] so entschieden in den Mittelpunkt des Interesses, dass sie eine „Kulturgeschichte des Politischen" [B. STOLBERG-RILINGER (Hrsg.), Was heißt Kulturgeschichte des Politischen? Berlin 2005], ja im Kern der Dinge eine ganz „Neue Poli-

<small>„Neue Kulturgeschichte"</small>

tikgeschichte" [U. FREVERT/H.-G. HAUPT (Hrsg.), Neue Politikgeschichte. Perspektiven einer historischen Politikforschung, Frankfurt a. M. 2005] postuliert.

Mittlerweile hat sich diese Debatte um das alte oder neue Politikverständnis zu einer bemerkenswerten methodologischen Kontroverse erweitert [gegen den kulturalistischen Dominanzanspruch hat beispielsweise ANDREAS RÖDDER Stellung bezogen unter dem Titel: Klios neue Kleider. Theoriedebatten um eine Kulturgeschichte der Politik in der Moderne, in: HZ 283 (2006) 657–688; vgl. dazu auch H.-CH. KRAUS/TH. NICKLAS (Hrsg.), Geschichte der Politik. Alte und Neue Wege, München 2007, sowie die Pro und Contra bündelnden Beiträge von A. LANDWEHR, Diskurs – Macht – Wissen. Perspektiven einer Kulturgeschichte des Politischen, in: AKG 85 (2003) 71–117, und TH. NICKLAS, Macht – Politik – Diskurs. Möglichkeiten und Grenzen einer Politischen Kulturgeschichte, in: EBD. 86 (2004) 1–25]. Wie der noch andauernde Streit auch immer enden mag, in allgemeiner Hinsicht ist gewiss zu bedenken, was RICHARD J. EVANS im Hinblick auf die kulturalistische Orientierung der postmodernen Geschichtsschreibung über das Fiktionale und Tatsächliche mit exemplarisch gewählter Deutlichkeit festgestellt hat: „Auschwitz war kein Diskurs. Massenmord als Text anzusehen bedeutet, ihn zu verharmlosen. ... Wenn dies für Auschwitz gilt, dann muß es aber auch für andere Aspekte der Vergangenheit gelten, für andere Ereignisse, Institutionen und Menschen, jedenfalls in einem gewissen Grade" [R. J. EVANS, Fakten und Fiktionen. Über die Grundlagen historischer Erkenntnis, Frankfurt a. M./New York 1998, 123].

Das heißt aber im speziellen Hinblick auf den Untersuchungsgegenstand der Außenpolitik des deutschen Kaiserreichs die Frage zu stellen, welche Erkenntnisfortschritte beispielsweise eine Darstellung wie die von SEBASTIAN CONRAD über „Globalisierung und Nation im Deutschen Kaiserreich" [428] tatsächlich zu bieten vermag. Mit anderen Worten: Ob ein so genannter transnationaler Zugang das Genus einer deutschen Geschichte, einer Nationalgeschichte also, zu ergänzen oder zu ersetzen beabsichtigt, gibt die an neuen Informationen und unvermuteten Beobachtungen reiche Darstellung letztlich doch nicht so recht zu erkennen. Gleichwohl, die neu eingeführte oder neu benannte „transnationale Perspektive" verdient, zumal sie ja genau auf den Zeitraum des 1871 gegründeten Kaiserreichs bezogen ist, ohne Zweifel Beachtung. Das wirft natürlich umgehend die Frage danach auf, was unter einem Titel wie „Das Kaiserreich transnational. Deutschland in der Welt 1871–1914" [429: S. CONRAD/J. OSTERHAMMEL (Hrsg.)] in termi-

Globalisierung und Nation

„Das Kaiserreich transnational"

nologischer Hinsicht eigentlich zu verstehen ist. DAVID BLACKBOURN hat den nicht immer eindeutig fassbaren Begriff vor einigen Jahren so definiert: Die transnationale Perspektive „schließt – auf der einen Achse – so unterschiedliche Themen wie Handel, Reisen, Migration, Kolonisierung, Forschungsreisen, kulturellen Austausch und den großen aber nicht genau umrissenen Bereich der *mental maps* ein – das Ausland im Kopf. Auf einer anderen Achse erstreckt sie sich geographisch über Europa und den Erdball, wobei die ökonomischen, demographischen und kulturellen Strömungen aus und nach Deutschland offenbar nicht gleichmäßig über die Erde verteilt waren" [EBD., D. BLACKBOURN, 306]. Konkreter, ja anschaulicher tritt das Wesen des Transnationalen hervor, wenn BLACKBOURN auf die von ihm selbst aufgeworfenen Fragen: „Was schließt die transnationale Perspektive *nicht* ein? Schließt sie irgendetwas *aus*?", so antwortet: Sie schließt alles ein „außer den [sic] offiziellen Beziehungen zwischen Staaten, die das Monopol der internationalen Diplomatiegeschichte sind. Dementsprechend ist die Marokkokrise von 1905 nicht Teil der transnationalen Geschichte, obwohl die bemerkenswerte Neigung der deutschen Geographen, die Sahara kartographisch zu erfassen, es vielleicht ist" [EBD., 305].

Auf das hier zur Debatte stehende Erkenntnisinteresse bezogen aber heißt das: Da die erste Marokkokrise vom Jahr 1905/06 für die Außenpolitik des deutschen Kaiserreichs immerhin die Frage nach Krieg oder Frieden aufwarf, gehört die Betrachtung ihrer Existenz, ihrer Entstehung, ihrer Entwicklung und ihres Endes, ganz im Gegensatz zum Auftrag der transnationalen Geschichtsschreibung also, mitten in das Zentrum dessen, was thematische Beachtung verdient. Im hin- und hergehenden Methodenstreit diese Feststellung zu treffen bedeutet jedoch keineswegs, die neue Perspektive von vornherein zu vernachlässigen. Vielmehr verpflichtet sie geradezu, Ausschau danach zu halten, ob und wie sie sich bewährt, wenn die innovative Theorie den Praxistest eingeht, also monographische Gestalt zu gewinnen versucht: Die in dieser Hinsicht mit Hinblick auf die Geschichte der äußeren Politik des Kaiserreichs bislang, jedenfalls in nennenswerter Art und Weise, einzige große Darstellung entstammt der Feder von JOHANNES PAULMANN [443].

„Pomp und Politik" von Johannes Paulmann

Unter dem Titel „Pomp und Politik" untersucht der Autor „Monarchenbegegnungen in Europa zwischen Ancien Régime und Erstem Weltkrieg". Der Ertrag ist, wenn Ritual- und Symbolbezüge aufzuspüren von Interesse ist, so reich, wie demjenigen kaum Neues geboten wird, dessen Verständnis von äußerer Politik die Feststellung von Sachverhalten und die Analyse von Entscheidungen in erster Linie für maßgeblich hält.

F.1. Zum Stand der Forschung

Eine Idee allgemeiner formuliert: Innerhalb der Geschichtswissenschaft gibt es eine mächtige Tendenz, die ihr Interesse auf immer weiter gesteckte Bereiche des menschlichen Lebens richtet, ohne die Frage nach dem Sinn oder gar nach dem Nutzen aufzuwerfen, hier also: nach dem Ziel und Zweck, außenpolitische Phänomene zu erklären. Daher gilt auch in Bezug auf die kulturalistische Herausforderung der Geschichte von den internationalen Beziehungen im Allgemeinen und der äußeren Politik des deutschen Kaiserreichs im Besonderen, was der Althistoriker DONALD KAGAN in anderem Zusammenhang so umschrieben hat: „Change is not always for the better and movement not always progress" [D. KAGAN, On the Origins of War and the Preservation of Peace, New York u. a. 1995, 124].

Daher mag in der speziellen Perspektive der Forschungsentwicklung ebenso wie – angesichts der gegenwärtigen Großbewegungen innerhalb der Staatenwelt – in allgemeiner Hinsicht einleuchtend erscheinen, dass „A Reassessment of Wilhelmine Foreign Policy" [435: M. HEWITSON] und – so darf mit Gewissheit hinzugesetzt werden – der Außenpolitik in der Ära Bismarck nach wie vor zu den bevorzugten Aufgaben der Historiographie zu zählen ist. Diese spezifische Beschäftigung aber vollzieht sich vor dem Hintergrund einer an Aktualität kaum zu überbietenden wissenschaftlichen und öffentlichen Diskussion über „Aufstieg und Fall der großen Mächte" in der neuzeitlichen Geschichte [437: P. KENNEDY]; über „Gleichgewicht oder Hegemonie" [431: L. DEHIO]; über Macht und Gegenmacht [M. SHEEHAN, The Balance of Power. History and Theory, London/New York 1996]; über Weltherrschaft und Imperien [H. Münkler, Imperien. Die Logik der Weltherrschaft – vom Alten Rom bis zu den Vereinigten Staaten, Berlin 2005] sowie über den immer wieder postulierten und dementierten Zusammenhang von innerer Demokratie und äußerem Frieden in Staat und Staatenwelt [436: K. HILDEBRAND, Viktorianische Illusion].

Die Außenpolitik des Kaiserreichs: Bedeutung und Aktualität

Ja, in diesem Kontext findet auch die „aggressivste Form" zwischenstaatlicher Verhältnisse [A. OSIANDER, Interdependenz der Staaten und Theorie der zwischenstaatlichen Beziehungen. Eine theoriegeschichtliche Untersuchung, in: PVS 36 (1995), 256], der Krieg also, erneut eine verstärkte Beachtung – zumal seine bereits von Carl von Clausewitz als „Chamäleon" charakterisierte Erscheinung weit über den zwischenstaatlichen Rahmen hinaus in Form der asymmetrischen Waffengänge auf die Kolonialkriegführung [siehe unten 138] des Untersuchungszeitraums verweist. Daher ist die wissenschaftliche Auseinandersetzung mit dem Krieg wohl zu Recht als „the heart of the discipline of international relations" [434: H. E. GOEMANS, War and Punish-

Diplomatie und Krieg

ment] charakterisiert worden – sowohl in politikwissenschaftlich systematischer Perspektive, wie die ebenso grundlegenden wie brillanten Darstellungen von HERFRIED MÜNKLER zeigen [beispielhaft verwiesen sei nur auf sein jüngstes Werk 442: Wandel des Krieges] als auch in historisch anthropologischer Hinsicht, wie die einschlägigen Beiträge von DIETER LANGEWIESCHE demonstrieren [vgl. beispielsweise seinen gedankenreichen Aufsatz: Eskalierte die Kriegsgewalt im Laufe der Geschichte? In: J. BABEROWSKI (Hrsg.), Moderne Zeiten? Krieg, Revolution und Gewalt im 20. Jahrhundert, Göttingen 2006, 12–36].

Da es zu den Binsenwahrheiten des Historikers zählt, dass Ergebnisse und Entwicklungen der Geschichtsschreibung in vielfacher Hinsicht von der Verfügbarkeit einschlägiger Materialien, von der Erschließung neuer Quellen zumal, abhängen, soll die Entwicklung, die sich auf diesem Gebiet in den Jahren seit 1989 vollzogen hat, daher im Folgenden eingehender betrachtet werden.

2. Quellen und Materialien

Dass und wie die großen Akteneditionen der Auswärtigen Ämter der europäischen Nationalstaaten, was die Auseinandersetzung um die Verantwortung für den Beginn des Ersten Weltkriegs angeht, im „Weltkrieg der Dokumente" [vgl. oben (II.A,1) 49] als Waffen benutzt wurden, ist von SACHA ZALA nicht zuletzt auch in Bezug auf „Die Große Politik der Europäischen Kabinette" eingehend untersucht worden [463: bes. 52–57]. Seine Darstellung „Geschichte unter der Schere politischer Zensur", beinahe so fesselnd zu lesen wie ein Kriminalroman, gibt willkommen Aufschluss über die Grenzen der Benutzbarkeit „Amtliche[r] Aktensammlungen im internationalen Vergleich", ohne die Unverzichtbarkeit dieser Editionen damit in Frage zu stellen, im Gegenteil: „Durch das erweiterte Analysepotenzial der Historiographie erhält die Geschichtswissenschaft einen höheren Grad von Objektivität" [EBD., 338].

Was die Quellenbasis der Bismarck-Zeit angeht, so ist von einem neuen, im Jahr 2004 begonnenen editorischen Großunternehmen zu berichten, von dem bislang zwei Bände erschienen sind: Im Auftrag der Otto-von-Bismarck-Stiftung geben KONRAD CANIS, LOTHAR GALL, KLAUS HILDEBRAND und EBERHARD KOLB Otto von Bismarcks „Gesammelte Werke" im Rahmen der „Neue[n] Friedrichsruher Ausgabe" heraus [452]. Gegenüber den bislang zur Verfügung stehenden klassischen Editionen, den 19 zwischen 1924 und 1935 publizierten großformatigen Bänden „Die gesammelten Werke" Otto von Bismarcks und den

„Amtliche Aktensammlungen im internationalen Vergleich"

„Neue Friedrichsruher Ausgabe"

für die äußere Politik des Reichsgründers maßgeblichen, im Jahr 1922 veröffentlichten ersten sechs Bänden der „Großen Politik der Europäischen Kabinette 1871–1914", geht es der „Neue[n] Friedrichsruher Ausgabe" um „eine[n] grundlegenden Neuansatz". Nicht zuletzt die „Große Politik", ganz auf die Außenpolitik des Reichskanzlers konzentriert, fiel „sehr fragmentarisch, ja streckenweise willkürlich aus und verzerrte das Bild der bismarckschen Politik nach 1871 in vielerlei Hinsicht". Daher bedurfte es, was das neue Unternehmen angeht, „nicht nur der Erweiterung und der Ergänzung", sondern einer anderen Konzeption: „Dabei war es nicht nur für die Zeit nach 1871 möglich, eine Fülle bislang ungedruckter Materialien einzubeziehen. Als maßgeblich zu berücksichtigen war zudem die Tatsache, dass sich, dem Fortgang der Forschung gemäß, das Interesse der Geschichtswissenschaft mittlerweile auf Themenfelder und Fragestellungen richtet, die vor Jahrzehnten noch gar nicht ins Blickfeld getreten waren" [EBD., Bd. 1, VII]. Dass zudem eine Vervollständigung der Quellengrundlage im Hinblick auf spezielle Untersuchungsfelder der Ära Bismarck, aber auch der Wilhelminischen Epoche gewinnbringend sein kann, geben beispielsweise die von HEINZ LEMKE edierten 402 Dokumente zu den „Deutsch-russische[n] Wirtschaftsbeziehungen 1906–1914" [460] zu erkennen.

Dass über die quantitative Erschließung neuen Archivmaterials hinaus die qualitative Verfeinerung der Quellenkritik zum unaufgebbaren Werkzeug des Historikers gehört, wird durch die einschlägigen Studien von BERND SÖSEMANN ein um das andere Mal deutlich: Das gilt, was den Zeitraum des Wilhelminischen Reiches angeht, für seine minutiöse Untersuchung der berüchtigten „Hunnen-Rede" Kaiser Wilhelms II. am 27. Juli 1900 in Bremerhaven, in deren „offiziöse[r] Fassung ... das Wort ‚Hunne' nicht zu finden ist" [B. SÖSEMANN, Die sog. Hunnenrede Wilhelms II. Textkritische und interpretatorische Bemerkungen zur Ansprache des Kaisers vom 27. Juli 1900 in Bremerhaven, in: HZ 222 (1976) 342–358, hier 345]. Und das gilt zumal für seine nimmermüden Bemühungen um die Feststellung der Echtheit einzelner die Julikrise 1914 betreffender Blätter der so genannten „Riezler-Tagebücher" [vgl. oben (II.C, 2) 80 f., sowie B. SÖSEMANN, Rißspuren sind nicht zu übersehen. Die Riezler-Tagebücher und die Debatte um die Kriegsschuld 1914: Ein quellenkritischer Blick, in: Frankfurter Allgemeine Zeitung vom 14. März 2001, N 6]. Quellenkritik

Vorteilhaft komplettiert werden konnte die Materialbasis zur Geschichte des Wilhelminischen Zeitalters durch drei Editionen maßgeblicher Repräsentanten der Zeit: Unter dem Titel „Kaiser Wilhelm II. als Oberster Kriegsherr im Ersten Weltkrieg" hat HOLGER AFFLERBACH Neue Editionen

[449] zum einen die Kriegsbriefe Moriz Freiherr von Lynckers, die der Chef des kaiserlichen Militärkabinetts im Zeitraum vom Juli 1914 bis zum Juli 1918 an seine Frau geschrieben hat, herausgegeben und durch Auszüge aus Lynckers Tagebuch während der Monate Juli bis November 1914 sowie durch eine Auswahl seiner allgemeinen Korrespondenz aus den Jahren von 1918 bis 1929 ergänzt. Zum anderen hat er das Tagebuch des Generalobersten Hans Georg von Plessen, des Kommandanten des kaiserlichen Hauptquartiers, aus dem Zeitraum zwischen Juli 1914 und November 1918 ediert, das zusammen mit ausgewählten Stücken des Plessenschen Briefwechsels, beispielsweise mit Wilhelm II., Hindenburg und dem jüngeren Moltke, unterbreitet wird.

Die Tagebücher von Plessen und Lyncker

Die Bedeutung der von Lyncker und Plessen überlieferten Tagebücher und Briefe ist, was ihren historischen Gehalt angeht, durchaus mit der Edition zu vergleichen, die WALTER GÖRLITZ 1959 aus den Kriegstagebüchern, Aufzeichnungen und Briefen des Chefs des kaiserlichen Marinekabinetts, des Admirals Georg Alexander von Müller [vgl. unten III. A., 25, 26], zusammengestellt und herausgegeben hat. Bereits seit dem Jahr 1931 steht uns zudem mit der Edition von BERNHARD SCHWERTFEGER das einschlägige Material aus der Feder von Rudolf von Valentini, dem Chef des kaiserlichen Zivilkabinetts, zur Verfügung [B. SCHWERTFEGER (Hrsg.), Kaiser und Kabinettschef. Nach eigenen Aufzeichnungen und dem Briefwechsel des Wirklichen Geheimen Rats Rudolf von Valentini dargestellt von B. SCHWERTFEGER, Oldenburg 1931]. Mit anderen Worten: Neben den Publikationen, die aus dem Blickwinkel der Chefs des Zivilkabinetts und des Marinekabinetts berichten, vervollständigen nunmehr die entsprechenden Quellen aus der Perspektive des Militärkabinetts und des Hauptquartiers in edierter Form unser Bild.

Bethmann Hollweg Neuedition

Nicht zuletzt im Hinblick auf die nach wie vor intensiv erörterten Ursachen des Ersten Weltkriegs [vgl. unten 144 f.] ist die im Jahr 1989 durch JOST DÜLFFER vorgelegte Neuedition der von Reichskanzler Theobald von Bethmann Hollweg 1919 bzw. 1921 (posthum von Felix von Bethmann Hollweg) veröffentlichten „Betrachtungen zum Weltkriege" [453] zu begrüßen, zumal der Neuausgabe ein „Dokumentenanhang" teilweise bereits publizierter, teilweise noch unpublizierter Stücke aus der Feder des von 1909 bis 1917 für die Geschicke des Wilhelminischen Deutschland verantwortlichen Staatsmannes beigegeben ist. Bleibt auf die von JOHANNES HÜRTER besorgte Edition „Paul von

Paul von Hintze: Dokumente

Hintze. Marineoffizier, Diplomat, Staatssekretär" hinzuweisen, die einschlägige „Dokumente einer Karriere zwischen Militär und Politik,

1903–1918" [458] unterbreitet und mit einer ebenso umfangreichen wie gehaltvollen Einleitung versehen ist. Als Paul von Hintze, um die Erheblichkeit der 1998 erschienenen Edition nur andeutungsweise zu veranschaulichen, im Juli 1918 in der Nachfolge Richard von Kühlmanns das Amt des Staatssekretärs des Auswärtigen für zweieinhalb Monate übernahm, Monate freilich, die es in sich hatten, weil der scheinbare Triumph des deutschen Kaiserreichs und seine tatsächliche Niederlage, gleitend und abrupt in einem, ineinander übergingen, da warf das russische Problem für alle Welt Fragen auf, die kaum zu beantworten waren und dennoch Entscheidungen verlangten. In der politischen und ideologischen Auseinandersetzung darüber, wie mit dem unheimlichen Bolschewismus zu verfahren sei, widerstand der Staatssekretär im innenpolitischen Streit den militärischen „Halbgöttern" der Dritten Obersten Heeresleitung. Erfolgreich bot er dem Vorhaben Hindenburgs und Ludendorffs Paroli, das bolschewistische Russland kurzerhand mit militärischen Mitteln zu zerschlagen. Vielmehr trat er dafür ein, im Sinne der von ihm so genannten Kriegsnotwendigkeiten die durch den Bolschewismus, zumindest auf absehbare Zeit, garantierte Paralyse des zerfallenden Riesenreiches im Osten Europas zu verlängern. Geradezu exemplarisch bündeln sich Tendenzen, Urteile und Positionen einer zukünftigen Politik gegenüber dem bolschewistischen Russland in den Erörterungen, Planungen und Entschlüssen dieser Wochen und Monate.

Was im Übrigen das für die Geschichte des deutschen Kaiserreichs zentrale Problem des Verhältnisses zwischen militärischer und (außen-)politischer Gewalt angeht, so hat MICHAEL EPKENHANS im Jahr 2004 unter dem Titel „Das ereignisreiche Leben eines ‚Wilhelminers'" die „Tagebücher, Briefe, Aufzeichnungen" [454] von Vizeadmiral Albert Hopman, einem der engsten Mitarbeiter von Alfred von Tirpitz, in einer vorbildlich eingeleiteten und kommentierten Ausgabe zugänglich gemacht und diesen zweifellos maßgeblichen Untersuchungszusammenhang sodann, im Jahr 2006, durch eine Edition der „Briefe von Admiral Reinhard Scheer an seine Ehefrau" [455] ergänzt, in denen der „Sieger vom Skagerrak" von August bis November 1918 den Kriegsverlauf in innen- und außenpolitischer Perspektive kommentiert hat. Aufschluss über Außenpolitik und Kriegführung, über Kriegsziele und Annexionen, nicht zuletzt im Hinblick auf die „belgische Frage", zu der ihn das Auswärtige Amt immer wieder konsultierte, bietet zudem das „Kriegstagebuch 1914–1919", das der Heidelberger Mediävist Karl Hampe regelmäßig geführt hat und das uns nunmehr in einer von FOLKER REICHERT und EIKE WOLGAST eingehend kommentierten Edition seit

Hopman-Tagebücher

Karl Hampes Kriegstagebuch

dem Jahr 2004 in publizierter und inzwischen in zweiter Auflage erschienener Form zur Verfügung steht [462].

Mit einer diplomatischen Mission, die der indirekten Kriegführung gegen England auf dem indischen Subkontinent dienen sollte und wie vergleichbare andere Insurrektionsversuche des Wilhelminischen Reiches im Ersten Weltkrieg fehlschlug, wurde im Frühjahr 1915 der kaiserliche Diplomat Werner Otto von Hentig betraut. Sein Reisebericht über die Begebenheiten dieses Unternehmens war in der Zwischenkriegszeit des zurückliegenden Jahrhunderts unter dem Titel „Meine Diplomatenfahrt ins verschlossene Land" (1918) ein Bestseller. Jetzt hat sein Sohn HANS WOLFRAM HENTIG unter dem Titel „Von Kabul nach Shanghai" eine neue Dokumentation dieser Afghanistan-Mission vorgelegt, in deren Mittelpunkt neben Zeugnissen aus privatem und amtlichem Besitz das Reisetagebuch Werner Otto von Hentigs steht [456]. Die darin niedergelegte Wahrnehmung des Fremdartigen durch den Diplomaten des Kaiserreichs führt über den außenpolitischen Befund im engeren Sinne hinaus in den erweiterten Zusammenhang dessen, was mittlerweile als „transnational" charakterisiert wird [vgl. in diesem Kontext auch den von ANDREAS STEEN „verfassten" Dokumentenband 461: Deutsch-chinesische Beziehungen 1911–1927]. Von ganz anderer Provenienz sind dagegen diejenigen Dokumente, die GÜNTHER KRONENBITTER unter dem Titel „Die Macht der Illusionen. Julikrise und Kriegsausbruch 1914 aus der Sicht des deutschen Militärattachés in Wien" [459] herausgegeben hat: Sie entstammen den Beständen des Politischen Archivs des Auswärtigen Amts und gewähren Einblick in das grundlegende Problem von „Staatskunst und Kriegshandwerk", von Politik und Strategie im Zeitraum der Vorweltkriegsjahre sowie während der Tage und Wochen nach dem Attentat von Sarajewo am 28. Juni 1914.

Zum Schluss dieses selbstverständlich nur auswählenden Überblicks über „Quellen und Materialien", die für die Geschichte der deutschen Außenpolitik im Zeitraum von 1871 bis 1918 relevant sind, sei auf drei inzwischen zur Verfügung stehende Hilfsmittel eingegangen, die für den in Rede stehenden Untersuchungsgegenstand heranzuziehen sind. Das ist zum einen die im Jahr 2003 von GERHARD HIRSCHFELD, GERD KRUMEICH und IRINA RENZ vorgelegte „Enzyklopädie Erster Weltkrieg" [457], die für unser Thema von allgemeiner Bedeutung ist; ebendies gilt zum anderen für die von STÉPHANE AUDOIN-ROUZEAU und JEAN-JACQUES BECKER betreute „Encyclopédie de la Grande Guerre 1914–1918. Histoire et culture" [450]. Und schließlich ist auf die beiden ersten Bände des von MARIA KEIPERT und PETER GRUPP im Auftrag des

Auswärtigen Amts herausgegebenen „Biographische[n] Handbuch[s] des deutschen Auswärtigen Dienstes 1871–1945" [451] mit Nachdruck hinzuweisen: Schon jetzt ist es für jeden nützlich, der sich nicht zuletzt in monographischer Form, sei es in speziellen Untersuchungen, sei es im Zuge einer Gesamtdarstellung, der Geschichte der deutschen Außenpolitik zwischen 1871 und 1918 zu widmen gedenkt.

3. Gesamtdarstellungen

Gesamtdarstellungen zur Geschichte der deutschen Außenpolitik im Zeitraum zwischen der Reichsgründung und dem Ersten Weltkrieg zählen zu den Raritäten der Historiographie. Im Prinzip ist, nimmt man es mit der Bestimmung des Genus ganz genau, nur auf ein Werk hinzuweisen, nämlich auf WOLFGANG J. MOMMSENs 1993 erschienene Darstellung „Großmachtstellung und Weltpolitik. Die Außenpolitik des Deutschen Reiches. 1870 bis 1914" [473; und selbst diese „Studienausgabe" präsentiert lediglich die außenpolitischen Kapitel der Bände 7/1 [474] und 7/2 [475] der von diesem Autor verfassten „Propyläen Geschichte Deutschlands" im Kaiserreich]: Auf etwa 360 Seiten bietet der stattliche Band eine Summe der einschlägigen Ereignisse und Entwicklungen, der maßgeblichen Tatsachen und Zusammenhänge in einer vor allem die Wilhelminische Außenpolitik, ohne freilich der Versuchung zu einer deterministischen Sicht der Dinge zu erliegen, kritisch betrachtenden Perspektive.

„Großmachtstellung und Weltpolitik" von Wolfgang J. Mommsen

In gleichfalls umfassender Art und Weise hat KLAUS HILDEBRAND im Rahmen seiner erstmals 1995 vorgelegten Darstellung „Das vergangene Reich. Deutsche Außenpolitik von Bismarck bis Hitler 1871–1945" [470] die Jahrzehnte zwischen 1871 und 1918 auf gut 370 Seiten abgehandelt. „Im Zeichen der Saturiertheit: Die Ära Bismarck 1871–1890" und „Im Banne des Prestiges: Das wilhelminische Reich 1890–1918" sind die beiden hier zur Debatte stehenden Teile betitelt, welche den Zäsurcharakter des Jahres 1890 für die europäische Geschichte akzentuieren. Vom Primat der zwischenstaatlichen Beziehungen ausgehend, wird die Entwicklung der deutschen Außenpolitik im anstehenden Zeitraum rekonstruiert; werden Tatsachenbericht und Problemanalyse miteinander verbunden; wird die Spannung zwischen internationalen und gesellschaftlichen Verhältnissen, zwischen geopolitischer Strategie und politischem Massenmarkt, zwischen äußeren und inneren Faktoren analysiert [Vgl. dazu auch: 468; 469; 471]. In einem 13 Seiten umfassenden, vom Charakter des Handbuchs geprägten Abriss hat VOLKER BERGHAHN im neuen, 2003 publizierten „Gebhardt" „Die Au-

„Das vergangene Reich" von Klaus Hildebrand

ßenpolitik des Kaiserreichs" [465] kursorisch skizziert, während eine im gleichen Jahr unter dem Titel „Im Zeichen der Gewalt" erschienene Aufsatzsammlung von JOST DÜLFFER, auf die Frage nach „Frieden und Krieg im 19. und 20. Jahrhundert" konzentriert, eine Reihe von problemorientierten Abhandlungen über ausgewählte Fragen zur Geschichte der äußeren Politik des deutschen Kaiserreichs unterbreitet [466].

Schließlich ist nicht zu übersehen, dass die Außenpolitik ihren integralen, also nicht eigens hervorgehobenen Platz auch in zwei großen Gesamtdarstellungen zur deutschen Geschichte zwischen 1871 und 1918 findet: Im zweiten, 1992 publizierten Band seiner Trilogie „Deutsche Geschichte 1866–1918" handelt THOMAS NIPPERDEY [476] den hier interessierenden Untersuchungsgegenstand ab. Weil er ungeachtet des fatalen Endes des Bismarckreiches auch in Bezug auf seine Darstellung der Außenpolitik durchgehend darum bemüht ist, der Geschichte die Offenheit ihrer zeitgenössisch ungewissen Zukunft zurückzugeben, gelangt er, was beispielsweise die Klimax der Julikrise 1914 angeht, schließlich zu dem Urteil: „Was die Deutschen in den Krieg führte, waren die weltpolitische Lage und ihre darauf bezogenen Ambitionen. Es war nicht – wie zum guten Teil in Russland – die innere Lage. Es gab keine ‚Flucht in den Krieg'" [EBD., 696]. Ganz anders lautet dagegen die entschiedene Einschätzung, die HANS-ULRICH WEHLER im 1995 veröffentlichten „Dritte[n] Band" seiner „Deutsche[n] Gesellschaftsgeschichte" [479] präsentiert. Unter der Überschrift „Die Julikrise 1914: Die Flucht nach vorn" resümiert er seine von der Annahme einer innenpolitischen Determiniertheit der äußeren Politik getragene Darstellung im Hinblick auf die Entscheidungslage im Sommer 1914 so: „Im Kern entsprang diese Kriegsbereitschaft der von Grund auf verfehlten Strategie eines exzessiv übersteigerten Sozialimperialismus, der durch die erwarteten Kriegserfolge die Legitimationsbasis der politischen Ordnung und des gesellschaftlichen Systems so überwältigend stärken wollte, daß das großpreußische Reich dem Zwang zu modernisierenden Reformen weiter ausweichen konnte. In der maßlosen Kriegszielpolitik der folgenden vier Jahre und in der innenpolitischen Blockadehaltung der Machteliten und ihrer Kohorten lebte diese Grundintention weiter fort" [EBD., 1168].

In seiner 1997 publizierten Monographie „Aufstieg und Untergang des deutschen Kaiserreichs 1871–1918" schenkt VOLKER ULLRICH der äußeren Politik ebenso viel kenntnisreiche Aufmerksamkeit wie den inneren Verhältnissen [478]. Im Sinne seiner bevorzugt auf die vorwaltenden Mentalitäten der „nervösen Großmacht" abhebenden, Analyse und Erzählung glücklich miteinander verbindenden Darstellung erscheint ihm das „Neben- und Ineinander des scheinbar Unvereinbaren" [EBD., 14], eine Mischung aus „Bedrohungsangst und Aggressionslust" [EBD., 263] als „Grundgefühl" der Regierenden und Regierten des Kaiserreichs von Beginn an und für die Wilhelminische Epoche zunehmend stark bestimmend gewesen zu sein.

Dass die Außenpolitik der Ära Bismarck und des Wilhelminischen Zeitalters in allgemeinen Darstellungen bzw. Abhandlungen zur Geschichte der Staatenwelt im 19. und 20. Jahrhundert, durch die Sache geboten, von zentralem Interesse ist, liegt auf der Hand. In diesem Sinne findet der Untersuchungsgegenstand beispielsweise in NORMAN RICHS 1992 veröffentlichter Synthese „Great Power Diplomacy 1814–1914" [477] eine ebenso maßgebliche Beachtung wie KLAUS HILDEBRAND in seinem 1989 vorgelegten Aufsatz „Europäisches Zentrum, überseeische Peripherie und Neue Welt", der „den Wandel des Staatensystems zwischen dem Berliner Kongreß (1878) und dem Pariser Frieden (1919/20)" [467] untersucht, den deutschen Faktor im Zusammenhang mit den sich globalisierenden Verhältnissen der zwischenstaatlichen Beziehungen angemessen berücksichtigt.

Bleibt abschließend noch der Hinweis auf die Tatsache, dass umfassende Untersuchungen zu speziellen Gegenständen, die den Zeitraum der Ära Bismarck und des Wilhelminischen Reiches umfassen, zuweilen auch allgemeine Einsichten in die Geschichte der äußeren Politik des Kaiserreichs zwischen 1871 und 1918 vermitteln: Das gilt beispielsweise für zwei der deutschen Russlandpolitik gewidmete Darstellungen, die beide einen eher resümierenden Charakter tragen. Dabei handelt es sich zum einen um CHRISTIAN BAECHLERS Monographie „L'Aigle et l'Ours. La politique russe de l'Allemagne de Bismarck à Hitler (1871–1945)" [464], die dem Untersuchungsgegenstand während der Jahrzehnte des Kaiserreichs gebührenden Raum schenkt, und zum anderen um die Habilitationsschrift von STEFAN KESTLER, dessen „Betrachtungen zur kaiserlich deutschen Rußlandpolitik" deren „Bedeutung für die Herausbildung des deutsch-russischen Antagonismus zwischen Reichsgründung und Ausbruch des Ersten Weltkrieges (1871–1914)" [472] zu bestimmen versucht. *Das Deutsche Reich und Russland*

Mit Hilfe des Interpretaments: „Herausforderung der Globalisierung" analysiert dagegen CORNELIUS TORP das Verhältnis von „Wirtschaft und Politik in Deutschland 1860–1914" [447], bietet in diesem Zusammenhang eine problemorientierte Geschichte der Außenhandels- und Außenwirtschaftspolitik des kaiserlichen Deutschland und verweist, nicht zuletzt durch seine Untersuchung der deutschen Handels- *Deutsche Außenwirtschaftspolitik*

politik gegenüber Russland und den Vereinigten Staaten von Amerika in den Jahren zwischen 1900 und 1914, auf eine – was jedenfalls die Starken der Weltgeschichte angeht – politische Multivalenz ökonomischer Sachverhalte, also auf die Vereinbarkeit von wirtschaftlicher Globalisierung mit freihändlerischer oder protektionistischer Außen-(wirtschafts)politik.

Damit haben wir im Zuge unserer Betrachtungen über die Entwicklung der Forschung bereits den Weg vom Allgemeinen zum Speziellen eingeschlagen, so dass wir uns nunmehr den seit 1989 neu vorgelegten Erträgen zur Geschichte der deutschen Außenpolitik während der Ära Bismarck zuwenden können.

4. Zur Ära Bismarck

„Bismarcks Außenpolitik" von Konrad Canis

Die führende Darstellung über „Bismarcks Außenpolitik" zwischen Reichsgründung und Entlassungskrise hat im Jahr 2004 KONRAD CANIS [481] vorgelegt, „who has worked more closely with the sources than anyone else" [LOTHAR HÖBELT, in: IHR 27 (2005) 626]. Drei Leitmotive durchziehen dieses alle entscheidenden Entwicklungen und Probleme berücksichtigende Werk des seit vielen Jahrzehnten mit der Materie intensiv vertrauten Autors [vgl. beispielsweise oben (II.D, 2) 92 und 95 f.]: Durchgehend betont CANIS, dass der außenpolitische Druck auf das Deutsche Reich in der Mitte Europas viel stärker war als gemeinhin angenommen wird. Demgemäß habe der Reichskanzler sein außenpolitisches Bemühen weniger auf die Erhaltung des Friedens, sondern vielmehr auf die Bewahrung der Sicherheit gerichtet. Daher habe er auch zu keiner Zeit den Krieg als Mittel seiner Politik ganz ausgeschlossen [vgl. dazu die grundsätzlichen Betrachtungen von JOST DÜLFFER, Bismarck und das Problem des europäischen Friedens, in: HARM KLUETING (Hrsg.), Nation, Nationalismus, Postnation. Beiträge zur Identifikationsfindung der Deutschen im 19. und 20. Jahrhundert, Köln u. a. 1992, 47–57].

„Internationale Beziehungen 1830–1878" von Winfried Baumgart

Die Anfangsjahre der bismarckschen Außenpolitik bis zum Berliner Kongress vom Jahre 1878 finden eine in die Geschichte der europäischen Staatenwelt außerordentlich sachkundig eingebettete Berücksichtigung in WINFRIED BAUMGARTs magistraler Monographie über die Geschichte der „Internationale[n] Beziehungen 1830 bis 1878" [480]. Zudem wird die äußere Politik des Reichskanzlers insgesamt mit großer Kenntnis aller Details und Zusammenhänge im zweiten, 1998 erschienenen Band der deutschsprachigen Ausgabe von OTTO PFLANZES großer Bismarck-Biographie abgehandelt [504 und 505]. In systematischer Perspektive betrachten zwei Aufsätze aus der Feder von KLAUS

HILDEBRAND die „Chancen und Grenzen deutscher Außenpolitik im Zeitalter Bismarcks" [487] sowie die „Saturierte Kontinentalpolitik" [490] des Kanzlers, die unter dem „Primat der Sicherheit" das „System der Aushilfen" Otto von Bismarcks ebenso würdigend wie kritisch beurteilen.

Vor dem Hintergrund der voranschreitenden Forschungsentwicklung kommt es, gerade auch im Hinblick auf die äußere Politik Otto von Bismarcks, immer wieder zu grundsätzlichen Einschätzungen über die Motive und Ziele seines Handelns [vgl. dazu auch H. FENSKE, Otto von Bismarck. Leitlinien und Ziele seiner Politik, in: Forschungen zur Brandenburgischen und Preußischen Geschichte. Neue Folge 10 (2000) 85–119 und 157–195]: In diesem Sinne hat ULRICH KÜHN [497] vor einigen Jahren den alles in allem allerdings nicht überzeugenden Versuch [vgl. beispielsweise die eher kritische Beurteilung durch ULRICH LAPPENKÜPER, in: NPL 49 (2004), 169] unternommen, im Gegensatz zu der vor allem von LOTHAR GALL vertretenen These, Bismarck als „Wortführer einer aus allen Bindungen gelösten, rein machtstaatlich orientierten Staatsräson" [497: 69] einzuschätzen, den Reichskanzler als einen „christliche[n] Politiker, der die göttliche Vorsehung betonte" [EBD., 279], zu verstehen. Und in einer zu weiteren Überlegungen und Untersuchungen anregenden Kontroverse haben PETER KRÜGER und EBERHARD KOLB [496] im Hinblick auf Bismarcks außenpolitische Gedankenbildung und sein Handeln während der beiden Dekaden der Reichskanzlerschaft die zentrale Frage erörtert, inwieweit nach der Zäsur des Jahres 1871 von einer Stabilisierung oder Konsolidierung der Staatenwelt gesprochen werden kann. PETER KRÜGER hat seine Sicht der Dinge thesenhaft zugespitzt und spricht von „eine[r] Zeit der Stabilisierungen ohne Konsolidierung" [EBD., 175], während EBERHARD KOLB kritisch fragt: „Worin hätte – unter den Bedingungen dieser Jahrzehnte – eine ‚Konsolidierung' bestehen können oder müssen?" [EBD., 190]. Ja, er gibt darüber hinaus zu bedenken, „ob das internationale System nicht überfordert wird, wenn man seine Qualität mit der Elle dauerhafter Konsolidierung mißt" [EBD., 194].

Während die Ursachen und Anlässe des deutsch-französischen Krieges vom Jahr 1870/71 schon seit geraumer Zeit intensiv und kontrovers diskutiert werden [vgl. dazu die neue Darstellung von DAVID WETZEL, Duell der Giganten. Bismarck, Napoleon III. und die Ursachen des Deutsch-Französischen Krieges 1870–1871, Paderborn u. a. 2005 (amerik. Ausg. 2001)], hat das Problem der Kriegsbeendigung viel weniger Beachtung gefunden: Erst 1989 hat EBERHARD KOLB in einer meisterhaften Untersuchung den „Weg aus dem Krieg" und Bis-

Randnotizen:
„Chancen und Grenzen deutscher Außenpolitik im Zeitalter Bismarcks"

Bismarcks Motive

Stabilisierung oder Konsolidierung der Staatenwelt

1871: „Der Weg aus dem Krieg" von Eberhard Kolb

marcks Politik der „Friedensanbahnung 1870/71" rekonstruiert [493]. Die Schlussfolgerung, die der spätere Reichskanzler aus seinen „beim Prozeß der Kriegsbeendigung und des Friedensschließens 1870/71" [EBD., 364] gewonnenen Erfahrungen zog, aber umschreibt KOLB, die Friedenspolitik des Reichsgründers stärker betonend als andere, mit den Worten, dass nach Bismarcks Überzeugung „nationale Kriege in Europa schon deshalb um nahezu jeden Preis vermieden werden müßten, weil sie nicht mehr in rational kalkulierbarer Weise beendet werden könnten" [EBD.]. Wie sodann die europäische Staatenwelt auf die deutsche Reichsgründung reagiert hat, wird in einem 1995 von KLAUS HILDEBRAND herausgegebenen Sammelband [488; vgl. auch DERS./EBERHARD KOLB (Hrsg.), Otto von Bismarck im Spiegel Europas, Paderborn 2006] reflektiert.

Die von Beginn seiner Kanzlerschaft an unternommenen Versuche Otto von Bismarcks, angesichts einer bedrohten oder so empfundenen Lage des jungen Reiches seiner Schöpfung zur erforderlichen Sicherheit und Dauerhaftigkeit zu verhelfen, gipfelte zum ersten Mal in der viel umrätselten „Mission Radowitz" vom Winter 1875 auf: In seiner 1990 veröffentlichten Dissertation [498; vgl. auch oben (II.E, 1) 103] hat ULRICH LAPPENKÜPER die darin aufgehobenen Probleme der „Rußlandpolitik Otto von Bismarcks (1871–1875)" unter Heranziehung der verfügbaren Archivalien so weit geklärt, wie das möglich ist. Nach seinem Befund erschöpfte sich der dem Gesandten von Radowitz erteilte Auftrag, mit dem dieser Anfang Februar 1875 als interimistischer Geschäftsträger nach St. Petersburg geschickt wurde, eben nicht darin, das gestörte Einvernehmen zwischen dem Deutschen Reich und dem Zarenreich wiederherzustellen. Vielmehr erscheint es dem Autor „unzweifelhaft" [EBD., 563], dass Bismarck den Russen ein weit darüber hinausgehendes Angebot unterbreiten ließ: „freie Hand" für das Zarenreich in der orientalischen Frage zu Lasten österreichischer Balkanambitionen und als Gegenleistung ein russisches Stillhalten bei einer deutschen Pressionspolitik gegenüber Frankreich. Gescheitert aber sei die „Mission Radowitz", weil die russische Führung zu diesem Zeitpunkt auf die in Aussicht gestellte deutsche Hilfe glaubte verzichten zu können [vgl. zum Untersuchungsgegenstand auch den stärker auf den die Gewichte zwischen Österreich-Ungarn und Russland ausbalancierenden Charakter dieser außenpolitischen Aktion abstellenden Aufsatz von JAMES STONE, The Radowitz Mission: A Study in Bismarckian Foreign Policy, in: MGM 51 (1992) 47–71].

Die sich an die fehlgeschlagene „Mission Radowitz" unmittelbar anschließende „Krieg-in-Sicht"-Krise vom Frühjahr 1875 hat ihre bis

F.4. Zur Ära Bismarck

dato gültige Beurteilung durch ANDREAS HILLGRUBERs Betrachtungen über diese so genannte „Wegscheide der europäischen Politik der europäischen Großmächte" [Die „Krieg-in-Sicht"-Krise – Wegscheide der Politik der europäischen Großmächte in der späten Bismarckzeit, in: ERNST SCHULIN (Hrsg.), Gedenkschrift Martin Göhring, Wiesbaden 1968, 239–253] gefunden. Erst unter dem Eindruck des für ihn nachteiligen Ausgangs der „Alerte" habe der Reichskanzler, anders als in den ersten Jahren nach 1871, einseitig auf die Wahrung des Erreichten gesetzt und unter Absehung von den nicht mehr praktikablen Wahlchancen des Präventivkriegs und der Konvenienzpolitik zu Lasten anderer Staaten ganz und gar auf die Diplomatie des Gleichgewichts vertraut. Inzwischen hat EBERHARD KOLB diese ihm allzu schematisch vorkommende Interpretation in Zweifel gezogen und daher angeregt, ANDREAS HILLGRUBERs Beurteilung der Krise von 1875 anhand der infragekommenden Archivalien grundlegend zu überprüfen [496: 193].

Otto von Bismarcks erfolgreicher Versuch, nach den Wirren des russisch-türkischen Krieges vom Jahr 1877/78 und im Gefolge des Berliner Kongresses vom Sommer 1878 eine neue Bündniskonstellation aufzubauen, nahm ihren Anfang mit dem so genannten Zweibund, der im Jahr 1879 zwischen dem Deutschen Reich und Österreich-Ungarn geschlossen wurde: Alle maßgeblichen Aspekte seiner Entstehung, Existenz und Entwicklung, die internationalen und die bilateralen, die außenpolitischen und die innenpolitischen, sind im Zuge eines „Historikergesprächs" im Jahr 1994 in Wien eingehend erörtert worden. Die ertragreichen Ergebnisse dieses Kolloquiums wurden zwei Jahre darauf von HELMUT RUMPLER und JAN PAUL NIEDERKORN publiziert [506] und dürfen für den gegenwärtigen Stand unserer Kenntnis als maßgeblich gelten [vgl. zum Untersuchungsgegenstand auch RAINER F. SCHMIDT, Die gescheiterte Allianz: Österreich-Ungarn, England und das Deutsche Reich in der Ära Andrássy (1867 bis 1878/79) Frankfurt a.M. u.a. 1992; DERS., Graf Julius Andrássy. Vom Revolutionär zum Außenminister, Göttingen/Zürich 1995; sowie JÜRGEN ANGELOW, Bismarck und der Zweibund 1879–90, Friedrichsruh 1998]. Dass der Reichskanzler über die gelungene Absicht, durch die Allianz mit der Donaumonarchie das Zarenreich zum „Kommen" zu bewegen und in den schließlich 1881 geschlossenen Dreikaiservertrag zu manövrieren, weit hinaus eine vom österreichischen Außenminister, dem Grafen Andrássy, abgelehnte, eng gestaltete Zweierunion der Staaten zu bilden erwogen hat, ist bekannt: Die These von BASCOM BARRY HAYES [486] aber, Bismarck habe „Mitteleuropa" zu formen als zentrale Aufgabe seiner äußeren Politik angesehen, dessen „aim was ‚a super Bundesstaat or Drei-

Der Zweibund 1879: Neue Ergebnisse

bund' consisting of three entities, the Prusso-German Reich, Austria and Hungary" [EBD., 358], erscheint dagegen verfehlt. Otto von Bismarck war wohl kaum, wie HAYES annimmt, „a multiethnic system builder" [EBD., 54].

<small>Bismarcks Kolonialpolitik 1884/85: Revision und These</small>

Immer wieder hat die Frage nach den Motiven der Bismarckschen Kolonialpolitik während der Jahre 1884/85 das Interesse der Historiker gefunden: 1993 hat AXEL RIEHL in einer mächtigen Darstellung [503] das Problem erneut in umfassender Art und Weise behandelt. Zum einen wird die so genannte „Sozialimperialismus-Theorie", die dem Reichskanzler unterstellt, er habe sich im Banne eines Primats der inneren Politik aus gesellschaftlichen, systemstabilisierenden Gründen heraus auf das kolonialpolitische Feld begeben, überzeugend widerlegt [vgl. auch oben (II.D, 1. u. 2), 87f., 91ff.]. Zum anderen unterbreitet RIEHL als Erklärung des schwierigen Sachverhalts seinerseits die so genannte „Kronprinzen-These". Danach sei es Bismarck ganz im Sinne innenpolitischer, persönlicher Ziele darum gegangen, noch zu Lebzeiten des alten Kaisers Wilhelm I. „mit einer komplexen prophylaktischen ... Verhütungsstrategie" [EBD., 498], die „innen- und außenpolitische Präventivstrategien gegen ein künftiges liberales Regiment miteinander verzahnte" [EBD., 699], dem Nachfolger des seinem Ende nahen „Kaisergreises" (ALEXANDER GRAF KEYSERLING) die Unmöglichkeit der Einrichtung eines liberalen „Kabinetts Gladstone" im Deutschen Reich vor Augen zu führen.

Bedenken gegen diesen Interpretationsvorschlag erheben sich jedoch gleichfalls umgehend: Wenn Otto von Bismarck die antienglische Kolonialpolitik als Mittel der Domestizierung des Kronprinzenpaares eingeschätzt hat, wie konnte er sie dann ein für allemal und mit Entschiedenheit ad acta legen, nachdem es im Sommer 1885 zu einer doch nach wie vor nur höchst fragilen Ausgleichung der Gegensätze zwischen dem Kronprinzenpaar und der „Dynastie Bismarck" gekommen war? Hält man sich nämlich die Zwistigkeiten und Gegensätze, die Spannungen und Hassgefühle vor Augen, welche das Verhältnis zwischen Kanzler und Kronprinzenpaar auch nach dem Sommer 1885 immer wieder belasteten, dann hätte sich der Kanzler, wäre sein Denken und Handeln tatsächlich durch jene „Kronprinzen-These" disponiert gewesen, die antienglische Kolonialpolitik auf jeden Fall weiterhin als Pressionsmittel sichern müssen, was er jedoch nicht getan hat. Das heißt aber: Andere Motive des vielschichtigen Zusammenhangs sind wohl maßgeblicher gewesen, als RIEHL einzuräumen geneigt ist. In dieser Perspektive hat ARNE PERRAS in einer „politischen Biographie" über Carl Peters im Jahre 2004 [502] dafür plädiert, den im Deutschen Reich aufkeimenden Nationalismus als für Bismarcks Entscheidung verantwortlich anzusehen. Doch angesichts der Tatsache, dass der Eiserne Kanzler sich in anderen Fragen der nationalistischen Woge bis zu seiner Entlassung im Jahre 1890 immer wieder erfolgreich entgegenzustemmen gewusst hat, vermag auch diese Erklärung nicht recht zu überzeugen: Bismarcks Beweggründe für seine Kolonialpolitik liegen alles in allem eher, wie LOTHAR GALL es plausibel gemacht hat, im außen- als im innenpolitischen Feld. Der Reichskanzler suchte, wenn auch vergeblich, eben über das Mittel der Kolonialpolitik den Ausgleich mit Frankreich zu Lasten von England [vgl. oben (II.D, 2) 92 f.].

Weit über die kolonialpolitische Episode hinausgehend hat ULRICH LAPPENKÜPER in einer die Lebenszeit Otto von Bismarcks zwischen 1815 und 1898 umfassenden Abhandlung unter dem Titel „Bismarck und Frankreich" im Jahr 2006 die „Chancen und Grenzen einer schwierigen Beziehung" [499] dargestellt und dabei das „Fundamentalproblem" [EBD., 34] der Frankreichpolitik Otto von Bismarcks so akzentuiert: „Das Deutsche Reich hatte durch die Annexion Elsass-Lothringens das beiderseitige Verhältnis dauerhaft belastet, wenn nicht vergiftet. Daraus den Schluss abzuleiten, die Gebietsabtrennung in Teilen oder ganz zu korrigieren, kam ihm aber selbst dann nicht in den Sinn, als die Gefahr des Zweifrontenkrieges konkrete Gestalt annahm" [EBD., 34].

Bismarck und Frankreich

Während HERBERT ELZER in seiner großen, 1991 vorgelegten Darstellung über „Bismarcks Bündnispolitik von 1887" [482] „Erfolg und Grenzen einer europäischen Friedensordnung" erörtert und dafür eintritt, im Zuge einer Bewertung der großen Doppelkrise während der Jahre von 1885/87 ungeachtet der Bedeutung der russischen Bedrohung diejenige durch Frankreich nicht zu unterschätzen, bewegt sich die Tendenz der Forschung zunehmend dahin, Russland als den entscheidenden Partner und Gegner in der Außenpolitik Otto von Bismarcks einzuschätzen: Das gilt für die einschlägigen Teile der 1990 publizierten Darstellung „Otto von Bismarck und Rußland" aus der Feder von SIGRID WEGNER-KORFES [513] ebenso wie für KLAUS HILDEBRANDS Abhandlung aus dem Jahr 2003 „Bismarck und Rußland" [491]. Eben in dieser Hinsicht hat vor einigen Jahren RAINER F. SCHMIDT „Die ‚Doktorfrage' aus Livadia vom Herbst 1876" anhand der Akten in den Archiven von Berlin, Friedrichsruh, London, Liverpool und Wien aufs neue in sorgfältiger Art und Weise analysiert [509]: Die berühmte Anfrage der Russen vom 1. Oktober 1876, wie sich das Deutsche Reich bei einem Krieg zwischen Russland und Österreich-Ungarn verhalten werde, hat Otto von Bismarck offensichtlich zu nutzen versucht, um

„Bismarcks Bündnispolitik von 1887" von Herbert Elzer

Bismarck und Russland

mit Rußland einen Garantie- und Bündnisvertrag abzuschließen. Der Reichskanzler war demzufolge willens, „im Gegenzug für die Bereitschaft der Russen, die französische Karte durch ein Garantieversprechen für die Kriegsbeute von 1870/71 aus dem Spiel zu nehmen, die Interessen der Habsburger Monarchie hintanzustellen und den Russen freie Hand auf dem Balkan zu gewähren. Der Versuch des Kanzlers, das russische Bestreben, sich die Rückendeckung des Deutschen Reiches für einen Waffengang gegen die Türkei zu besorgen, dahingehend zu nutzen, in entsprechende Verhandlungen über eine Interessensphärenteilung auf dem Kontinent einsteigen zu können, scheiterte jedoch an der elastischen, auf mehreren Ebenen operierenden Politik Gortschakows, der sich nicht bereit zeigte, die Brücken nach Paris abzubrechen" [EBD., 385; vgl. dazu auch KONRAD CANIS/KLAUS HELLER/ULRICH LAPPENKÜPER, Bismarck und der Osten, Friedrichsruh 2001].

Bismarck und Großbritannien

Die äußere Politik Otto von Bismarcks gegenüber Großbritannien, der anderen – tatsächlich führenden – Weltmacht des 19. Jahrhunderts, hat gleichfalls immer wieder die Aufmerksamkeit der Geschichtswissenschaft gefunden: In einer die persönlichen und allgemeinen Verhältnisse vorbildlich miteinander verbindenden Biographie über Lothar Bucher [511], einen der engsten Mitarbeiter Otto von Bismarcks, der als ausgewiesener Englandexperte gelten durfte, hat CHRISTOPH STUDT im Hinblick auf die immer wieder erörterten „Bündnisfühler nach England" über eine „angebliche Mission Lothar Buchers nach London im Dezember 1875" [EBD., 270–282], wenn diese denn überhaupt stattgefunden haben sollte, festgestellt: „Für die englische Historiographie hat daher die ‚Mission Bucher' nie eine Rolle gespielt und auch die deutsche verbannte die Gegebenheit zunehmend, wenn sie überhaupt noch genannt wurde, in die Fußnoten, da am Ende tatsächlich nichts wirklich Greifbares übrigbleibt. Insofern wäre es nicht angemessen, die ‚Mission Bucher' als eine zweite ‚Mission Radowitz', diesmal sozusagen nach der anderen Seite hin, zu bezeichnen. Sie bleibt so lange eine bloße Mutmaßung, bis nicht beweiskräftige neue Quellen erschlossen werden. Derartige Belege konnten jedoch bisher nicht beigebracht werden" [EBD., 282].

„Lothar Bucher" von Christoph Studt

Aus einer feinsinnigen Studie über die Tätigkeit Odo Russells als britischer Botschafter in Berlin während der Jahre von 1871 bis 1884, die KARINA URBACH 1999 unter dem Titel „Bismarck's Favourite Englishman" [512] publiziert hat, lassen sich aufschlußreiche Einsichten über Otto von Bismarcks Außen- und Englandpolitik ebenso erschließen wie aus KLAUS HILDEBRANDs Darstellung „No Intervention. Die Pax Britannica und Preußen 1865/66–1869/70" [489]. Das immer wieder diskutierte Problem der britischen Option hat, was die Jahre von 1879 bis 1890 angeht, JÖRG FEMERS, nicht zuletzt auch im Hinblick auf Otto von Bismarcks englische (Bündnis-)Sondierungen vom Herbst 1879 und vom Januar 1889, eingehend untersucht [483]: Im Vergleich mit der russischen Wahlchance, so lautet sein Befund, hatte die britische Option lediglich nachgeordnete, ja funktionale Bedeutung. Ebendieses Resultat unterstreicht auch im Hinblick auf die sondierende Außenpolitik des Kanzlers im Januar und Februar 1877 YOSUKE IIDA, der in einer ebenso quellengesättigten wie durchdachten Abhandlung „Die Krise des Zweifrontenkrieges und Bismarcks Sondierung nach Großbritannien (Januar–Februar 1877)" [492] zu dem Ergebnis gelangt: „Great Britain seemed to have a high regard for Bismarck as a useful means for checking Russia" [EBD., 9]. Englische Bündnissondierungen?

Mit seiner 1991 publizierten Untersuchung „Le Bâton égyptien' – Der ägyptische Knüppel. Die Rolle der ‚ägyptischen Frage" in der deutschen Außenpolitik von 1875/6 bis zur ‚Entente Cordiale'" [495] führt MARTIN KRÖGER, was die Bismarck-Zeit angeht, auf das weite und problembeladene Feld der orientalischen Frage: In einer seiner England- und Frankreichpolitik dienenden Funktion benutzte der Reichskanzler, ohne damit primäre Interessen zu verbinden, den „ägyptischen Knüppel". Die funktionale Rolle der Bismarckschen Orientpolitik hat in umfassender Art und Weise FRIEDRICH SCHERER in seiner 2001 vorgelegten Darstellung „Adler und Halbmond" für das Jahrzehnt von 1878 bis 1890 [507] rekonstruiert und in diesem Zusammenhang gezeigt, dass die orientalischen Belange ganz gegen den ursprünglichen Willen des Reichskanzlers über ihre instrumentelle Rolle hinaus, vor allem in wirtschaftlicher Hinsicht, mehr und mehr eigenständige Bedeutung erlangten. Bismarck und der Orient

Weil Otto von Bismarcks europäisches „System" auch die weniger mächtigen und die vom kontinentalen Zentrum entfernter gelegenen Mitglieder der Staatenwelt umfasste, ist es nur einleuchtend, dass auch diese Faktoren Beachtung finden: Unter dem Titel „Alliierter oder Vasall?" hat JOACHIM SCHOLTYSECK die Beziehungen zwischen „Italien und Deutschland in der Zeit des Kulturkampfes und der ‚Krieg-in-Sicht'-Krise 1875" [510] in den Blick genommen und die unaufhebbare Verbindung außen- und innenpolitischer Motive in der Strategie des Reichskanzlers, konkreter: die Funktionalisierung antikatholischer Kulturkampfpositionen zur Frontbildung gegen Frankreich betont. NILS HAVEMANN hat in seiner Darstellung „Spanien im Kalkül der deutschen Außenpolitik von den letzten Jahren der Ära Bismarck bis zum Beginn der Wilhelminischen Weltpolitik (1883–1899)" [485] demonstriert, Italien – „Alliierter oder Vasall" von Joachim Scholtyseck

Der spanische Faktor

dass die äußere Politik des Reichskanzlers in den Jahren zwischen 1883 und 1890 gegenüber der ungefestigten Monarchie auf der iberischen Halbinsel nicht vom Prinzip monarchischer Solidarität bestimmt war. Vielmehr wurde beispielsweise die Aufnahme Spaniens in den Dreibund aus außenpolitischen Motiven abgelehnt, also aus Gründen der Staatsräson. Dass selbst die neutrale Schweiz nach der Begründung des Deutschen Reiches in den Sog der neuen Großmacht geriet, ja zeit- und teilweise sogar einer „reichsdeutschen Versuchung" ausgesetzt war, hat MAX MITTLER in seiner 2003 veröffentlichten Darstellung „Der Weg zum Ersten Weltkrieg: Wie neutral war die Schweiz? Kleinstaat und europäischer Imperialismus" [500] betont und den sich bereits in der Ära Bismarck abzeichnenden Weg der Schweiz von einem „de facto bestehenden französischen Protektorat" in die „ebenso gefährliche Dominanz des neuen Deutschen Kaiserreichs" [EBD., 9] nachgezeichnet.

Bismarck und die Schweiz

Das Innenleben des Auswärtigen Amts während der Bismarck-Zeit, das operative Instrument der äußeren Politik des Reichskanzlers also, hat, was vor allem Organisation und Personal der Traditionsbehörde betrifft, KARL-ALEXANDER HAMPE in einer 1995 erschienenen sozialgeschichtlichen Untersuchung dargestellt [484], die durch DONATA MARIA KRETHLOW-BENZIGERS 2001 veröffentlichte Dissertation „Glanz und Elend der Diplomatie. Kontinuität und Wandel im Alltag des deutschen Diplomaten auf seinen Auslandsposten im Spiegel der Memoiren 1871–1914" [494] eine spezifische Ergänzung erfahren hat. Einen der von Otto von Bismarck geschätzten und geförderten Diplomaten des Kaiserreichs, den alles andere als unumstrittenen Paul von Hatzfeldt, hat VERA NIEHUS in einer „politische[n] Biographie" [501] porträtiert, die unter anderem zu erkennen gibt, dass Hatzfeldt bereits während der Ära Bismarck, gemeinsam mit Friedrich von Holstein, eine vom Kurs des alten Kanzlers abweichende Strategie zu favorisieren begann, nämlich gemeinsam mit Großbritannien und Österreich-Ungarn Front gegen Russland zu beziehen. Das für die preußisch-deutsche Geschichte so erhebliche, auch bereits für die Außenpolitik der Ära Bismarck entscheidende Verhältnis zwischen dem „‚Eiserne[n] Kanzler' und [den] Generäle[n]" hat MICHAEL SCHMID in seiner 2003 vorgelegten, umfassenden Darstellung über die „Deutsche Rüstungspolitik in der Ära Bismarck (1871–1890)" [508] systematisch untersucht und damit weit über die Bismarck-Zeit hinaus auf das für die Außenpolitik der Wilhelminischen Epoche zentrale Verhältnis zwischen „Staatskunst und Kriegshandwerk" verwiesen.

Zur Sozialgeschichte des Auswärtigen Amts im Zeitalter Bismarcks

Paul von Hatzfeldt

Bismarck und die Generäle

5. Zur Wilhelminischen Epoche

„Von Bismarck zur Weltpolitik" hat KONRAD CANIS seine 1997 erschienene Darstellung zur Geschichte der deutschen Außenpolitik im Zeitraum von 1890 bis 1902 [522] überschrieben, auf deren Fortsetzung bis zum Jahr 1914 man gespannt sein darf: Neben der sorgfältigen Berücksichtigung der Begebenheiten und Zusammenhänge des Untersuchungsgegenstandes ist als bemerkenswert einzuschätzen, dass CANIS die Zäsur des Jahres 1890 stark akzentuiert, die Nichterneuerung des Rückversicherungsvertrags als einen Fehler beurteilt und die deutschen Allianzbemühungen um Großbritannien für illusionär hält. Ungeachtet seiner alles andere als unkritischen Beurteilung der englischen Weltpolitik schätzt er, was den chronologischen Endpunkt seiner Darstellung angeht, die Chancen der Wilhelminischen Außenpolitik für eine Koalitionsbildung im Kreis der großen Staaten alles in allem doch eher skeptisch ein: „Die Weichen waren 1902 gestellt" [EBD., 396]. Neben der von CANIS vorgelegten, bislang gleichsam „halben" Gesamtdarstellung der deutschen Außenpolitik nach der Zäsur von 1890 ist zudem auf die Biographie über Wilhelm II. aus der Feder von JOHN C. G. RÖHL [579] zu verweisen, die nicht zuletzt durch ihren Reichtum an bislang unbekannten Archivalien besticht [vgl. unter den einen größeren Zeitraum der Wilhelminischen Außenpolitik betrachtenden Darstellungen auch die Monographie von IRMIN SCHNEIDER, Die deutsche Rußlandpolitik 1890–1900, Paderborn u. a. 2003].

„Von Bismarck zur Weltpolitik" von Konrad Canis

Was die vorwaltenden Tendenzen der Geschichtswissenschaft in Bezug auf den Untersuchungsgegenstand insgesamt betrifft, so zeichnen sich vor allem drei Interessenschwerpunkte ab:
1. Im Gegensatz zu der über längere Zeit dominierenden Auffassung von der Unvermeidbarkeit bzw. Wahrscheinlichkeit eines kommenden Krieges [vgl. zu dieser teleologischen Sicht der Dinge 514: H. AFFLERBACH, Das Deutsche Reich, 5, Anm. 4] hat sich der Gang der Forschung mittlerweile in eine andere Richtung bewegt. Von den Studien JOST DÜLFFERS [vgl. dazu oben (II.E, 1), 103 u. 524: Efforts; 526: Zeichen der Gewalt; sowie auch 536: M. GEYER/J. PAULMANN] ausgehend, der neben dem Topos vom unvermeidbaren Krieg auf die lange vernachlässigte Tatsache der „Vermiedenen Kriege" [527] nachdrücklich aufmerksam gemacht hat, hat eine Reihe von Historikern „Wege aus der Stringenzfalle" aufgewiesen und die Vorgeschichte des Ersten Weltkriegs geradezu als eine „Ära der Entspannung" verstanden [552: F. KIEßLING].

Der unvermeidbare Krieg und die vermiedenen Kriege

In diesem Sinne hat FRIEDRICH KIEßLING die Jahre zwischen 1911 und 1914 ungeachtet ihrer krisenhaften Erschütterungen als eine Zeit

„Gegen den ‚großen' Krieg" von Friedrich Kießling

der Détente in den internationalen Beziehungen charakterisiert [551: Gegen den „großen" Krieg]. Und eben in dieser Perspektive beurteilt HOLGER AFFLERBACH in seiner großen Darstellung „Der Dreibund" [515] diese Allianz nicht, wie lange üblich, als eine „Erwerbsgemeinschaft", sondern vielmehr als eine „Versicherungsgesellschaft" [EBD., 819] zur Friedenserhaltung: Für den Kriegsausbruch im Sommer 1914 erscheinen ihm daher keine langfristig wirkenden, gar detailliert geplanten Absichten verantwortlich gewesen zu sein, sondern vielmehr ein fehlerhaftes Krisenmanagement. Schließlich hat KLAUS WILSBERG [595], ganz im Sinne dieser neuen Entwicklung der Forschung, auf die Möglichkeiten der „Kooperation" und Verständigung in den deutsch-französischen Beziehungen zwischen der zweiten Marokkokrise vom Jahr 1911 und dem Juli 1914 aufmerksam gemacht [vgl. dazu auch 435: M. HEWITSON, Germany and France, sowie 550: G. KEIPER; in systematischer bzw. ideengeschichtlicher Hinsicht 559: TH. LINDEMANN, 296 und 537: G. DAWSON].

2. Eine andere Schwerpunktbildung der Forschung hat damit zu tun, dass im Zeichen der allgemeinen Globalisierungsdiskussion auch die Ränder der damaligen Staatenwelt erneut ins Zentrum des Interesses rücken – so wie die abhängige koloniale Welt während der sechziger und siebziger Jahre des zurückliegenden Jahrhunderts diese Beachtung bereits einmal im Zusammenhang mit der Debatte um den Begriff und das Phänomen des okzidentalen Imperialismus gefunden hat. Unter diesen Gesichtspunkten sind die Kolonialkriege des Wilhelminischen Reiches in Ostafrika (1890–1898), im Zusammenhang mit dem chinesischen Boxeraufstand (1900–1901) sowie in Südwestafrika (1904–1907) und nochmals in Ostafrika (1905–1908), nicht zuletzt auch unter dem Aspekt der wissenschaftlichen Erörterung über die Entstehung und Existenz von militärischer Gewalt, untersucht worden [553: TH. KLEIN/F. SCHUMACHER; 572: K. MÜHLHAHN; 601: J. ZIMMERER/J. ZELLER; 556: S. KUß/B. MARTIN; 517: F. BECKER/J. BEEZ; 558: M. LEUTNER/K. MÜHLHAHN; sowie die Aufsätze von 544: U. VAN DER HEYDEN, und 600: J. ZIMMERER].

Die Bemühungen des Deutschen Reiches, in den Besitz der portugiesischen Kolonien zu gelangen, hat ROLF PETER TSCHAPEK im Jahr 2000 unter dem Titel „Bausteine eines zukünftigen deutschen Mittelafrika" vom ausgehenden 19. Jahrhundert bis zum Ersten Weltkrieg [591] nachgezeichnet; die zwischen außenpolitischer Staatsräson und humanitärer Verpflichtung oszillierende Haltung des Wilhelminischen Deutschland zur armenischen Frage hat NORBERT SAUPP in seiner 1990 veröffentlichten Dissertation für den Zeitraum der Jahre zwischen 1878 und 1915 dargestellt [581]; und der berühmten „Orientreise Kaiser Wilhelms II. 1898", die zur Isolierung des Reiches im Kreis der Mächte beitrug, ist JAN STEFAN RICHTER in einer 1997 publizierten „Studie zur deutschen Außenpolitik an der Wende zum 20. Jahrhundert" [576] nachgegangen.

Die Orientreise Kaiser Wilhelms II. 1898

3. Ein weiterer Schwerpunkt der Forschung liegt auf dem Gebiet der Ideen- und Mentalitätsgeschichte [vgl. oben (II.E, 1) 99], der Erforschung der so genannten *mental maps*, der personellen „Vernetzungen" und der kulturellen Dimension äußerer Politik.

In einer die großen Mächte miteinander vergleichenden Perspektive hat SÖNKE NEITZEL in seiner im Jahr 2000 vorgelegten Darstellung die so genannte „Weltreichslehre im Zeitalter des Imperialismus" untersucht und mit dem Titel seines Buches „Weltmacht oder Untergang" [574] nicht zuletzt auch die vorwaltende Stimmung der außenpolitischen Eliten im Deutschen Reich getroffen. In seiner im Jahr 2006 veröffentlichten, außerordentlich gelehrten Monographie über „Persönlichkeitsnetze und internationale Politik in den deutsch-britisch-amerikanischen Beziehungen vor dem Ersten Weltkrieg" ist es MAGNUS BRECHTKEN gelungen, im Hinblick auf das von ihm als „Scharnierzeit" [521] eingeschätzte Jahrzehnt zwischen 1895 und 1907 plausibel zu machen, warum die außenpolitischen Eliten Großbritanniens und der Vereinigten Staaten von Amerika ungeachtet der machtpolitischen Differenzen ihrer Staaten zueinander fanden, während das den Wilhelminischen Repräsentanten gegenüber Engländern und Amerikanern eher versagt blieb: Ausschlaggebend dafür war letztlich die sprachliche und kulturelle Affinität des Angelsachsentums. Ebendieser informelle Faktor zwischenstaatlicher Beziehungen aber wurde auf deutscher Seite lange Zeit unterschätzt, obwohl es durchaus, wie JÜRGEN KLOOSTERHUIS in seiner 1994 unterbreiteten Darstellung „Friedliche Imperialisten" zu zeigen vermochte, eine „auswärtige Kulturpolitik" im Wilhelminischen Reich gegeben hat [554].

„Weltmacht oder Untergang" von Sönke Neitzel

„Scharnierzeit" von Magnus Brechtken

Was die kurze Ära Caprivi angeht, so ist die Geschichte der deutschen Außenpolitik in den Jahren von 1890 bis 1894 von RAINER LAHME [557; vgl. dazu auch 545: HILDEBRAND, Wirtschaftliches Wachstum] umfassend dargestellt worden: Mit dem bis 1892 andauernden, letztlich gescheiterten Versuch, mit Großbritannien in eine engere Beziehung zu treten, und der danach ebenso abrupt wie vergeblich eingeleiteten Rückwendung zur russischen Seite hin, begann jener berüchtigte Zick-Zack-Kurs, der für die Wilhelminische Außenpolitik insgesamt charakteristisch wurde und den Auftakt zur Isolierung des Deutschen Reiches bildete. Dass damit einhergehend der österreichische Zweibundpartner

Caprivis Außenpolitik

an Bedeutung zunahm, erscheint plausibel: Die wechselseitigen Einschätzungen der Allianzpartner in diesen Jahren zwischen 1890 und 1894/95 hat GUDULA GUTMANN untersucht [538].

In einer großen, im Druck befindlichen Biographie aus der Feder von VOLKER STALMANN über den 1894 zum Reichskanzler ernannten Fürsten Chlodwig zu Hohenlohe–Schillingsfürst [585] und in der 2007 von OLAV ZACHAU [599] vorgelegten Untersuchung über die Jahre dieser Kanzlerschaft wird jeweils auch die Entwicklung der Wilhelminischen Außenpolitik eingehend berücksichtigt. Entscheidend für den zukünftigen Verlauf der deutschen und europäischen Geschichte lassen sich eben in diesem Zeitraum die ersten bleibenden Spuren einer Verwerfung gegenüber Großbritannien ausmachen: HARALD ROSENBACH hat in seiner 1993 publizierten Monographie diese „Anfänge deutschbritischer Entfremdung" anhand der zwischen dem Reich und Großbritannien umstrittenen Transvaal-Frage [580] untersucht [vgl. auch 561: R. K. MASSIE].

Hohenlohes Außenpolitik

Was punktuell situiert und möglicherweise behebbar angelegt war, wurde sodann durch den so genannten „Tirpitz-Plan" [vgl. oben (I.B, 7) 30 u. (II.D, 2.) 90] verstärkt, ja in gewisser Hinsicht, weil sich Rüstungswettläufe allzuleicht dauerhaft einzufressen pflegen, unumkehrbar und führte zu einer vom Deutschen Reich ausgehenden „Revolutionierung des Mächtesystems" [518: V. BERGHAHN, vgl. dazu auch 549: R. HOBSON, der diese Qualität im Wandel der Staatenwelt bestreitet, 326f.; gleichfalls zum Untersuchungsgegenstand 578: CH. RÖDEL, sowie 529: M. EPKENHANS, Flottenrüstung].

Der „Tirpitz-Plan" – neue Befunde

An der Wende vom 19. zum 20. Jahrhundert wurde für die europäische Staatenwelt und die deutsche Außenpolitik eine säkulare Entwicklung wirkungsmächtig, die wir heute als Globalisierung bezeichnen. Bereits im Jahr 1929 stellte in einer in den renommierten „Historische[n] Studien" veröffentlichten Dissertation „Die Rolle des Fernen Ostens in den politischen Beziehungen der Mächte 1895–1905" der Historiker HERBERT ZÜHLKE fest: „Alle abendländischen Völker und Staaten zogen um 1900 in einem so noch nicht da gewesenen Maße Außer-Europa in ihre Interessen und damit in ihre Kämpfe hinein" [604: 2]. In der Tat: Mit dem „Beginn und Aufstieg eines neuen weltgeschichtlichen Zeitalters" [EBD.] um 1900 wurden „Alte Staatenwelt und neue Weltpolitik" [548: K. HILDEBRAND, Globalisierung] zunehmend eins [vgl. dazu auch 593: C. TORP, Weltwirtschaft; sowie 546: K. HILDEBRAND, Eine neue Ära].

Der Ferne Osten um 1900

Die jetzt auf die Bühne der Staatenwelt drängenden Potenzen aus der amerikanischen und ostasiatischen Sphäre der Weltpolitik werden,

F.5. Zur wilhelminischen Epoche

was Deutschlands Haltung und Politik gegenüber den Vereinigten Staaten von Amerika und Japan angeht, in einer 1995 vorgelegten Monographie von UTE MEHNERT „Deutschland, Amerika und die ‚Gelbe Gefahr'" [565; vgl. auch 564: U. MEHNERT, Weltpolitik] eingehend berücksichtigt. Zudem haben die an der Jahrhundertwende in Bezug auf Lateinamerika konfligierenden Interessen der Deutschen und Amerikaner nach wie vor [vgl. oben (II.E, 1) 103] das Interesse der Geschichtswissenschaft gefunden: NANCY MITCHELLs 1999 erschienene große Darstellung „German and American imperialism in Latin America" [569], ihre drei Jahre zuvor veröffentlichte Fallstudie über die zwischen beiden Staaten umstrittene Venezuela-Frage [568] und STEFAN H. RINKES 1992 publizierte Dissertation „Zwischen Weltpolitik und Monroe-Doktrin: Botschafter Speck von Sternburg und die deutsch-amerikanischen Beziehungen, 1898–1908" [577] veranschaulichen diese Tendenz der Forschung.

Die USA und Japan

Lateinamerika

Eben in diesen Jahren hat aber auch, für das künftige Verhältnis von Politik und Kriegführung maßgeblich, der von 1891 bis 1905 als Chef des Generalstabs amtierende Alfred Graf von Schlieffen den nach ihm benannten militärischen Aufmarschplan erarbeitet und in Gestalt einer Denkschrift im Jahr 1906 unterbreitet. Als der amerikanische Militärhistoriker TERENCE ZUBER im Jahr 2002 unter dem Titel „Inventing the Schlieffen Plan" [602; vgl. auch 603: DERS., War Planning] diesen als ein nach dem Ersten Weltkrieg von Schülern und Nachfolgern des Generalstabschefs, um vom eigenen operativen Versagen abzulenken, erfundenes Dokument interpretierte, fachte diese Herausforderung unter den Spezialisten eine höchst kontroverse Debatte an. Die damit einhergehenden Probleme, die für die Geschichte der deutschen Außenpolitik bis in die Julikrise 1914 hinein auf der Hand liegen, sind im Rahmen einer vom Militärgeschichtlichen Forschungsamt und der Otto-von-Bismarck-Stiftung veranstalteten Tagung erörtert und im Jahr 2006 von HANS EHLERT, MICHAEL EPKENHANS und GERHARD P. GROß [528] als Erträge der Forschung zugänglich gemacht worden: Wenn nicht einen präzisen Plan, so gab es doch eine Doktrin Schlieffens, die bis 1914 für den Generalstab verbindlich blieb; allerdings waren die Operationspläne Schlieffens und seines Nachfolgers Helmuth von Moltkes nicht so dogmatisch disponiert wie lange Zeit angenommen.

Der „Schlieffen-Plan": Realität oder Erfindung?

Damit sind die Jahre der von 1900 bis 1909 datierenden Reichskanzlerschaft Bernhard von Bülows erreicht: Seine Außenpolitik hat in einer knappen Biographie von PETER WINZEN [597] im Jahr 2003 erneut Beachtung gefunden. Ganz im Sinne seiner früheren Darstellungen [vgl. oben (II.E, 1) 104] vertritt WINZEN die These, Bülow habe den

Bülows Außenpolitik

Plan verfolgt, das Deutsche Reich, wenn erforderlich auch auf kriegerischem Weg, zu Lasten Großbritanniens zur Weltmacht zu führen. Diese Auffassung hat ebenso entschiedenen wie überzeugenden Widerspruch [vgl. H. AFFLERBACH, in: HZ 279 (2004) 507 f.] gefunden: „Daß Bülow tatsächlich (und gar schon 1897)", hat GERD FESSER bereits im Jahr 1992 in Auseinandersetzung mit PETER WINZENS 1977 vorgelegter Monographie „Bülows Weltmachtkonzept" [421] dagegen gehalten, „eine so zielstrebige politische und militärische Kriegsvorbereitung betrieben habe und dabei so weitreichenden Ambitionen nachgejagt sei, ist zweifelhaft" [531: 869].

Die erste Marokkokrise 1904–1906: Diplomatie und Öffentlichkeit

Die in Bülows Regierungszeit fallende erste Marokkokrise hat im Jahr 2002 in einer Studie von MARTIN MAYER „Geheime Diplomatie und öffentliche Meinung. Die Parlamente in Frankreich, Deutschland und Großbritannien und die erste Marokkokrise 1904–1906" [563], welche die Interaktion zwischen innen- und außenpolitischen Faktoren nationalstaatlicher Politik untersucht, gründliche Beachtung gefunden. Sie zeigt, dass die mit der Sache befassten Parlamentarier in Berlin ebenso wie in Paris und London zunehmend unter den Druck einer Öffentlichkeit gerieten, die ihrerseits vom Verlangen nach Prestige und Macht getrieben wurde und „zunehmend die Parlamentsdebatten überschattete" [EBD., 332].

Die bosnische Annexionskrise 1908/09 und der Zweibund

Im Zuge der am Ende der Kanzlerschaft Bülows Europa an den Rand des großen Krieges manövrierenden bosnischen Annexionskrise vom Jahr 1908/9 erhielt der ursprünglich ganz auf Bewahrung der Defensive ausgerichtete „Zweibund" nunmehr, also „am Vorabend des Ersten Weltkrieges", eine, was JÜRGEN Angelow in seiner im Jahr 2000 publizierten Darstellung über die Geschichte des Zweibundes [516] hervorhebt, offensive Ausrichtung, die für die zukünftige Entwicklung der deutschen Außenpolitik und der europäischen Geschichte erheblich war [vgl. zum Untersuchungsgegenstand auch 584: A. SKŘIVAN, und 592: M. TOBISCH].

Bethmann Hollwegs Außenpolitik

In seiner biographischen Studie über Bülows Nachfolger im Amt des Reichskanzlers, Theobald von Bethmann Hollweg, den er als eine „Persönlichkeit nicht ohne Größe" [598: 10] porträtiert, hat GÜNTER WOLLSTEIN auch die äußere Politik des bis heute als „Philosoph von Hohenfinow" umrätselten Staatsmannes gewürdigt: Ziel der Außenpolitik des Reichskanzlers sei es gewesen, zur Sicherheitspolitik Bismarcks zurückzukehren, um das gefährdete Reich zu erhalten, um ihm in juniorpartnerschaftlicher Anlehnung an Großbritannien, vor allem im weltwirtschaftlichen Zusammenhang, eine gedeihliche Existenz zu ermöglichen und um, wie die weitgehende Schlussfolgerung GÜNTER

WOLLSTEINS lautet, „eine neue internationale Friedensordnung" [EBD., 167] zu schaffen.

Was den in Bethmann Hollwegs Regierungszeit am 8. Dezember 1912 vom Kaiser einberufenen, so genannten „Kriegsrat", an dem der Kanzler nicht beteiligt wurde, angeht [vgl. oben (I.B, 3) 36], hat KARL HEINRICH POHL im Jahr 1994 in einer quellennahen Untersuchung über diese „Krisenkonferenz" [575] erneut den Nachweis geführt, dass im Dezember 1912 kaum „zielbewußt auf eine Situation hingearbeitet wurde, wie sie dann im Juli 1914 eintrat" [EBD., 104], obwohl maßgebliche Entscheidungsträger an der Spitze des Reiches von der Unausweichlichkeit des Krieges schicksalhaft, ja im Grunde fatal überzeugt blieben.

Der „Kriegsrat" vom 8. 12. 1912

Die entscheidende Bedeutung der Persönlichkeit und Politik des Staatssekretärs des Auswärtigen Amts, Alfred von Kiderlen-Wächter, für die Entstehung und Entwicklung der zweiten Marokkokrise im Jahr 1911 hat RALF FORSBACH in seiner 1997 erschienenen, zweibändigen Biographie [534] über den letzten „Bismarckianer" betont: Dieser steuerte, weitgehend an Reichskanzler Theobald von Bethmann Hollweg vorbei, einen waghalsigen, auf Prestige, Erfolg und Territorialgewinn zielenden Kurs des äußersten Risikos und ließ sich dabei, zumindest als er das Unternehmen einleitete, weniger von der Presse- und Verbandsagitation leiten, als das von THOMAS MEYER in seiner 1996 veröffentlichten Studie „Alfred von Kiderlen-Wächters ‚Panthersprung nach Agadir' unter dem Druck der öffentlichen Meinung" [566] angenommen worden ist.

Kiderlen-Wächter und die zweite Marokkokrise

Hat bislang eher die Englandpolitik Theobald von Bethmann Hollwegs die bevorzugte Aufmerksamkeit der Forschung gefunden, die den juniorpartnerschaftlich angelegten Détentebemühungen des Kanzlers nachgegangen ist [vgl. oben (I.B, 3) 35, sowie auch 519: E. BESTECK], so hat unlängst PATRICK BORMANN in einer im Jahr 2004 vorgelegten Magisterarbeit „Die Rußlandpolitik Bethmann Hollwegs 1909–1914 und das Scheitern der Weltpolitik ohne Krieg" [520] ins Visier genommen und dabei auf die bislang noch nicht zureichend beachtete Relevanz des russischen Faktors im Kalkül des Kanzlers verwiesen, ja die Offenheit der äußeren Politik Bethmann Hollwegs nach Westen und nach Osten hin perspektivisch angedeutet.

Zwischen Großbritannien und Russland

Welche weit rigoroseren, ja im Grunde radikalen außenpolitischen Alternativen zu Bethmann Hollwegs äußerer Politik der Friedensbewahrung darüber hinaus existierten, die auch vor der Forderung nach dem Krieg nicht zurückscheuten, geht aus THOMAS H. WAGNERS im Jahr 2007 erschienener Dissertation „Gustav Stresemann und die

Gustav Stresemanns außenpolitische Vorstellungen

Außenpolitik des Kaiserreichs bis zum Ausbruch des Ersten Weltkriegs" [594] ganz unverkennbar hervor. Die Tatsache, dass das Deutsche Reich, gegen den Willen seines Kanzlers, vor allem nach dem plötzlichen Tod von Staatssekretär Kiderlen-Wächter am Ende des Jahres 1912, der sich österreichischen Wünschen nach deutscher Unterstützung für die Balkanambitionen der Monarchie durchgehend versagt hatte, in die südosteuropäischen Händel des Zweibundpartners zunehmend hineingezogen wurde, erhellt die 1992 veröffentlichte Dissertation von HANNS CHRISTIAN LÖHR „Die Albanische Frage. Konferenzdiplomatie und Nationalstaatsbildung im Vorfeld des Ersten Weltkrieges

Deutschland, Österreich–Ungarn und Südosteuropa

unter besonderer Berücksichtigung der deutschen Außenpolitik" [560] ebenso wie FRANZ-JOSEF KOS' 1996 vorgelegte, außerordentlich sorgfältig gearbeitete Studie „Die politischen und wirtschaftlichen Interessen Österreich-Ungarns und Deutschlands in Südosteuropa 1912/13. Die Adriahafen-, die Saloniki- und die Kavallafrage" [555; vgl. dazu auch 539: R. C. HALL].

Die Julikrise 1914: Gegensätzliche Positionen

Die Rolle des Wilhelminischen Reiches im Verlauf der Julikrise des Jahres 1914 zu untersuchen, gehört nach wie vor zu den zentralen Aufgaben der Geschichtswissenschaft: Zum einen gibt es diejenigen Vertreter des Faches, die nach wie vor, obwohl die allgemeine Tendenz der Historiographie in eine davon abweichende Richtung weist [582: G. SCHÖLLGEN], an FRITZ FISCHERs These von der deutschen Verantwortung für den Kriegsausbruch 1914 festhalten [543: M. HEWITSON, Germany; 533: S. FÖRSTER, Reich des Absurden; sowie im allgemeinen Zusammenhang 540: R. F. HAMILTON/H. H. HERWIG]. Zum anderen meldet sich ganz vereinzelt auch wieder einmal eine Stimme zu Wort [E. E. MCCULLOUGH, How the First World War began: The Triple Entente and the Coming of the Great War of 1914–1918, New York 1999], die in entschieden revisionistischer Absicht [und beispielsweise in Anknüpfung an entsprechende Vorläufer wie SIDNEY B. FAYs „The Origins of the World War" aus dem Jahr 1930, vgl. oben (II.A, 2) 62f.] das gerade Gegenteil davon behauptet: Danach ist die Beurteilung der Rolle des Deutschen Reiches „as an aggressive, expansionist disturber of the peace ... completely unrelated to the actual events of the period" [EBD., 328].

Annika Mombauers Urteil

Zwischen diesen als überholt einzuschätzenden Extrempositionen hat sich das Urteil der Geschichtswissenschaft eingependelt, das ANNIKA MOMBAUER im Jahr 2002 so zusammengefasst hat: „While today no one would seriously maintain any more that Germany had been an innocent party, surprised by events and attacked by Russia and France (and be able to back up such a claim with evidence), equally no one would say that Germany had acted in complete isolation, a belligerent power that was to blame to the exclusion of everyone else. The current consensus is thus that Germany bore the main share, or at least a very large share of the blame, but that the policies of other European governments also need to be considered for a fair judgement" [571: Origins, 224; vgl. dazu auch 573: J. D. MURPHY, Outbreak; 587: D. STEVENSON, Outbreak of the First World War; 588: DERS., Der Erste Weltkrieg; 589: DERS., Cataclysm; 590: H. STRACHAN, First World War; 596: S. R. WILLIAMSON/E. R. MAY, Identity of Opinion].

Dass wissenschaftliche Einzelstudien den Stand unserer Kenntnis über die Entwicklung der Julikrise zu differenzieren und zur Klärung bislang noch offener Fragen beizutragen vermögen, zeigt in außerordentlich gediegener Art und Weise STEPHEN SCHRÖDERs große Darstellung „Die englisch-russische Marinekonvention. Das Deutsche Reich und die Flottenverhandlungen der Tripelentente am Vorabend des Ersten Weltkriegs" [583]. Mit quellenkritisch vorbildlicher Methode gelingt es dem Verfasser zu demonstrieren, dass die den Sachverhalt lange Zeit kontrovers beurteilenden Positionen der Forschung am Kern der Dinge vorbeizielen: Weder diejenigen, die sich davon überzeugt zeigen, die durch Geheimnisverrat Bethmann Hollweg zugespielte Nachricht von den britisch-russischen Marineverhandlungen habe den verantwortlichen Staatsmann im Juli 1914 zum Kriegsentschluss bewogen, haben Recht, noch diejenigen, die den – den Reichskanzler in der Tat düpierenden – Tatbestand als marginal abtun möchten: Die Tatsache, dass die Briten noch enger an die das Deutsche Reich ohnehin schon bedrohende französisch-russisch-englische Front heranzurücken schienen, hat die Kriegsbereitschaft Bethmann Hollwegs nicht ursächlich oder ausschlaggebend angefacht. Freilich wurde dem Datenkranz der Entscheidungsfaktoren nunmehr ein weiteres Element beigefügt, so dass der Reichskanzler alles in allem am Frieden förmlich verzweifelte und den Krieg zu riskieren schließlich auf sich nahm. Wie die Linien, Verbindungen und Fronten zwischen den deutschen Entscheidungsträgern während der Julikrise verliefen, hat LÜDER MEYER-ARNDT in seiner 2006 vorgelegten Untersuchung „Die Julikrise 1914: Wie Deutschland in den Ersten Weltkrieg stolperte" [567] in teilweise sehr pointierter, stark auf persönliche und irrationale Umstände abhebender Art und Weise dargestellt.

Die für die Geschichte der deutschen Außenpolitik im Vorfeld des Ersten Weltkriegs so zentrale Frage nach dem Verhältnis von „Staatskunst und Kriegshandwerk" wird nach wie vor mit großer Intensität erforscht [562: J. H. MAURER; 586: D. STEVENSON, Armaments; 541: D. G.

„Die englisch-russische Marinekonvention" von Stephen Schröder

„Staatskunst und Kriegshandwerk"

HERRMANN; 525: J. DÜLFFER, Reichsleitung und Krieg; 440: G. T. MOLLIN in: W. LOTH/J. OSTERHAMMEL; 523: K. CRAMER]. Im Gegensatz zu ANNIKA MOMBAUER, die der Rolle des Generalstabschefs Helmuth von Moltke für die Kriegsentscheidung ausschlaggebende Bedeutung beimisst [570: A. MOMBAUER, Moltke; vgl. dazu auch die insgesamt enttäuschende Darstellung von 535: D. FROMKIN, die diese Position in Bezug auf die Bedeutung Helmuth von Moltkes in der Julikrise 1914 teilt], ist, wenn man die Tendenz der Forschung insgesamt überblickt, MICHAEL EPKENHANS zuzustimmen, der überzeugend argumentiert, dass „die politischen Entscheidungen allein im Auswärtigen Amt und in der Reichskanzlei getroffen" [454: M. EPKENHANS, HOPMAN, 45] wurden. Allein, die Tatsache einer voranschreitenden Militarisierung der Diplomatie und Außenpolitik [vgl. 530: M. EPKENHANS, Verlust des Primats der Politik; 532: S. FÖRSTER, Generalstab] relativiert diese Feststellung jedoch umgehend: Überall in Europa, auf dem Kontinent stärker als in Großbritannien und in Deutschland allemal, so hat es KLAUS HILDEBRAND in seiner 2005 vorgelegten Abhandlung „,Staatskunst und Kriegshandwerk'. Akteure und System der europäischen Staatenwelt vor 1914" [547] plausibel zu machen versucht, vollzog sich die äußere Politik der Staaten im Banne militärischer Bedingungen – zumal es gerade im Widerstreit zwischen der Überzeugung vom unvermeidlichen Krieg und der Erfahrung von den vermiedenen Kriegen die seit 1911 zunehmende, offensichtlich erfolgreiche Politik der Entspannung war, die zu hoffen berechtigte, man werde auch die seit der Ermordung des österreichischen Thronfolgers in Sarajevo am 28. Juni 1914 andauernde Julikrise gleichfalls glimpflich überstehen: „Es waren ganz ohne Zweifel Politiker und nicht Militärs, die im imperialistischen System der europäischen Staatenwelt vor 1914 die letzten Entscheidungen fällten, aber sie handelten, zu weiten Teilen zumindest, gerade nicht im Sinne der ‚Staatskunst', sondern des ‚Kriegshandwerks', und dies wiederum auch nicht ganz, sondern eben nur halb: Einerseits waren sie Vollzugsgehilfen der militärischen Allianzen und zum anderen Hoffnungsträger der politischen Entspannung. Als im Verlauf der Julikrise 1914 die Bündnisse so zwingend und umfassend funktionierten, nahtlos und perfekt also, wie in keiner der Krisen zuvor, entstand eine spezifische, singuläre Lage. Jetzt erwies sich die Hoffnung auf Détente, die bislang immer obsiegt hatte, in einem geradezu gegenläufigen Sinne als konfliktfördernd. Zusammen mit anderen maßgeblichen Bedingungsfaktoren der Zeit, von ‚Ehre, Furcht und Interesse' getrieben, trug sie sogar dazu bei, dass die Staatsmänner sich in ihrer illusionären Annahme bestärkt fühlten, es werde wie bei dem immer wieder beschworenen Ausgang der bosnischen Annexionskrise von 1908/09 auch dieses Mal erneut gelingen, den Krieg zu umgehen" [EBD., 36]. Das heißt aber, um nicht missverstanden zu werden, zugleich auch: „Es geht nicht darum, die Verantwortlichkeiten für den Beginn des Ersten Weltkriegs zu anonymisieren und in eine Nacht der allgemeinen Verhältnisse zu tauchen, in der alles grau bleibt. In dieser Perspektive war Österreichs gegen Serbien zielender Kriegswille nach dem 28. Juni 1914 der Anlass für das Deutsche Reich, um unter bewusster Inkaufnahme des äußersten Risikos einen diplomatischen Erfolg zu erzielen. Auf das Haar glich dem die Reaktion Russlands, das sich seinerseits eher zum militärischen Konflikt bereit zeigte, als eine politische Niederlage hinzunehmen. Damit blieb Frankreich kaum eine andere Wahl, als den Vollzug seiner russischen Allianz über den Erhalt des europäischen Friedens zu stellen. Und damit war auch Englands Entschluss gleichsam unausweichlich, aus Angst vor Isolierung und einem Verlust seiner Bündnisfähigkeit in den Waffengang einzutreten" [EBD., 10f.]. Mit seinem Beginn aber relativierten sich noch einmal Bedeutung und Möglichkeiten der in vielem schon seit langem zur Magd der Allianzpolitik abgesunkenen Diplomatie und Außenpolitik des Deutschen Reiches in ganz erheblichem Maße.

6. Zum Ersten Weltkrieg

Eine Monographie zur Geschichte der deutschen Außenpolitik im Ersten Weltkrieg, die systematisch und detailliert die Stationen und Zusammenhänge des Untersuchungsgegenstandes zu rekonstruieren hätte, muss nach wie vor als Desiderat der Forschung gelten [zu den gegenwärtig in der Geschichtswissenschaft vorwaltenden Tendenzen, die Themen der Staatenwelt und Außenpolitik eher aussparen, vgl. beispielsweise den Bericht zum Stand der Forschung von BELLINDA DAVIS, Experience, Identity, and Memory: The Legacy of World War I, in: JModH 75 (2003) 111–131], sieht man einmal ab von älteren, noch ganz im Banne der Auseinandersetzung mit FRITZ FISCHERs These von der Kontinuität der deutschen Kriegszielpolitik während der Jahre von 1914 bis 1918 stehenden Darstellungen, beispielsweise der von GERHARD RITTER aus dem Jahr 1964 „Staatskunst und Kriegshandwerk. Die Tragödie der Staatskunst. Bethmann Hollweg als Kriegskanzler (1914–1917)" oder der von LANCELOT L. FARRAR JR. aus dem Jahr 1973 „Divide and Conquer. German efforts to conclude a separate peace 1914–1918".

Das Desiderat

Dass in den regelmäßig erscheinenden Gesamtdarstellungen zur Geschichte des Ersten Weltkriegs die deutsche Außenpolitik nur marginale Beachtung finden kann, liegt in der Anlage dieser Publikationen begründet. Das festzustellen gilt für das erstmals 1988 erschienene, 1999 neu aufgelegte Werk von DAVID STEVENSON „The First World War and International Politics" [619] ebenso wie für die große Darstellung der Jahre 1914 bis 1918 aus der Feder dieses für die Geschichte des Ersten Weltkriegs maßgeblichen Historikers [587: STEVENSON, 1914–1918]. NIALL FERGUSONs in deutscher Übersetzung 1999 publizierte Darstellung „Der falsche Krieg" [607] berührt den spezifischen Untersuchungsgegenstand hier und da durchaus, wird freilich aufgrund ihrer kontrafaktischen Betrachtungsweise und ihres problematischen Bemühens um Originalität um beinahe jeden Preis ein um das andere Mal zu Urteilen verführt, die mit den Sachverhalten wenig zu tun haben.

WOLFGANG J. MOMMSENs Handbuch „Der Erste Weltkrieg 1914–1918" aus dem Jahr 2002 [613: Weltkrieg] vermag die eingangs benannte Lücke ebensowenig zu schließen wie die ansonsten empfehlenswerten, 2003 veröffentlichten Darstellungen von MICHAEL SALEWSKI [617] und SÖNKE NEITZEL [615]. Unter spezifischen Aspekten touchiert wird das Thema der deutschen Außenpolitik zudem in MATTHEW STIBBEs 2001 vorgelegter Studie „German Anglophobia and the Great War, 1914–1918" [620], die eine sich im Krieg verstärkende Entwicklung rekonstruiert, nämlich England als den „Hauptfeind" des Deutschen Reiches wahrzunehmen, sowie in MARC FREYS 1998 unterbreiteter Publikation „Der Erste Weltkrieg und die Niederlande. Ein neutrales Land im politischen und wirtschaftlichen Kalkül der Kriegsgegner" [608]: In diesem Zusammenhang wird nicht zuletzt die Tätigkeit Richard von Kühlmanns als Gesandter in den Niederlanden eingehend betrachtet, der später, in dem kritischen Zeitraum zwischen August 1917 und Juli 1918, an der Spitze des Auswärtigen Amts in einem Dauerkonflikt mit der Dritten Obersten Heeresleitung, also mit Hindenburg und Ludendorff, deren wuchernden Annexionsplänen entgegenzuwirken bemüht war.

Die außenwirtschaftliche Dimension deutscher Kriegszielpolitik findet in dem 1989 veröffentlichten *opus magnum* aus der Feder von GEORGES-HENRI SOUTOU „L'Or et le Sang. Les buts de guerre économiques de la Première Guerre mondiale" [618] eine vergleichende Beurteilung : Die ökonomischen Kriegsziele des Deutschen Reiches schätzt der französische Historiker als gemäßigt, ja entwicklungsfähig ein, weil sie darauf Rücksicht zu nehmen bedacht waren, die Weltwirtschaftsordnung aus den Jahrzehnten vor Kriegsbeginn, welche die Entwicklung des Wilhelminischen Reiches begünstigt hatten, nicht zu zerstören. Dagegen erscheinen SOUTOU die alliierten Kriegsziele, weil sie eben diese Ordnung der Vorweltkriegszeit drastisch zu verändern suchten, als weit aggressiver, zumal sie insgesamt darauf zielten, den „Krieg nach dem Krieg fortzusetzen". Dass davon einmal abgesehen die deutschen Kriegsziele allerdings nicht selten als „Le rêve d'une Europe allemande" rezipiert wurden, hat ANNIE LACROIX-RIZ in ihrem Beitrag „Le Vaticane et les buts de guerre germaniques de 1914 à 1918" anschaulich rekonstruiert [612].

Das zeitenthobene Problem von Macht und Moral, von Staatsräson und Humanitätsgebot hat sich im Zusammenhang mit der Geschichte der deutschen Außenpolitik während des Ersten Weltkriegs vor allem in der so genannten „Armenierfrage" verdichtet, die in den Jahren 1915/16 eine genozidale Entwicklung nahm [609: W. GUST; 611: R. HOSFELD; 606: D. BLOXHAM]. Im Widerstreit zwischen humanitären Verpflichtungen gegenüber den armenischen Opfern und erforderlicher Rücksichtnahme auf den türkischen Alliierten obsiegten unter den Bedingungen der Kriegführung immer wieder die pragmatischen Erwägungen der deutschen Entscheidungsträger [vgl. auch 605: B. BARTH]. Das Deutsche Reich und die armenische Frage

Das beinahe schon als klassisch zu charakterisierende Thema der Friedenssuche im andauernden Weltkrieg [vgl. oben (II.C, 2) 82 u. (II.E, 1) 104] hat sich LUDMILLA THOMAS 1988 erneut vorgenommen [621] und die „Probleme der Forschung" im Hinblick auf die „Friedensvermittlungen zwischen Deutschland und Rußland während des ersten Weltkrieges" skizziert. Das damit einhergehende Bemühen um einen Separatfrieden mit dem untergegangenen Zarenreich, das sich nach der historischen Zäsur der bolschewistischen „Oktoberrevolution" am 3. März 1918 im Diktatfrieden von Brest-Litowsk realisierte, beschäftigt die Geschichtswissenschaft nach wie vor [vgl. oben (I.B, 5) 46 und (II.C, 2) 82]: 1997 hat CLIFFORD F. WARGELIN [622] die Auswirkungen dieses so genannten „Brotfriedens" auf den bereits vom Zerfall geplagten Zweibundpartner des Deutschen Reiches, Österreich-Ungarn, untersucht. Das Habsburger Reich vermochte die widerstreitenden Forderungen der Polen, Ukrainer und Deutschen in Bezug auf die territoriale Gestalt einer zukünftigen Ordnung Osteuropas einfach nicht mehr miteinander zu versöhnen. Da es zudem auf die für sein Überleben erforderlichen Nahrungsmittellieferungen angewiesen war, musste es sich den deutschen Annexionsplänen wohl oder übel anschließen, so dass es seine Existenz mit dem Erfolg und dem Versagen der deutschen Waffen im Westen Europas auf Gedeih und Verderb verband. Im Jahr 2004 hat PETR PROKŠ in einem Aufsatz die deutsche Außenpolitik gegenüber dem revolutionären Russland und die Probleme des Friedens von Brest-Litowsk in einer die einschlägige Literatur berücksichtigenden Art und Weise erneut abgehandelt [616]. Und 1998 hat KLAUS HILDEBRAND das zwischen dem Brest-Litowsker Frieden vom 3. März und den Berliner „Zusatzverträgen" vom 27. August 1918 entstandene deutsche Ostimperium, kurz vor dem Ende des Ersten Weltkriegs vorläufig kaum mehr als eine „Augenblickserscheinung" der Geschichte, in den Verlauf der zukünftigen Entwicklung deutscher Außenpolitik im 20. Jahrhundert eingeordnet [610: Ostimperium].

Das deutsche Ostimperium 1918

Bleibt abschließend noch der Hinweis auf eine 1992 veröffentlichte Studie von MARTIN NASSUA zu dem berühmt-berüchtigten Zimmermann-Telegramm aus dem Januar 1917 und seiner Bedeutung für den Kriegseintritt der Vereinigten Staaten von Amerika in den Ersten Weltkrieg [614]. Dabei ging es Staatssekretär Artur Zimmermann nicht in erster Linie darum, wie bisher oftmals angenommen, gegenüber Mexiko eine imperialistische Außenpolitik zu verfolgen. Vielmehr versuchte er, sich mit seiner vom britischen Marinegeheimdienst abgefangenen, entschlüsselten und den Amerikanern übermittelten Instruktion an den deutschen Gesandten in Mexiko, Heinrich von Eckardt, auf innenpolitischem Terrain vom ungewissen Schicksal des Reichskanzlers Bethmann Hollweg zu lösen und in außenpolitischer Hinsicht für den Fall eines nicht mehr auszuschließenden Kriegseintritts der Amerikaner ein neues Allianzgefüge vorzubereiten: In diesem Sinne ließ er Mexiko, sollten die Vereinigten Staaten gegen das Deutsche Reich tatsächlich in den Waffengang eintreten, ein Bündnis anbieten und das deutsche Einverständnis erklären, dass Mexiko sich in den amerikanischen Bundesstaaten Texas, Arizona und New Mexico mit territorialen Gewinnen bedienen könne. Zudem sollte der mexikanische Präsident das ostasiatische Japan, das 1914 auf der Seite der Entente gegen Deutschland in den Ersten Weltkrieg eingegriffen hatte, für einen Beitritt zu einem deutsch-mexikanischen Bündnis gewinnen.

Das „Zimmermann-Telegramm" vom Januar 1917

Dass die Veröffentlichung des wirklichkeitsfernen „Zimmermann-Telegramms" einen weiteren Anlass lieferte, um den schließlich am 6. April 1917 vollzogenen Kriegseintritt der USA noch einmal zu befördern, spricht geradezu für sich. Damit aber waren die Niederlage des Deutschen Reiches und das Ende des „Großen Krieges" so gut wie besiegelt. Die Hoffnung freilich, die manch einer angesichts der zerstörerischen Erfahrungen des Ersten Weltkriegs für die Zukunft der Völker und Staaten hegte, sollte sich im 20. Jahrhundert nicht mehr erfüllen: „Aber wie man", heißt es in einem anonym veröffentlichten Artikel der Tiroler „Soldaten-Zeitung" vom 31. Dezember 1916, dessen Verfasser mit hoher Wahrscheinlichkeit Robert Musil ist, „nachdem der

Robert Musils Hoffnung

dreißigjährige Krieg, wie ein Riß über alle Staatsgrenzen springend, die Welt in eine protestantische und eine katholische Hälfte zerlegt hatte, mit einemmal lernte, die religiöse Frage so zu behandeln, daß sie mit der großen Politik überhaupt nichts mehr zu tun hatte, so ist auch nicht ausgeschlossen, daß als Folge dieses Kriegs der nationale Gedanke, der vor ihm seine höchste Spannung erreicht hatte, eine ähnliche Änderung erfährt" [Soldaten-Zeitung vom 31. 12. 1916, Nr. 30, S. 3–4 – Für die Auffindung dieses Zitats danke ich Roman Urbaner].

III. Quellen und Literatur

Das Literaturverzeichnis muss sich auf eine knappe Auswahl einschlägiger Titel beschränken. Falls nicht anders angegeben, entsprechen die Abkürzungen den Siglen der Historischen Zeitschrift

ArchPolGesch	Archiv für Politik und Geschichte
Gd	Geschichtsdidaktik
GGA	Göttingische gelehrte Anzeigen
IHR	The International History Review
PreußJbb	Preußische Jahrbücher
RISt	Review of International Studies
SDG	Sowjetsystem und demokratische Gesellschaft. Eine vergleichende Enzyklopädie. Hrsgg. von C. D. Kernig, 6 Bde., Freiburg/Basel/Wien 1966–1972
WaG	Die Welt als Geschichte
ZfK	Zeitschrift für Kulturaustausch

A. Quellen

Akten – Dokumente – Persönliche Quellen

1. British Documents on the Origins of the War 1898–1914. 11 Bde. London 1926–36; Ndr. 1967, dtsch. 1928–38.
2. Die Große Politik der europäischen Kabinette 1871–1914. 40 Bde. Berlin 1922–27.
3. Die Internationalen Beziehungen im Zeitalter des Imperialismus. Reihe I–III. Berlin 1931–43.
4. Documents Diplomatiques Français (1871–1914), série 1–3. Paris 1929–59, dtsch. nur Bd. 1 der 3. Serie 1930.
5. Österreich-Ungarns Außenpolitik von der bosnischen Krise 1908 bis zum Kriegsausbruch 1914. 9 Bde. Wien/Leipzig 1930.
6. Bayerische Dokumente zum Kriegsausbruch und zum Versailler Schuldspruch. München/Berlin 1922, [4]1928.

7. Deutsche Gesandtschaftsberichte zum Kriegsausbruch 1914. Berlin 1937.
8. Die deutschen Dokumente zum Kriegsausbruch. 4 Bde. Charlottenburg 1919, neue (3.) Ausgabe, Berlin 1927.
9. Die Friedensversuche der kriegführenden Mächte im Sommer und Herbst 1917. Hrsg. v. W. STEGLICH. Wiesbaden/Stuttgart 1984.
10. Julikrise und Kriegsausbruch 1914, bearb. v. I. GEISS. 2 Bde. Hannover 1963/64, ^{3}1986.
11. Juli 1914. Hrsg. v. I. GEISS. München 1965, ^{2}1980.
12. Quellen zur deutschen Außenpolitik im Zeitalter des Imperialismus 1890–1911. Hrsg. v. M. BEHNEN. Darmstadt 1977.

Aufgrund des nur begrenzt zur Verfügung stehenden Raumes sind die im Folgenden aufgeführten Persönlichen Quellen nicht umfassend ausgewählt, sondern beziehen sich auf die im Text unter I und II genannten Titel. Für eine repräsentative Auswahl siehe W. BAUMGART, Das Zeitalter des Imperialismus und des Ersten Weltkrieges (1871–1918). Zweiter Teil: Persönliche Quellen. Darmstadt 1977.

13. H. VON BISMARCK, Aus seiner politischen Privatkorrespondenz. Hrsg. v. W. BUßMANN. Göttingen 1964.
14. O. VON Bismarck, Die gesammelten Werke. 15 Bde. Berlin 1924–35, Ndr. 1972.
15. Die politischen Reden des Fürsten Bismarck. Hrsg. v. H. KOHL. 14 Bde. Stuttgart 1892–1905, Ndr. 1969–70.
16. Philipp Eulenburgs politische Korrespondenz. Hrsg. v. J. C. G. RÖHL. 3 Bde. Boppard 1976–83.
17. P. GRAF VON HATZFELDT. Nachgelassene Papiere. Hrsg. v. G. EBEL. 2 Bde. Boppard 1976.
18. Briefwechsel Hertling–Lerchenfeld 1912–1917. 2 Teile. Hrsg. v. E. DEUERLEIN. Boppard 1973.
19. Die geheimen Papiere Friedrich von Holsteins. Hrsg. v. N. RICH und M. H. FISHER. Dt. Ausg. v. W. FRAUENDIENST. 4 Bde. Göttingen 1956–63.
20. Holstein und Hohenlohe. Nach Briefen und Aufzeichnungen aus dem Nachlaß des Fürsten Chlodwig zu Hohenlohe-Schillingsfürst 1874–1894. Hrsg. v. H. ROGGE. Stuttgart 1957.
21. FÜRST LICHNOWSKY, Auf dem Wege zum Abgrund. 2 Bde. Dresden 1927.
22. Zwei deutsche Fürsten zur Kriegsschuldfrage. Lichnowsky und

Eulenburg und der Ausbruch des Ersten Weltkriegs. Eine Dokumentation. Hrsg. v. J. C. G. RÖHL. Düsseldorf 1971.
23. R. LUCIUS VON BALLHAUSEN, Bismarck-Erinnerungen. Stuttgart/ Berlin 1920 (benutzt), ⁶1921.
24. G. MAYER, Erinnerungen. Zürich/Wien 1949.
25. Regierte der Kaiser? Kriegstagebücher, Aufzeichnungen und Briefe des Chefs des Marine-Kabinetts Admiral Georg Alexander von Müller 1914–1918. Hrsg. v. W. GÖRLITZ. Göttingen u. a. 1959.
26. Der Kaiser. Aufzeichnungen des Chefs des Marinekabinetts Admiral Georg Alexander v. Müller über die Ära Wilhelms II. Hrsg. v. W. GÖRLITZ. Göttingen u. a. 1965.
27. Aufzeichnungen und Erinnerungen aus dem Leben des Botschafters Joseph Maria von Radowitz. Hrsg. v. H. HOLBORN. 2 Bde. Stuttgart u. a. 1925, Ndr. 1967.
28. KURT RIEZLER, Tagebücher, Aufsätze, Dokumente. Hrsg. v. K. D. ERDMANN. Göttingen 1972.
29. Das Tagebuch der Baronin Spitzemberg. Hrsg. v. R. VIERHAUS. Göttingen 1960, ⁴1976.
30. A. VON TIRPITZ, Politische Dokumente. 2 Bde. Stuttgart u. a. 1924–26.
31. A. VON TIRPITZ, Erinnerungen. Berlin/Leipzig 1919, 5. durchg. u. verb. Aufl. 1927 (benutzt), ⁶1942.
32. THEODOR WOLFF, Tagebücher 1914–1919. Hrsg. v. B. SÖSEMANN. 2 Teile. Boppard 1984.

B. Literatur

1. Zur Geschichte der deutschen Außenpolitik (1871–1918) aus dem Zeitraum 1919–1945

1.1 1871–1918

33. E. BRANDENBURG, Von Bismarck zum Weltkriege. Leipzig 1924, neue umgearb. Ausg. 1939 (benutzt).
34. G. P. GOOCH, Recent Revelations of European Diplomacy. New York 1927, Ndr. 1967 (benutzt).
35. DERS., Studies in Diplomacy and Statecraft. London u. a. 1942, Ndr. 1946 (benutzt) u. ö.
36. F. HARTUNG, Deutsche Geschichte 1871 bis 1919. Bonn/Leipzig 1920, 6. neu bearb. Aufl. 1952 (benutzt).
37. O. HINTZE, Die Hohenzollern und ihr Werk. Berlin 1915 u. ö.

38. R. IBBEKEN, Das außenpolitische Problem. Staat und Wirtschaft in der deutschen Reichspolitik 1880–1914. Schleswig 1928.
39. H. ONCKEN, Ziele und Grundlagen der auswärtigen Politik des Deutschen Reiches von 1871 bis 1914, in: Volk und Reich der Deutschen. Bd. 1. Berlin 1929, 143–164.
40. F. RACHFAHL, Deutschland und die Weltpolitik 1871–1914. Bd. 1. Stuttgart 1923.
41. G. RITTER, Bismarcks Verhältnis zu England und die Politik des „Neuen Kurses", in: ArchPolGesch 2 (1924) 511–570; selbständig: Berlin 1924.
42. W. SCHÜSSLER, Deutschland zwischen Rußland und England. Studien zur Außenpolitik des Bismarckschen Reiches 1879–1914. Leipzig 1940, 3., verm. Aufl. 1940/43 (benutzt).
43. M. E. TOWNSEND, The Rise and Fall of Germany's Colonial Empire 1884–1918. New York 1930, Ndr. 1966, dtsch. 1932.
44. J. ZIEKURSCH, Politische Geschichte des neuen deutschen Kaiserreiches. 3 Bde. Frankfurt 1925–30.

1.2 1871–1890

45. W. O. AYDELOTTE, Bismarck and British Colonial Policy. London 1937, [2]1970, Ndr. d. 1. Aufl. 1974.
46. O. BECKER, Bismarcks Bündnispolitik. Berlin 1923.
47. DERS., Bismarck und die Aufgaben deutscher Weltpolitik, in: Am Webstuhl der Zeit. Erinnerungsgabe DELBRÜCK. Berlin 1928, 103–122.
48. F. FRAHM, England und Rußland in Bismarcks Bündnispolitik, in: ArchPolGesch 8 (1927) 365–431.
49. W. FRAUENDIENST, Bündniserörterungen zwischen Bismarck und Andrássy im März 1878, in: Gesamtdeutsche Vergangenheit. Festgabe SRBIK. München 1938, 353–362.
50. J. V. FULLER, Bismarck's Diplomacy at its Zenith. Cambridge/London 1922, Ndr. 1967 (benutzt).
51. M. VON HAGEN, Bismarcks Kolonialpolitik. Stuttgart/Berlin 1923.
52. DERS., Bismarck und England. Stuttgart/Berlin 1941, [2]1943 (benutzt).
53. J. HALLER, Bismarcks letzte Gedanken, in: DERS., Reden und Aufsätze. Stuttgart/Berlin 1934, 266–294 (benutzt), [2]1941.
54. D. HARRIS, Bismarck's Advance to England, January, 1876, in: JModH 3 (1931) 441–456.
55. A. HELMS, Bismarck und Rußland. Diss. Freiburg 1927.

56. A. HELMS, Der Botschafter H. L. von Schweinitz und seine politische Gedankenwelt. Diss. Breslau 1933.
57. H. HERZFELD, Die deutsch-französische Kriegsgefahr von 1875. Berlin 1922.
58. DERS., Deutschland und das geschlagene Frankreich 1871–1873. Berlin 1924.
59. H. HOLBORN, Bismarcks europäische Politik zu Beginn der siebziger Jahre und die Mission Radowitz. Berlin 1925.
60. DERS., Deutschland und die Türkei 1878–1890. Berlin 1926.
61. N. JAPIKSE, Europa und Bismarcks Friedenspolitik. Berlin 1927.
62. S. A. KAEHLER, Bemerkungen zu einem Marginal Bismarcks von 1887, in: HZ 167 (1943) 98–115.
63. H. KRAUSNICK, Holsteins Geheimpolitik in der Ära Bismarck 1886–1890. Hamburg 1942.
64. DERS., Botschafter Graf Hatzfeldt und die Außenpolitik Bismarcks, in: HZ 167 (1943) 566–583.
65. W. L. LANGER, European Alliances and Alignments 1871–1890, New York 1931, Ndr. 1939, ²1950 (benutzt).
66. C. MESSERSCHMIDT, Bismarcks russische Politik vom Berliner Kongreß bis zu seiner Entlassung. Diss. Würzburg 1936.
67. R. MOELLER, Bismarcks Bündnisangebot an England vom Januar 1889, in: Historische Vierteljahrschrift 31 (1938) 507–527.
68. DERS., Noch einmal Bismarcks Bündnisangebot an England vom Januar 1889, in: HZ 163 (1941) 100–113.
69. W. NÄF, Bismarcks Außenpolitik 1871–1890. St. Gallen 1925.
70. U. NOACK, Bismarcks Friedenspolitik und das Problem des deutschen Machtverfalls. Leipzig 1928.
71. A. PFITZER, Prinz Heinrich VII. Reuß, General von Schweinitz, Fürst Münster als Mitarbeiter Bismarcks. Diss. Tübingen 1931 (Teildruck).
72. W. PLATZHOFF, Bismarcks Friedenspolitik. Bonn/Leipzig 1923.
73. F. RACHFAHL, Bismarcks Englische Bündnispolitik. Freiburg i. Br. 1922.
74. A. REIN, Bismarcks Afrika-Politik, in: HZ 160 (1939) 79–89.
75. H. ROGGE, Bismarcks Kolonialpolitik als außenpolitisches Problem, in: Historische Vierteljahrschrift 21 (1922/23) 305–333 u. 423–443.
76. H. ROTHFELS, Zur Geschichte des Rückversicherungsvertrages, in: PreußJbb 187 (1922) 265–292.
77. DERS., Bismarcks englische Bündnispolitik. Stuttgart 1924.

78. A. VON TAUBE, Fürst Bismarck zwischen England und Rußland. Stuttgart 1923.
79. A. J. P. TAYLOR, Germany's First Bid for Colonies, 1884–1885. London 1938, ²1967, Ndr. d. 1. Aufl. 1970.
80. V. VALENTIN, Bismarcks Außenpolitik von 1871–1890. Berlin 1922.
81. W. WINDELBAND, Die Einheitlichkeit von Bismarcks Außenpolitik seit 1871, in: DERS., Gestalten und Probleme der Außenpolitik. Berlin u. a. 1937, 127–155.
82. DERS., Bismarck und die europäischen Großmächte 1879–1885. Essen 1940.

1.3 1890–1918

83. L. ALBERTINI, The Origins of the War of 1914. 3 Bde. London u. a. 1952–57, Ndr. 1965 u. ö., italien. Ausg. 1942/43.
84. W. ANDREAS, Kiderlen-Wächter. Randglossen zu seinem Nachlaß, in: HZ 132 (1925) 247–276.
85. DERS., Kiderlen-Wächter und die deutsche Politik der Vorkriegszeit, in: DERS., Kämpfe um Volk und Reich. Stuttgart/Berlin 1934, 151–186.
86. H. E. BARNES, The Genesis of the World War. New York 1926, ²1927 (benutzt), ³1929, dtsch. 1928.
87. O. BECKER, Das französisch-russische Bündnis. Berlin 1925.
88. W. BECKER, Fürst Bülow und England 1897–1909. Greifswald 1929.
89. C. BORNHAK, Das Rätsel der Nichterneuerung des Rückversicherungsvertrages, in: ArchPolGesch 2 (1924) 570–582.
90. E. BRANDENBURG, Die Ursachen des Weltkrieges. Leipzig 1925.
91. H. DELBRÜCK, Der Stand der Kriegsschuldfrage, in: ZfP 13 (1924) 293–319.
92. W. FABIAN, Die Kriegsschuldfrage. Leipzig 1925, Ndr. 1985.
93. S. B. FAY, The Origins of the World War. 2 Bde. New York 1928, 2. überarb. Aufl. in einem Bd. New York 1930 u. ö., dtsch. 1930.
94. E. FISCHER, Holsteins Großes Nein. Berlin 1925.
95. G. P. GOOCH, Before the War. Studies in Diplomacy. 2 Bde. London u. a. 1936–38, ³1967.
96. O. J. HALE, Prince von Bülow: His Memoirs and his German Critics, in: JModH 4 (1932) 261–277.
97. J. HALLER, England und Deutschland um die Jahrhundertwende. Leipzig 1929.
98. H. HALLMANN, Krügerdepesche und Flottenfrage. Stuttgart 1927.

B.1. Zur deutschen Außenpolitik 1919–1945

99. DERS., Der Weg zum deutschen Schlachtflottenbau. Stuttgart 1933.
100. E. HEMMER, Die deutschen Kriegserklärungen von 1914. Stuttgart 1935.
101. H. VON HOYNINGEN GEN. HUENE, Untersuchungen zur Geschichte des deutsch-englischen Bündnisproblems 1898–1901. Breslau 1934.
102. K. KAUTSKY, Wie der Weltkrieg entstand. Berlin 1919.
103. E. KEHR, Schlachtflottenbau und Parteipolitik 1894–1901. Berlin 1930.
104. DERS., Der Primat der Innenpolitik. Hrsg. v. H.-U. WEHLER. Berlin 1965, ²1970, Ndr. 1976.
105. W. KLEIN, Der Vertrag von Bjoerkoe. Berlin 1931.
106. W. L. LANGER, The Franco-Russian Alliance 1890–1894. Cambridge (MA)/London 1929, Ndr. 1967.
107. DERS., The Diplomacy of Imperialism 1890–1902. New York 1935, ²1951, Ndr. 1956 u. ö.
108. F. MEINECKE, Geschichte des deutsch-englischen Bündnisproblems 1890–1901. München/Berlin 1927, Ndr. 1972 (benutzt).
109. H. MICHAELIS, Die deutsche Politik während der Balkankriege 1912/13. Waldenburg 1929.
110. P. RENOUVIN, Les Origines Immédiates de la Guerre. Paris 1925, ²1927, engl. 1928, Ndr. 1969.
111. DERS., La crise de juillet 1914. In: Histoire Diplomatique de l'Europe. Bd. 2. Paris 1929, 346–367.
112. DERS., La Crise Européenne et la Première Guerre Mondiale, in: Peuples et Civilisations. Bd. 19. Paris 1934, ³1948 (benutzt), 5. überarb. Aufl. 1969.
113. G. RITTER, Die Legende von der verschmähten englischen Freundschaft 1898/1901. Freiburg 1929.
114. G. ROLOFF, Die Bündnisverhandlungen zwischen Deutschland und England 1898–1901, in: Berliner Monatshefte 7 (1929) 1167–1222.
115. H. ROTHFELS, Die englisch-russischen Verhandlungen von 1914 über eine Marinekonvention, in: Berliner Monatshefte 12 (1934) 365–372.
116. H. SCHIBEL, Kritik von Eckardsteins Lebenserinnerungen und politischen Denkwürdigkeiten. Tübingen 1933.
117. B. E. SCHMITT, The Origins of the World War. 2 Bde. New York 1928, Neuaufl. 1958, Ndr. 1966, 1972.

118. DERS., The Coming of the War 1914. 2 Bde. New York/London 1930, Ndr. 1966.
119. R. STADELMANN, Friedensversuche im ersten Jahre des Weltkriegs, in: HZ 156 (1937) 485–545.
120. H. ÜBERSBERGER, Das Friedensangebot der Mittelmächte vom 12. Dezember 1916 und Russland, in: Gesamtdeutsche Vergangenheit. Festgabe SRBIK. München 1938, 381–391.
121. V. VALENTIN, Deutschlands Außenpolitik von Bismarcks Abgang bis zum Ende des Weltkrieges. Berlin 1921.
122. E. WÄCHTER, Der Prestigegedanke in der deutschen Politik von 1890 bis 1914. Aarau 1941.
123. A. VON WEGERER, Der Ausbruch des Weltkrieges 1914. 2 Bde. Hamburg 1939.

2. Zur Geschichte der deutschen Außenpolitik (1871–1918) aus dem Zeitraum 1945–1961

2.1 1871–1918

124. L. DEHIO, Gleichgewicht oder Hegemonie. Krefeld 1948 u. ö.
125. DERS., Deutschland und die Weltpolitik im 20. Jahrhundert. München 1955.
126. G. W. F. HALLGARTEN, Imperialismus vor 1914. 2., durchgearb. u. stark erw. Aufl. München 1963 (1. Aufl. 1951 in 2 Bdn.).
127. H. HOLBORN, The Political Collapse of Europe. New York 1951 (benutzt), [2]1951 u. ö., dtsch. 1954.
128. S. A. KAEHLER, Das preußisch-deutsche Problem seit der Reichsgründung, in: DERS., Studien zur deutschen Geschichte. Göttingen 1961, 204–219.
129. F. KLEIN, Über die Verfälschung der historischen Wahrheit in der Aktenpublikation „Die Große Politik der Europäischen Kabinette 1871–1914", in: ZfG 7 (1959) 318–330.
130. B. G. MARTIN, German-Persian Diplomatic Relations 1873–1912. 's-Gravenhage 1959.
131. H. C. MEYER, Mitteleuropa in German Thought and Action 1815–1945. Den Haag 1955.
132. G. RITTER, Europa und die Deutsche Frage. München 1948.

2.2 1871–1890

133. W. O. AYDELOTTE, Wollte Bismarck Kolonien?, in: Deutschland und Europa. Festschrift ROTHFELS. Düsseldorf 1951, 41–68.

134. W. Bußmann, Das Zeitalter Bismarcks. Frankfurt a. M. 1956, ⁴1968 (benutzt).
135. G. P. Gooch, The Study of Bismarck, in: Ders., Studies in German History. London u. a. 1948, 300–341.
136. E. Hölzle, Die Reichsgründung und der Aufstieg der Weltmächte, in: GWU 2 (1951) 132–147.
137. K.-E. Jeismann, Das Problem des Präventivkrieges im europäischen Staatensystem mit besonderem Blick auf die Bismarckzeit. Freiburg/München 1957.
138. P. Kluke, Bismarck und Salisbury, in: HZ 175 (1953) 285–306.
139. W. N. Medlicott, Bismarck, Gladstone and the Concert of Europe. London 1956.
140. L. von Muralt, Bismarcks Verantwortlichkeit. Göttingen u. a. 1955, ²1970.
141. A. Novotny, Der Berliner Kongreß und das Problem einer europäischen Politik, in: HZ 186 (1958) 285–307.
142. P. Rassow, Zur Interpretation des Rückversicherungs-Vertrages, in: HJb 74 (1955) 758–765.
143. G. Ritter, Das Bismarckproblem, in: Merkur 4 (1950) 657–676, wiederabgedr. in: L. Gall (Hrsg.), Das Bismarck-Problem. Köln/Berlin 1971, 119–137.
144. F. Schnabel, Das Problem Bismarck, in: Hochland 42 (1949/50) 1–27, wiederabgedr. in: wie 143, 97–118.
145. H. Wereszycki, Alarm Wojenny 1875 Roku W Swietle Niewyzyskanych Zródeł, in: Kwartalnik Historyczny 68 (1961) 689–716.
146. R. Wittram, Bismarcks Rußlandpolitik nach der Reichsgründung, in: HZ 186 (1958) 261–284.

2.3 1890–1918

147. O. Becker, Die Wende der deutsch-englischen Beziehungen. In: Festschrift Ritter. Tübingen 1950, 353–400.
148. W. Conze, Polnische Nation und deutsche Politik im Ersten Weltkrieg. Köln/Graz 1958.
149. K. D. Erdmann, Die Zeit der Weltkriege. Stuttgart ⁹1973/76.
150. W. Frauendienst, Deutsche Weltpolitik – Zur Problematik des Wilhelminischen Reichs, in: WaG 19 (1959) 1–39.
151. H. W. Gatzke, Germany's Drive to the West. Baltimore 1950, ³1967, Ndr. 1978.
152. W. Goetz, Die Erinnerungen des Staatssekretärs Richard von Kühlmann. München 1952.

153. G. P. Gooch, Holstein, in: Ders., wie 135, 391–511.
154. W. Hahlweg, Der Diktatfrieden von Brest-Litowsk 1918 und die bolschewistische Weltrevolution. Münster 1960.
155. F. Frhr. Hiller von Gaertringen, Fürst Bülows Denkwürdigkeiten. Tübingen 1956.
156. W. Hubatsch, Der Weltkrieg 1914/1918. Konstanz 1955, Neuaufl. Frankfurt a. M. 1973.
157. Ders., Die Ära Tirpitz. Göttingen u. a. 1955.
158. Ders., Zur deutschen Nordeuropa-Politik um das Jahr 1905, in: HZ 188 (1959) 594–606.
159. A. S. Jerussalimski, Die Außenpolitik und die Diplomatie des deutschen Imperialismus Ende des 19. Jahrhunderts. Berlin (Ost) 1954.
160. H. Krausnick, Holstein, Österreich-Ungarn und die Meerengenfrage im Herbst 1895, in: Forschungen zu Staat und Verfassung. Festgabe Hartung. Berlin 1958, 485–520.
161. H. O. Meisner, Der Reichskanzler Caprivi, in: ZgS 111 (1955) 669–752; selbständig: Darmstadt 1969.
162. P. Rassow, Schlieffen und Holstein, in: HZ 173 (1952) 297–313.
163. G. Ritter, Der Schlieffenplan. Kritik eines Mythos. München 1956.
164. Ders., Staatskunst und Kriegshandwerk. Bd. II: Die Hauptmächte Europas und das Wilhelminische Reich (1890–1914). München 1960, ³1973.
165. R. Stadelmann, Die Epoche der deutsch-englischen Flottenrivalität, in: Deutschland und Westeuropa. Schloß Laupheim 1948, 85–146 u. 159–175.
166. W. Steglich, Bündnissicherung oder Verständigungsfrieden. Göttingen u. a. 1958.
167. P. G. Thielen, Die Außenpolitik des Deutschen Reiches 1890–1914. Literatur- und Forschungsbericht für die Jahre 1945–1960, in: WaG 22 (1962) 27–48.
168. J. W. Wheeler-Bennett, Brest-Litovsk. The Forgotten Peace. London u. a. 1938, ³1956 (benutzt), Ndr. 1966 u. ö.

3. Zur „Fischer-Kontroverse"

169. W. Baumgart, Deutsche Ostpolitik 1918. München 1966.
170. A. Blänsdorf, Der Weg der Riezler-Tagebücher. Zur Kontroverse über die Echtheit, in: GWU 35 (1984) 651–684.
171. J. Droz, Les Causes de la Première Guerre Mondiale. Paris 1973.

172. K. EPSTEIN, German War Aims in the First World War, in: World Politics 15 (1962/63) 163–185.
173. K. D. ERDMANN, Zur Beurteilung Bethmann Hollwegs, in: GWU 15 (1964) 525–540.
174. DERS., Deutschland im Ersten Weltkrieg. Methodische Fragen zur Auswertung der Schriften und Tagebücher Kurt Riezlers, in: Jahrbuch der Akademie der Wissenschaften in Göttingen, Göttingen 1973, 43–55.
175. DERS., wie 149.
176. DERS., Zur Echtheit der Tagebücher Kurt Riezlers. Eine Antikritik, in: HZ 236 (1983) 371–402.
177. L. L. FARRAR, JR., The Short-War Illusion. German Policy, Strategy & Domestic Affairs, August–December 1914. Santa Barbara/Oxford 1973.
178. DERS., Divide and conquer. German efforts to conclude a separate peace 1914–1918. New York 1978.
179. F. FISCHER, Deutsche Kriegsziele. Revolutionierung und Separatfrieden im Osten 1914–1918, in: HZ 188 (1959) 249–310.
180. DERS., Griff nach der Weltmacht. Die Kriegszielpolitik des kaiserlichen Deutschland 1914/18. Düsseldorf 1961, 3., verb. Aufl. 1964 (benutzt), [4]1977; außerdem: gekürzte und aufgr. der 3. Aufl. vollst. neu bearb. Sonderausg. Düsseldorf 1967, 2. Aufl. mit Begleitwort d. Verf., Kronberg/Ts. 1977 (benutzt).
181. DERS., Weltmacht oder Niedergang. Deutschland im ersten Weltkrieg. Frankfurt a. M. 1965, [2]1968.
182. DERS., Krieg der Illusionen. Die deutsche Politik von 1911 bis 1914. Düsseldorf 1969, [2]1970, Ndr. 1987.
183. DERS., Bündnis der Eliten. Düsseldorf 1979, [2]1985.
184. DERS., Juli 1914. Reinbek 1983.
185. K. J. GANTZEL u. a., Konflikt – Eskalation – Krise. Düsseldorf 1972.
186. A. GASSER, Deutschlands Entschluß zum Präventivkrieg 1913/14, in: Discordia Concors. Festgabe BONJOUR. Basel/Stuttgart 1968. Bd. 1, 171–224, wiederabgedr. in: 187.
187. DERS., Preussischer Militärgeist und Kriegsentfesselung 1914. Basel/Frankfurt a. M. 1985.
188. I. GEISS, Der polnische Grenzstreifen. Lübeck/Hamburg 1960.
189. DERS., Das Deutsche Reich und der Erste Weltkrieg. München/ Wien 1978, Neuaufl. 1985.
190. DERS., Die manipulierte Kriegsschuldfrage, in: MGM 34 (1983) 31–60.

191. H. HERZFELD, Zur deutschen Politik im Ersten Weltkriege. Kontinuität der permanenten Krise?, in: HZ 191 (1960) 67–82.
192. A. HILLGRUBER, Riezlers Theorie des kalkulierten Risikos und Bethmann Hollwegs politische Konzeption in der Julikrise 1914, in: HZ 202 (1966) 333–351.
193. DERS., Die deutsche Politik in der Julikrise 1914, in: QuFiAB 61 (1981) 191–215.
194. E. HÖLZLE, Die Selbstentmachtung Europas. Göttingen 1975.
195. E. R. HUBER, Das persönliche Regiment Wilhelms II., in: DERS., Nationalstaat und Verfassungsstaat. Stuttgart 1965, 224–248.
196. K.-H. JANBEN, Macht und Verblendung. Kriegszielpolitik der deutschen Bundesstaaten 1914/18. Göttingen u. a. 1963.
197. DERS., Der Kanzler und der General. Die Führungskrise um Bethmann Hollweg und Falkenhayn (1914–1916). Göttingen u. a. 1967.
198. K. H. JARAUSCH, The Enigmatic Chancellor. Bethmann Hollweg and the Hubris of Imperial Germany. New Haven/London 1973.
199. H. KANTOROWICZ, Gutachten zur Kriegsschuldfrage 1914. Hrsg. v. I. GEISS. Frankfurt 1967.
200. P. GRAF KIELMANSEGG, Deutschland und der Erste Weltkrieg. Frankfurt 1968, ²1980.
201. J. A. MOSES, The Politics of Illusion. The Fischer Controversy in German Historiography. London 1975, Ndr. 1985.
202. H. POGGE VON STRANDMANN/I. GEISS, Die Erforderlichkeit des Unmöglichen. Frankfurt a. M. 1965.
203. G. RITTER, Staatskunst und Kriegshandwerk. Bd. III: Die Tragödie der Staatskunst. Bethmann Hollweg als Kriegskanzler (1914–1917). München 1964.
204. DERS., Zur Fischer-Kontroverse, in: HZ 200 (1965) 783–786.
205. J. C. G. RÖHL, Germany without Bismarck. Berkeley/Los Angeles 1967, dtsch. 1969.
206. DERS., Admiral von Müller and the Approach of War, 1911–1914, in: HJ 12 (1969) 651–673.
207. DERS., An der Schwelle zum Weltkrieg, in: MGM 21 (1977) 77–134.
208. DERS., Die Generalprobe. Zur Geschichte und Bedeutung des „Kriegsrates", in: Industrielle Gesellschaft und politisches System. Festschrift FISCHER. Bonn 1978, 357–373.
209. DERS./N. SOMBART (Eds.), Kaiser Wilhelm II. New Interpretations. Cambridge u. a. 1982.

210. DERS., Kaiser, Hof und Staat. Wilhelm II. und die deutsche Politik. München 1987.
211. W. SCHIEDER, Italien und Deutschland 1914/15, in: QuFiAB 48 (1968) 244–259.
212. DERS., (Hrsg.), Erster Weltkrieg. Köln/Berlin 1969
213. DERS., Der Erste Weltkrieg, in: SDG VI (1972) 841–873.
214. G. SCHÖLLGEN, „Fischer-Kontroverse" und Kontinuitätsproblem, in: A. HILLGRUBER/J. DÜLFFER (Hrsg.), Ploetz: Geschichte der Weltkriege. Freiburg/Würzburg 1981, 163–177.
215. DERS., Griff nach der Weltmacht? 25 Jahre Fischer-Kontroverse, in: HJb 106 (1986) 386–406.
216. E. SCHRAEPLER, Die Forschung über den Ausbruch des Ersten Weltkrieges im Wandel des Geschichtsbildes 1919–1969, in: GWU 23 (1972) 321–338.
217. B. F. SCHULTE, Die deutsche Armee 1900–1914. Düsseldorf 1977.
218. DERS., Vor dem Kriegsausbruch 1914. Deutschland, die Türkei und der Balkan. Düsseldorf 1980.
219. DERS., Zu der Krisenkonferenz vom 8. Dezember 1912, in: HJb 102 (1982) 183–197.
220. DERS., Europäische Krise und Erster Weltkrieg. Frankfurt a.M./ Bern 1983.
221. DERS., Die Verfälschung der Riezler Tagebücher. Frankfurt a.M. u.a. 1985.
222. K. SCHWABE, Wissenschaft und Kriegsmoral. Göttingen 1969.
223. B. SÖSEMANN, „Die Erforderlichkeit des Möglichen". Kritische Bemerkungen zu der Edition: Kurt Riezler, Tagebücher, in: BlldtLG 110 (1974) 261–275.
224. DERS., Die Tagebücher Kurt Riezlers. Untersuchungen zu ihrer Echtheit und Edition, in: HZ 236 (1983) 327–369.
225. R. J. SONTAG, The German Diplomatic Papers, in: AHR 68 (1963) 57–68.
226. W. STEGLICH, Die Friedenspolitik der Mittelmächte 1917/18. Bd. I. Wiesbaden 1964.
227. DERS., Der Friedensappell Papst Benedikts XV. vom 1. August 1917 und die Mittelmächte. Wiesbaden 1970.
228. W. C. THOMPSON, In the Eye of the Storm. Kurt Riezler and the Crisis of Modern Germany. Iowa City 1980.
229. V. ULLRICH, Die deutschen Verständigungsversuche mit Japan 1914/15, in: Saeculum 33 (1982) 359–374.
230. DERS., Entscheidung im Osten oder Sicherung der Dardanellen, in: MGM 32 (1982) 45–63.

231. DERS., Das deutsche Kalkül in der Julikrise 1914 und die Frage der englischen Neutralität, in: GWU 34 (1983) 79–97.
232. DERS., Die polnische Frage und die deutschen Mitteleuropapläne im Herbst 1915, in: HJb 104 (1984) 348–371.
233. DERS., Zwischen Verhandlungsfrieden und Erschöpfungskrieg. Die Friedensfrage in der deutschen Reichsleitung Ende 1915, in: GWU 37 (1986) 397–419.
234. B.-J. WENDT, Zum Stand der „Fischer-Kontroverse" um den Ausbruch des Ersten Weltkrieges, in: Annales Universitatis Scientiarum Budapestinensis 24 (1985), 99–132.
235. DERS., Über den geschichtswissenschaftlichen Umgang mit der Kriegsschuldfrage, in: K. J. GANTZEL (Hrsg.), Wissenschaftliche Verantwortung und politische Macht. Berlin/Hamburg 1986, 1–63.
236. W. E. WINTERHAGER, Mission für den Frieden. Europäische Mächtepolitik und dänische Friedensvermittlung im Ersten Weltkrieg. Stuttgart 1984.
237. E. ZECHLIN, Friedensbestrebungen und Revolutionierungsversuche, in: Aus Politik und Zeitgeschichte (Beilage zu „Das Parlament") B 20/1961, 269–288; B 24/1961, 325–337; B 25/1961, 341–367; B 20/1963, 3–54; B 22/1963, 3–47.
238. DERS., Krieg und Kriegsrisiko. Zur deutschen Politik im Ersten Weltkrieg. Düsseldorf 1979.
239. DERS., Julikrise und Kriegsausbruch 1914, in: Europa 1914 – Krieg oder Frieden. Kiel 1985, 51–96.

4. Zur Debatte um den Primat der Innen- oder Außenpolitik

240. W. BAUMGART, Eine neue Imperialismustheorie?, in: MGM 10 (1971) 197–207.
241. M. BEHNEN, Rüstung – Bündnis – Sicherheit. Dreibund und informeller Imperialismus 1900–1908. Tübingen 1985.
242. V. R. BERGHAHN, Der Tirpitz-Plan. Düsseldorf 1971.
243. DERS., Germany and the Approach of War in 1914. London 1973.
244. H. BÖHME, Deutschlands Weg zur Großmacht. Köln/Berlin 1966, ³1974.
245. DERS., Politik und Ökonomie in der Reichsgründungs- und späten Bismarckzeit, in: M. STÜRMER (Hrsg.), Das kaiserliche Deutschland. Düsseldorf 1970, 26–50, als TB 1984.
246. DERS., Die deutsch-russischen Wirtschaftsbeziehungen, in: K. O.

FRHR. VON ARETIN/W. CONZE (Hrsg.), Deutschland und Rußland. Wiesbaden 1977, 173–190 u. 191–206.
247. DERS., „Grenzen des Wachstums", außenwirtschaftliche Beziehungen und gesellschaftliche Systemstabilisierung, in: Industrielle Gesellschaft und politisches System. Festschrift FISCHER. Bonn 1978, 175–192.
248. H. DEININGER, Frankreich – Rußland – Deutschland 1871–1891. München/Wien 1983.
249. R. J. EVANS, Introduction. Wilhelm II's Germany and the Historians, in: DERS. (Ed.), Society and Politics in Wilhelmine Germany, London u. a. 1978, 11–39.
250. L. GALL, Staat und Wirtschaft in der Reichsgründungszeit, in: HZ 209 (1969) 616–630.
251. DERS., Bismarck und England, in: P. KLUKE/P. ALTER (Hrsg.), Aspekte der deutsch-britischen Beziehungen. Stuttgart 1978, 46–59.
252. DERS., Zu Ausbildung und Charakter des Interventionsstaats, in: Staat und Gesellschaft im politischen Wandel. Festschrift BUSSMANN. Stuttgart 1979, 1–16.
253. M. R. GORDON, Domestic Conflict and the Origins of the First World War: The British and the German Cases, in: JModH 46 (1974) 191–226.
254. D. GROH, „Je eher, desto besser!" Innenpolitische Faktoren für die Präventivkriegsbereitschaft des Deutschen Reiches 1913/14, in: PVS 13 (1972) 501–521.
255. G. W. F. HALLGARTEN, War Bismarck ein Imperialist?, in: GWU 22 (1971) 257–265.
256. DERS., Wehler, der Imperialismus und ich, in: GWU 23 (1972) 296–303.
257. V. HENTSCHEL, Wirtschaft und Wirtschaftspolitik im wilhelminischen Deutschland. Stuttgart 1978.
258. K. HILDEBRAND, Geschichte oder „Gesellschaftsgeschichte"?, in: HZ 223 (1976) 328–357.
259. A. HILLGRUBER, Politische Geschichte in moderner Sicht, in: HZ 216 (1973) 529–552.
260. O. KAIKKONEN, Deutschland und die Expansionspolitik der USA in den 90er Jahren des 19. Jahrhunderts. Jyväskylä 1980.
261. D. E. KAISER, Germany and the Origins of the First World War, in: JModH 55 (1983) 442–474.
262. P. M. KENNEDY, German Colonial Expansion, in: P&P 54 (1972) 134–141.

263. P. LEIBENGUTH, Modernisierungskrisis des Kaiserreichs an der Schwelle zum wilhelminischen Imperialismus. Politische Probleme der Ära Caprivi. Diss. Köln 1975.
264. P. LOEWENBERG, Arno Mayer's „Internal Causes and Purposes of War in Europe, 1870–1956", in: JModH 42 (1970) 628–636.
265. A. J. MAYER, Domestic Causes of the First World War, in: L. KRIEGER/F. STERN (Eds.), The Responsibility of Power. London/Melbourne 1968, 286–300.
266. DERS., Internal Causes and Purposes of War in Europe, 1870–1956, in: JModH 41 (1969) 291–303.
267. DERS., The Persistence of the Old Regime: Europe to the Great War, London 1981; (benutzte) dtsch. Ausgabe: Adelsmacht und Bürgertum. München 1984.
268. W. J. MOMMSEN, Domestic Factors in German Foreign Policy before 1914, in: CEH 6 (1973) 3–43.
269. DERS., Das deutsche Kaiserreich als System umgangener Entscheidungen, in: Vom Staat des Ancien Régime zum modernen Parteienstaat. Festschrift SCHIEDER. München/Wien 1978, 239–265.
270. H. MÜLLER-LINK, Industrialisierung und Außenpolitik. Preußen-Deutschland und das Zarenreich von 1860 bis 1890. Göttingen 1977.
271. T. NIPPERDEY, Wehlers „Kaiserreich". Eine kritische Auseinandersetzung, in: GG I (1975) 539–560.
272. O. PFLANZE, Bismarcks Herrschaftstechnik als Problem der gegenwärtigen Historiographie, in: HZ 234 (1982) 561–599.
273. H. POGGE VON STRANDMANN, Domestic Origins of Germany's Colonial Expansion under Bismarck, in: P&P 42 (1969) 140–159.
274. W. REINHARD, „Sozialimperialismus" oder „Entkolonialisierung der Historie"?, in: HJb 97/98 (1978) 384–417.
275. J. C. G. RÖHL, wie 210.
276. DERS., Kaiser Wilhelm II., Großherzog Friedrich I. und der „Königsmechanismus" im Kaiserreich, in: HZ 236 (1983) 539–577.
277. H. ROSENBERG, Große Depression und Bismarckzeit. Berlin 1967.
278. M. SALEWSKI, Tirpitz. Göttingen u. a. 1979.
279. J. SHEEHAN, Rezension zu: G. A. Ritter (Hrsg.), Gesellschaft, Parlament und Regierung, und M. Stürmer, Regierung und Reichstag, in: JModH 48 (1976) 564–567.
280. M. STÜRMER, Deutscher Flottenbau und europäische Weltpolitik vor dem Ersten Weltkrieg, in: Deutsches Marine-Institut und Mi-

litärgeschichtliches Forschungsamt (Hrsg.), Die deutsche Flotte im Spannungsfeld der Politik. Herford 1985, 53–65 u. 66–77.
281. H. A. TURNER, JR., Bismarck's Imperialist Venture, in: P. GIFFORD/ W. R. LOUIS (Eds.), Britain and Germany in Africa. New Haven/ London 1967, 47–82.
282. B. VOGEL, Deutsche Rußlandpolitik. Düsseldorf 1973.
283. H.-U. WEHLER, Bismarck und der Imperialismus. Berlin 1969, ³1972.
284. DERS., Bismarcks Imperialismus und späte Rußlandpolitik unter dem Primat der Innenpolitik, in: M. STÜRMER (Hrsg.), Das kaiserliche Deutschland. Düsseldorf 1970, 235–264.
285. DERS., Sozialökonomie und Geschichtswissenschaft, in: NPL 14 (1969) 344–374.
286. DERS., Noch einmal: Bismarcks Imperialismus, in: GWU 23 (1972) 226–235.
287. DERS., Krisenherde des Kaiserreiches 1871–1918. Göttingen 1970, 2., überarb. u. erw. Aufl. 1979.
288. DERS., Das Deutsche Kaiserreich 1871–1918. Göttingen 1973, ⁴1980 (benutzt), 5., durchges. u. bibl. erg. Aufl. 1983.
289. DERS., Der Aufstieg des Organisierten Kapitalismus und Interventionsstaates in Deutschland, in: H. A. WINKLER (Hrsg.), Organisierter Kapitalismus. Göttingen 1974, 36–57.
290. R. WEITOWITZ, Deutsche Politik und Handelspolitik unter Reichskanzler Leo von Caprivi 1890–1894. Düsseldorf 1978.
291. H.-G. ZMARZLIK, Das Kaiserreich in neuer Sicht?, in: HZ 222 (1976), 105–126.

5. Zur Geschichte der deutschen Außenpolitik (1871–1918): Positionen und Tendenzen

292. C. ANDREW, German World Policy and the Reshaping of the Dual Alliance, in: JContH 1 (1966) H. 3, 137–151.
293. H. D. ANDREWS, Bismarck's Foreign Policy and German Historiography, 1919–1945, in: JModH 37 (1965) 345–356.
294. R. ARON, Die letzten Jahre des Jahrhunderts. Stuttgart 1986.
295. G. BARRACLOUGH, From Agadir to Armageddon. London 1982.
296. W. BAUMGART, Deutschland im Zeitalter des Imperialismus (1890–1914). Frankfurt a. M. u. a. 1972, ⁵1986 (benutzt).
297. DERS., (Hrsg.), Quellenkunde zur deutschen Geschichte der Neuzeit. Bd. 5: Das Zeitalter des Imperialismus und des Ersten Weltkrieges (1871–1918). 2 Teile. Darmstadt 1977.

298. DERS., Prolog zur Krieg-in-Sicht-Krise. Bismarcks Versuch, den Kulturkampf in die Türkei zu exportieren (1873/74), in: Politik und Konfession. Festschrift REPGEN. Berlin 1983, 231–256.
299. D. BLACKBOURN/G. ELEY, Mythen deutscher Geschichtsschreibung. Berlin u. a. 1980, erw. engl. Ausg. Oxford 1984.
300. H. BLEY, Bebel und die Strategie der Kriegsverhütung 1904–1913. Göttingen 1975.
301. J. W. BOREJSZA, Über Bismarck und die polnische Frage in der polnischen Historiographie, in: HZ 241 (1985) 599–630.
302. B. VOM BROCKE, Wissenschaft versus Militarismus: Nicolai, Einstein und die „Biologie des Krieges", in: Jahrbuch des italienisch-deutschen historischen Instituts in Trient 10 (1984) 405–508.
303. H. BUTTERFIELD, Diplomacy, in: R. HATTON/M. S. ANDERSON (Eds.), Studies in Diplomatic History. Essays in memory of DAVID BAYNE HORN. London 1970, 357–372.
304. D. CALLEO, The German Problem Reconsidered. Germany and the World Order, 1870 to the Present. Cambridge u. a. 1978, dtsch. 1980.
305. K. CANIS, Bismarck und Waldersee. Die außenpolitischen Krisenerscheinungen und das Verhalten des Generalstabes 1882 bis 1890. Berlin (Ost) 1980.
306. DERS., Zur Außenpolitik der Regierung des „Neuen Kurses" nach 1890, in: ZfG 31 (1983) 982–997.
307. F. L. CARSTEN, War against War. British and German Radical Movements in the First World War. London 1982.
308. L. CECIL, The German Diplomatic Service, 1871–1914. Princeton (N.J.) 1976.
309. R. CHICKERING, Imperial Germany and a World Without War. The Peace Movement and German Society, 1892–1914. Princeton (N.J.) 1975.
310. J. COCKFIELD, Germany and the Fashoda Crisis, 1898–99, in: CEH 16 (1983) 256–275.
311. G. A. CRAIG/F. GILBERT, Reflections on Strategy in the Present and Future, in: P. PARET (Ed.), Makers of Modern Strategy. Princeton (N.J.) 1986, 863–871.
312. R. J. CRAMPTON, The Hollow Detente. Anglo-German Relations in the Balkans, 1911–1914. London/Atlantic Highlands (N.J.) 1980.
313. N. Der BAGDASARIAN, The Austro-German Rapprochement, 1870–1879. London u. a. 1976.
314. J. DOERR, Germany, Russia and the Kulturkampf, 1870–1875, in: Canadian Journal of History 10 (1975) 51–72.

315. J. DÜLFFER, Regeln gegen den Krieg? Die Haager Friedenskonferenzen. Berlin u. a. 1981.
316. DERS., Deutschland als Kaiserreich (1871–1918), in: Deutsche Geschichte. Hrsg. v. M. VOGT. Stuttgart 1987, 469–567.
317. DERS./K. HOLL (Hrsg.), Bereit zum Krieg. Kriegsmentalität im wilhelminischen Deutschland 1890–1914. Göttingen 1986.
318. J.-B. DUROSELLE, L'Europe de 1815 à nos jours. Paris 1964, ^{4}1975.
319. R. B. ELROD, The Concert of Europe: A Fresh Look at an International System, in: World Politics 28 (1975/76) 159–174.
320. K. D. ERDMANN, wie 149.
321. S. VAN EVERA, The Cult of the Offensive and the Origins of the First World War, in: International Security 9 (1984) 58–107.
322. L. L. FARRAR, JR., Arrogance and Anxiety. The Ambivalence of German Power, 1848–1914. Iowa City 1981.
323. R. FIEBIG-VON HASE, Lateinamerika als Konfliktherd der deutschamerikanischen Beziehungen 1890–1903. 2 Teile. Göttingen 1986.
324. R. FLETCHER, Revisionism and Empire. Socialist Imperialism in Germany 1897–1914. London u. a. 1984.
325. U. FORTUNA, Der Völkerbundsgedanke in Deutschland während des Ersten Weltkrieges. Zürich 1974.
326. W. FRAUENDIENST, Das Deutsche Reich von 1890 bis 1914 (1909). Frankfurt a. M. 1973.
327. W.-U. FRIEDRICH, Bulgarien und die Mächte 1913–1915. Stuttgart 1985.
328. L. GALL, Die europäischen Mächte und der Balkan im 19. Jahrhundert, in: HZ 228 (1979) 551–571.
329. DERS., Bismarck. Der weiße Revolutionär. Frankfurt a. M./Berlin/Wien 1980 u.ö., als TB 1983.
330. DERS., Europa auf dem Weg in die Moderne 1850–1890. München/Wien 1984.
331. I. GEISS, German Foreign Policy, 1871–1914. London/Boston u. a. 1976, Ndr. 1979.
332. R. GIRAULT, Diplomatie européenne et impérialismes. Bd. 1: 1871–1914. Paris u. a. 1979.
333. H. GOLLWITZER, Der politische Katholizismus im Hohenzollernreich und die Außenpolitik, in: Staat und Gesellschaft. Festschrift BUẞMANN. Stuttgart 1979, 224–257.
334. DERS., „Für welchen Weltgedanken kämpfen wir?", in: Deutsche Frage und europäisches Gleichgewicht. Festschrift HILLGRUBER. Köln/Wien 1985, 83–109.

335. W. GUTSCHE, Grundtendenzen im Funktionsmechanismus zwischen Monopolkapital und Staat in der Außenpolitik des deutschen Imperialismus vor 1914, in: ZfG 27 (1979) 1042–1057.
336. DERS., Monopolbourgeoisie, Staat und Außenpolitik vor dem ersten Weltkrieg, in: ZfG 29 (1981) 239–253.
337. DERS., Gewicht und Wirkungswege ökonomischer Triebkräfte in der imperialistischen deutschen Außenpolitik vor 1917, in: ZfG 30 (1982) 529–539.
338. DERS., Zur Herausbildung der unmittelbaren Kriegsdisposition des deutschen Imperialismus im Sommer 1914, in: Militärgeschichte 23 (1984) 107–112.
339. DERS., Zur Entfesselung des ersten Weltkrieges, in: ZfG 33 (1985) 779–793.
340. DERS., Monopole, Staat und Expansion vor 1914. Berlin (Ost) 1986.
341. S. HAFFNER, Von Bismarck zu Hitler. München 1987.
342. U. HEINEMANN, Die verdrängte Niederlage. Politische Öffentlichkeit und Kriegsschuldfrage in der Weimarer Republik. Göttingen 1983.
343. K. HILDEBRAND, Imperialismus, Wettrüsten und Kriegsausbruch 1914, in: NPL 20 (1975) 160–194 u. 339–364.
344. DERS., Großbritannien und die deutsche Reichsgründung, in: wie 372, 9–62.
345. DERS., Staatskunst oder Systemzwang? Die „deutsche Frage" als Problem der Weltpolitik, in: HZ 228 (1979) 624–644.
346. DERS., Zwischen Allianz und Antagonismus. Das Problem bilateraler Normalität in den britisch-deutschen Beziehungen des 19. Jahrhunderts (1870–1914), in: Weltpolitik. Europagedanke. Regionalismus. Festschrift GOLLWITZER. Münster 1982, 305–331.
347. DERS., Julikrise 1914: Das europäische Sicherheitsdilemma, in: GWU 36 (1985) 469–502.
348. DERS., Der deutsche Eigenweg, in: Demokratie und Diktatur. Festschrift BRACHER. Düsseldorf 1987, 15–34.
349. DERS., German Foreign Policy from Bismarck to Adenauer. London 1989.
350. A. HILLGRUBER, Deutschlands Rolle in der Vorgeschichte der beiden Weltkriege. Göttingen 1967, ^{3}1986 (benutzt).
351. DERS., Bismarcks Außenpolitik. Freiburg 1972, ^{2}1981.
352. DERS., Deutsche Rußland-Politik 1871–1918, in: Saeculum 27 (1976) 94–108.
353. DERS., Otto von Bismarck. Göttingen u. a. 1978.

354. DERS., Die gescheiterte Großmacht. Düsseldorf 1980, ⁴1984.
355. DERS., Südosteuropa in Bismarcks Außenpolitik 1875–1879, in: wie 380, 179–188.
356. M. HOWARD, The Franco-Prussian War. London/New York 1961, als TB 1981 (benutzt).
357. DERS., Der Krieg in der europäischen Geschichte. München 1981.
358. W. JÄGER, Historische Forschung und politische Kultur in Deutschland. Die Debatte 1914–1980 über den Ausbruch des Ersten Weltkrieges. Göttingen 1984.
359. J. JOLL, 1914. The Unspoken Assumptions. London 1968.
360. DERS., Politicians and the Freedom to Choose. The Case of July 1914, in: A. RYAN (Ed.), The Idea of Freedom. Essays in Honour of ISAIAH BERLIN. Oxford u. a. 1979, 99–114.
361. DERS., The Origins of the First World War. London/New York 1984.
362. M. KAHLER, Rumors of War: The 1914 Analogy, in: Foreign Affairs 58 (1979/80) 374–396.
363. G. F. KENNAN, The Decline of Bismarck's European Order. Franco-Russian Relations, 1875–1890. Princeton, (N.J.) 1979, dtsch. 1981.
364. DERS., The Fateful Alliance. France, Russia, and the Coming of the First World War. Manchester/New York 1984.
365. P. M. KENNEDY, The Rise of the Anglo-German Antagonism, 1860–1914. London u. a. 1980, als TB 1982.
366. DERS., The Rise and Fall of the Great Powers. New York 1988.
367. H. A. KISSINGER, Das Gleichgewicht der Großmächte. Zürich o.J. (1986).
368. F. KLEIN u. a., Deutschland im Ersten Weltkrieg. 3 Bde. Berlin (Ost) 1968, ²1970.
369. H. W. KOCH, The Anglo-German Alliance Negotiations: Missed Opportunity or Myth?, in: History 54 (1969) 378–392.
370. H. KÖNIG, Bismarck als Reichskanzler. Seine Beurteilung in der sowjetischen und der DDR-Geschichtsschreibung. Köln/Wien 1978.
371. E. KOLB, Miszelle (zu: Walter Bußmann, Staatssekretär Graf Herbert von Bismarck), in: GGA 221 (1969) 300–318.
372. DERS. (Hrsg.), Europa und die Reichsgründung. Beiheft 6 zur HZ. München 1980.
373. H. KRAUSNICK, Holsteins großes Spiel im Frühjahr 1887, in: Geschichte und Gegenwartsbewußtsein. Festschrift ROTHFELS. Göttingen 1963, 357–427.

374. S. Kumpf-Korfes, Bismarcks „Draht nach Rußland". Berlin (Ost) 1968.
375. R. Lahme, Von der Gleichgewichtspolitik des ehrlichen Maklers zur Allianzstrategie des Neuen Kurses. Diss. Münster 1988.
376. D. Langewiesche (Hrsg.), Ploetz: Das deutsche Kaiserreich. Freiburg/Würzburg 1984.
377. U. Lappenküper, Die Mission Radowitz. Diss. Bonn 1988.
378. H. Lutz, Österreich-Ungarn und die Gründung des Deutschen Reiches. Frankfurt a. M. u. a. 1979.
379. H. Mejcher, Die Bagdadbahn als Instrument deutschen wirtschaftlichen Einflusses im Osmanischen Reich, in: GG 1 (1975) 447–481.
380. R. Melville/H.-J. Schröder (Hrsg.), Der Berliner Kongreß. Wiesbaden 1982.
381. J. M. Miller, Jr., The Concert of Europe in the First Balkan War 1912–1913. Ph. D. thesis, Clark University 1969.
382. W. J. Mommsen, Das Zeitalter des Imperialismus. Frankfurt a. M./ Hamburg 1969, ^{15}1987.
383. Ders., Die latente Krise des Deutschen Reiches 1909–1914. Frankfurt a. M. 1973.
384. Ders., Europäischer Finanzimperialismus vor 1914, in: HZ 224 (1977) 17–81.
385. A. Moritz, Das Problem des Präventivkrieges in der deutschen Politik während der ersten Marokkokrise. Bern/Frankfurt a. M. 1974.
386. E. Oncken, Panthersprung nach Agadir. Die deutsche Politik während der Zweiten Marokkokrise 1911. Düsseldorf 1981.
387. O. Pflanze, Bismarck – ein konservativer Revolutionär?, in: wie 376, 28–48.
388. R. Poidevin, Wirtschaftlicher und finanzieller Nationalismus in Frankreich und Deutschland 1907–1914, in: GWU 25 (1974) 150–162.
389. R. Pommerin, Der Kaiser und Amerika. Die USA in der Politik der Reichsleitung 1890–1917. Köln/Wien 1986.
390. L. A. Puntila, Bismarcks Frankreichpolitik. Göttingen 1971.
391. M. Rauh, Die „deutsche Frage" vor 1914: Weltmachtstreben und Obrigkeitsstaat?, in: J. Becker/A. Hillgruber (Hrsg.), Die Deutsche Frage. München 1983, 109–166 u. 167–182.
392. H. Raulff, Zwischen Machtpolitik und Imperialismus. Die deutsche Frankreichpolitik 1904/06. Düsseldorf 1976.

393. J. REMAK, 1914 – The Third Balkan War, in: JModH 43 (1971) 353–366.
394. N. RICH, Friedrich von Holstein. 2 Bde. Cambridge 1965.
395. G. A. RITTER, Internationale Wissenschaftsbeziehungen und auswärtige Kulturpolitik im deutschen Kaiserreich, in: ZfK 31 (1981) 5–16.
396. H. ROTHFELS, Bismarck. Stuttgart u. a. 1970.
397. T. SCHIEDER, Nietzsche und Bismarck, in: HZ 196 (1963) 320–342.
398. DERS., Staatensystem als Vormacht der Welt 1848–1918. Frankfurt a. M. u. a. 1977.
399. G. SCHMIDT, Der europäische Imperialismus. München 1985.
400. A. SCHÖLCH, Wirtschaftliche Durchdringung und politische Kontrolle durch die europäischen Mächte im Osmanischen Reich, in: GG 1 (1975) 404–446.
401. G. SCHÖLLGEN, Richard von Kühlmann und das deutsch-englische Verhältnis 1912–1914, in: HZ 230 (1980) 293–337.
402. DERS., Imperialismus und Gleichgewicht. Deutschland, England und die orientalische Frage 1871–1914. München 1984.
403. DERS., Das Zeitalter des Imperialismus. München 1986.
404. P. W. SCHROEDER, World War I. as Galloping Gertie, in: JModH 44 (1972) 319–345.
405. DERS., Gladstone as Bismarck, in: Canadian Journal of History 15 (1980) 163–195.
406. DERS., The Lost Intermediaries, in: IHR 6 (1984) 1–27.
407. DERS., The 19th-Century International System, in: World Politics 39 (1986) 1–26.
408. K. SCHWABE (Hrsg.), Das Diplomatische Korps 1871–1945. Boppard a. Rh. 1985.
409. G. SEEBER (Hrsg.), Gestalten der Bismarckzeit. 2 Bde. Berlin (Ost) 1978 u. 1986.
410. L. L. SNYDER, Diplomacy in Iron. The Life of Herbert von Bismarck. Malabar (Florida) 1985.
411. W. STEGLICH, Bismarcks englische Bündnissondierungen und Bündnisvorschläge 1887/1889, in: Historia Integra. Festschrift HASSINGER. Berlin 1977, 283–348.
412. J. STEINBERG, The German background to Anglo-German relations, 1905–1914, in: F. H. HINSLEY (Ed.), British Foreign Policy. Cambridge u. a. 1977, 193–215.
413. DERS., The Copenhagen Complex, in: JContH 1 (1966) H. 3, 23–46.

414. M. Stürmer, Das ruhelose Reich. Deutschland 1866–1918. Berlin 1983.
415. L. C. F. Turner, The Russian Mobilisation in 1914, in: P. M. Kennedy (Ed.), The War Plans of the Great Powers. London u. a. 1979, 252–268.
416. Ders., The Significance of the Schlieffen Plan, in: wie 415, 199–221.
417. V. Ullrich, Der Sprung ins Dunkle – Die Julikrise 1914 und ihre aktuellen Lehren, in: Gd 9 (1984) 97–106.
418. B. Waller, Bismarck at the Crossroads. London 1974.
419. M. Winckler, Bismarcks Bündnispolitik und das europäische Gleichgewicht. Stuttgart 1964.
420. Ders., Der Ausbruch der „Krieg-in-Sicht"-Krise vom Frühjahr 1875, in: ZfO 14 (1965) 671–713.
421. P. Winzen, Bülows Weltmachtkonzept. Boppard a. Rh. 1977.
422. Ders., Die Englandpolitik Friedrich von Holsteins 1895–1901. Köln 1975. (Zweiter Teil der Dissertation Köln 1973).
423. R.-H. Wippich, Japan und die deutsche Fernostpolitik 1894–1898. Stuttgart 1987.
424. H. Wolter, Bismarcks Außenpolitik 1871–1881. Berlin (Ost) 1983.
425. H. F. Young, Prince Lichnowsky and the Great War. Athens (GA) 1977.

6. Ergebnisse und Entwicklungen der Geschichtsschreibung seit 1989. Nachtrag 2008

6.1 Zum Stand der Forschung

426. W. Altgeld, Literaturbericht 1870–1917. Teil I, in: GWU 42 (1991) 653–666; Teil II, in: ebd., 718–731.
427. M. Brechtken, Das Deutsche Kaiserreich im internationalen Staatensystem 1871–1918. Kommentare zu Ergebnissen und Thesen der jüngeren Literatur, in: HJb 123 (2003) 449–510.
428. S. Conrad, Globalisierung und Nation im Deutschen Kaiserreich. München 2006.
429. S. Conrad/J. Osterhammel (Hrsg.), Das Kaiserreich transnational. Deutschland in der Welt 1871–1914. Göttingen 2004.
430. E. Conze/U. Lappenküper/G. Müller (Hrsg.), Geschichte der internationalen Beziehungen. Erneuerung und Erweiterung einer historischen Disziplin. Köln u. a. 2004.

431. L. DEHIO, Gleichgewicht oder Hegemonie. Betrachtungen über ein Grundproblem der neueren Staatengeschichte. Hrsg. und mit einem Nachwort versehen von K. HILDEBRAND. Zürich 1996.
432. J. DÜLFFER, Foreign Policy, in: Imperial Germany. A Historiographical Companion. Ed. by R. CHICKERING. Westport (Connecticut)/London 1996, 409–429.
433. E. FRIE, Das Deutsche Kaiserreich. Darmstadt 2004.
434. H. E. GOEMANS, War and Punishment. The Causes of War Termination and the First World War. Princeton/Oxford 2000.
435. M. HEWITSON, Germany and France before the First World War: A Reassessment of Wilhelmine Foreign Policy, in: English Historical Review 115 (2000) 570–606.
436. K. HILDEBRAND, Die viktorianische Illusion. Zivilisationsniveau und Kriegsprophylaxe im 19. Jahrhundert, in: P. R. WEILEMANN/H. J. KÜSTERS/G. BUCHSTAB (Hrsg.), Macht und Zeitkritik. Festschrift für Hans-Peter Schwarz zum 65. Geburtstag. Paderborn u. a. 1999, 17–28.
437. P. KENNEDY, Aufstieg und Fall der großen Mächte. Ökonomischer Wandel und militärischer Konflikt von 1500 bis 2000. Frankfurt a. M. 1989; amerik. Ausg. 1989.
438. R. LILL/W. ALTGELD, Literaturbericht 1870–1914, in: GWU 39 (1988) 435–454.
439. CH. LORENZ, Beyond Good and Evil? The German Empire of 1871 and Modern German Historiography, in: JContH 30 (1995) 729–765.
440. W. LOTH/J. OSTERHAMMEL (Hrsg.), Internationale Geschichte. Themen – Ergebnisse – Aussichten. München 2000.
441. J. LOWE, The Great Powers, Imperialism and the German Problem, 1865–1925. London/New York 1994.
442. H. MÜNKLER, Der Wandel des Krieges. Von der Symmetrie zur Asymmetrie. Weilerswist ²2006.
443. J. PAULMANN, Pomp und Politik. Monarchenbegegnungen in Europa zwischen Ancien Régime und Erstem Weltkrieg. Paderborn u. a. 2000.
444. J. SCHOLTYSECK, Deutsches Kaiserreich 1871 bis 1918, Teil I, in: GWU 47 (1996) 693–706; Teil II, in: EBD., 753–764.
445. DERS., Deutsches Kaiserreich 1871–1918, Teil I, in: GWU 54 (2003) 522–536; Teil II, in: EBD., 617–632.
446. B. SIMMS, The Return of the Primacy of Foreign Policy, in: German History 21 (2003) 275–291.

447. C. TORP, Die Herausforderung der Globalisierung. Wirtschaft und Politik in Deutschland 1860–1914. Göttingen 2005.
448. K. URBACH, Diplomatic History since the Cultural Turn, in: HJ 46 (2003) 991–997.

6.2 Quellen und Materialien

449. H. AFFLERBACH (Hrsg.), Kaiser Wilhelm II. als Oberster Kriegsherr im Ersten Weltkrieg. Quellen aus der militärischen Umgebung des Kaisers 1914–1918. München 2005.
450. S. AUDOIN-ROUZEAU/J.-J. BECKER (Hrsg.), Encyclopédie de la Grande Guerre 1914–1918. Histoire et culture. Paris 2004.
451. AUSWÄRTIGES AMT – HISTORISCHER DIENST – M. KEIPERT/P. GRUPP (Hrsg.), Biographisches Handbuch des deutschen auswärtigen Dienstes 1871–1945, Bd. 1: A–F. Paderborn u. a. 2000; Bd. 2: G–K. Paderborn u. a. 2005.
452. K. CANIS/L. GALL/K. HILDEBRAND/E. KOLB (Hrsg.), Otto von Bismarck, Gesammelte Werke. Neue Friedrichsruher Ausgabe (NFA). Abt. III: 1871–1898. Schriften. Bd. 1: 1871–1873. Bearb. von A. HOPP, Paderborn u. a. 2004; Bd. 2: 1874–1876. Bearb. von R. BENDICK. Paderborn u. a. 2005.
453. J. DÜLFFER (Hrsg.), Theobald von Bethmann Hollweg. Betrachtungen zum Weltkriege. Essen 1989.
454. M. EPKENHANS (Hrsg.), Das ereignisreiche Leben eines ‚Wilhelminers'. Tagebücher, Briefe, Aufzeichnungen 1901 bis 1920 von Albert Hopman. München 2004.
455. DERS. (Hrsg.), Mein lieber Schatz! Briefe von Admiral Reinhard Scheer an seine Ehefrau. August bis November 1918. Bochum 2006.
456. H.-W. HENTIG (Hrsg.), Werner Otto von Hentig. Von Kabul nach Shanghai. Bericht über die Afghanistan-Mission 1915/16 und die Rückkehr über das Dach der Welt und durch die Wüsten Chinas. Lengwil 2003.
457. G. HIRSCHFELD/G. KRUMEICH/I. RENZ (Hrsg.), Enzyklopädie Erster Weltkrieg. Paderborn 2003, 2., durchges. Aufl. 2004.
458. J. HÜRTER (Hrsg.), Paul von Hintze. Marineoffizier, Diplomat, Staatssekretär. Dokumente einer Karriere zwischen Militär und Politik, 1903–1918. München 1998.
459. G. KRONENBITTER, Die Macht der Illusionen. Julikrise und Kriegsausbruch 1914 aus der Sicht des deutschen Militärattachés in Wien, in: MGM 57 (1998) 519–550.

460. H. LEMKE (Hrsg.), Deutsch-russische Wirtschaftsbeziehungen 1906–1914: Dokumente. Berlin 1991.
461. M. LEUTNER (Hrsg.), Deutsch-chinesische Beziehungen 1911–1927. Vom Kolonialismus zur „Gleichberechtigung". Eine Quellensammlung. Verfaßt von A. STEEN. Berlin 2006.
462. F. REICHERT/E. WOLGAST (Hrsg.), Karl Hampe, Kriegstagebuch 1914–1919. München 2004, ²2007.
463. S. ZALA, Geschichte unter der Schere politischer Zensur. Amtliche Aktensammlungen im internationalen Vergleich. München 2001.

6.3 Gesamtdarstellungen

464. CH. BAECHLER, L'Aigle et l'Ours. La politique russe de l'Allemagne de Bismarck à Hitler (1871–1945). Bern u. a. 2001.
465. V. BERGHAHN, Das Kaiserreich 1871–1914. Industriegesellschaft, bürgerliche Kultur und autoritärer Staat. Gebhardt. Handbuch der deutschen Geschichte (10. völlig neu bearb. Aufl.) Bd. 16. Stuttgart 2003.
466. J. DÜLFFER, Im Zeichen der Gewalt. Frieden und Krieg im 19. und 20. Jahrhundert. Köln u. a. 2003.
467. K. HILDEBRAND, Europäisches Zentrum, überseeische Peripherie und Neue Welt. Über den Wandel des Staatensystems zwischen dem Berliner Kongreß (1878) und dem Pariser Frieden (1919/20), in: HZ 249 (1989) 53–94.
468. DERS., Saturiertheit und Prestige. Das Deutsche Reich als Staat im Staatensystem 1871–1918, in: GWU 40 (1989) 193–202.
469. DERS., Reich – Großmacht – Nation. Betrachtungen zur Geschichte der deutschen Außenpolitik 1871–1945, in: HZ 259 (1994) 369–389.
470. DERS., Das vergangene Reich. Deutsche Außenpolitik von Bismarck bis Hitler 1871–1945. Stuttgart 1995, ²1996; Tb. 1999, Studienausgabe München 2008.
471. DERS., Der deutsche Nationalstaat als Großmacht 1871–1918, in: W. L. BERNECKER/V. DOTTERWEICH (Hrsg.), Deutschland in den internationalen Beziehungen im 19. und 20. Jahrhundert. Festschrift für Josef Becker zum 65. Geburtstag. München 1996, 109–124.
472. S. KESTLER, Betrachtungen zur kaiserlich deutschen Rußlandpolitik. Ihre Bedeutung für die Herausbildung des deutsch-russischen Antagonismus zwischen Reichsgründung und Ausbruch des Ersten Weltkrieges (1871–1914). Hamburg 2002.
473. W. J. MOMMSEN, Großmachtstellung und Weltpolitik. Die Außen-

politik des Deutschen Reiches. 1870 bis 1914. Frankfurt a. M./ Berlin 1993.
474. DERS., Das Ringen um den nationalen Staat. Die Gründung und der innere Ausbau des Deutschen Reiches unter Otto von Bismarck 1850 bis 1890. Berlin 1993.
475. DERS., Bürgerstolz und Weltmachtstreben. Deutschland unter Wilhelm II. 1890 bis 1914. Berlin 1995.
476. TH. NIPPERDEY, Deutsche Geschichte 1866–1918. Zweiter Band. Machtstaat vor der Demokratie. München 1992.
477. N. RICH, Great Power Diplomacy 1814–1914. New York u. a. 1992.
478. V. ULLRICH, Die nervöse Großmacht. Aufstieg und Untergang des deutschen Kaiserreichs 1871–1918. Frankfurt a. M. 1997, durchges. Ausg. 1999.
479. H.-U. WEHLER, Deutsche Gesellschaftsgeschichte. Dritter Band. Von der „Deutschen Doppelrevolution" bis zum Beginn des Ersten Weltkrieges 1849–1914. München 1995.

6.4 Zur Ära Bismarck

480. W. BAUMGART, Europäisches Konzert und nationale Bewegung. Internationale Beziehungen 1830 bis 1878. Paderborn u. a. 1999, 2., durchges. u. erg. Aufl. 2007.
481. K. CANIS, Bismarcks Außenpolitik 1870 bis 1890. Aufstieg und Gefährdung. Paderborn u. a. 2004.
482. H. ELZER, Bismarcks Bündnispolitik von 1887. Erfolg und Grenzen einer europäischen Friedensordnung. Frankfurt a. M. 1991.
483. J. FEMERS, Deutsch-britische Optionen. Untersuchungen zur internationalen Politik in der späten Bismarck-Ära (1879–1890). Trier 2006.
484. K.-A. HAMPE, Das Auswärtige Amt in der Ära Bismarck. Bonn 1995, ²1999.
485. N. HAVEMANN, Spanien im Kalkül der deutschen Außenpolitik von den letzten Jahren der Ära Bismarck bis zum Beginn der Wilhelminischen Weltpolitik (1883–1899). Berlin 1997.
486. B. B. HAYES, Bismarck and Mitteleuropa. London 1994.
487. K. HILDEBRAND, „System der Aushilfen"? Chancen und Grenzen deutscher Außenpolitik im Zeitalter Bismarcks (1871–1890), in: G. SCHÖLLGEN (Hrsg.), Flucht in den Krieg? Die Außenpolitik des kaiserlichen Deutschland. Darmstadt 1991, 108–131.
488. DERS. (Hrsg.), Das Deutsche Reich im Urteil der Großen Mächte und europäischen Nachbarn (1871–1945). München 1995.

489. DERS., No Intervention. Die Pax Britannica und Preußen 1865/66–1869/70. Eine Untersuchung zur englischen Weltpolitik im 19. Jahrhundert. München 1997.
490. DERS., Primat der Sicherheit. Saturierte Kontinentalpolitik, in: L. GALL (Hrsg.), Otto von Bismarck und Wilhelm II. Repräsentanten eines Epochenwechsels? Paderborn u. a. 2000, 13–26.
491. DERS., Bismarck und Rußland. Aspekte der deutsch-russischen Beziehungen 1871–1890. Friedrichsruh 2003.
492. Y. IIDA, Die Krise des Zweifrontenkrieges und Bismarcks Sondierung nach Großbritannien (Januar–Februar 1877), in: Bulletin of the Graduate Division of Letters, Arts and Sciences of Waseda University 51–4 (2006) 57–64 bzw. 1–9.
493. E. KOLB, Der Weg aus dem Krieg. Bismarcks Politik im Krieg und die Friedensanbahnung 1870/71. München 1989.
494. D. M. KRETHLOW-BENZIGER, Glanz und Elend der Diplomatie. Kontinuität und Wandel im Alltag des deutschen Diplomaten auf seinen Auslandsposten im Spiegel der Memoiren 1871–1914. Bern u. a. 2001.
495. M. KRÖGER, „Le Bâton égyptien" – Der ägyptische Knüppel. Die Rolle der „ägyptischen Frage" in der deutschen Außenpolitik von 1875/6 bis zur „Entente Cordiale". Frankfurt a. M. u. a. 1991.
496. P. KRÜGER (Hrsg.), Das europäische Staatensystem im Wandel. Strukturelle Bedingungen und bewegende Kräfte seit der Frühen Neuzeit. München 1996.
497. U. KÜHN, Der Grundgedanke der Politik Bismarcks. Dettelbach 2001.
498. U. LAPPENKÜPER, Die Mission Radowitz. Untersuchungen zur Rußlandpolitik Otto von Bismarcks (1871–1875). Göttingen 1990.
499. DERS., Bismarck und Frankreich. Chancen und Grenzen einer schwierigen Beziehung. Friedrichsruh 2006.
500. M. MITTLER, Der Weg zum Ersten Weltkrieg: Wie neutral war die Schweiz? Kleinstaat und europäischer Imperialismus. Zürich 2003.
501. V. NIEHUS, Paul von Hatzfeldt (1831–1901). Politische Biographie eines kaiserlichen Diplomaten. Berlin 2004.
502. A. PERRAS, Carl Peters and German Imperialism 1856–1918. A Political Biography. New York 2004, ND Oxford 2006.
503. A. T. G. RIEHL, Der „Tanz um den Äquator. Bismarcks antienglische Kolonialpolitik und die Erwartung des Thronwechsels in Deutschland 1883 bis 1885. Berlin 1993.

504. O. Pflanze, Bismarck, Bd. I: Der Reichsgründer. München 1997.
505. Ders., Bismarck, Bd. II: Der Reichskanzler. München 1998.
506. H. Rumpler/J. P. Niederkorn (Hrsg.), Der „Zweibund" 1879. Das deutsch-österreichisch-ungarische Bündnis und die europäische Diplomatie. Historikergespräch Österreich-Bundesrepublik Deutschland 1994. Wien 1996.
507. F. Scherer, Adler und Halbmond. Bismarck und der Orient 1878–1890. Paderborn 2001.
508. M. Schmid, Der „Eiserne Kanzler" und die Generäle. Deutsche Rüstungspolitik in der Ära Bismarck (1871–1890). Paderborn u. a. 2003.
509. R. F. Schmidt, Die „Doktorfrage" aus Livadia vom Herbst 1876. „Durch dick und dünn" als Provokationsstrategie Bismarcks, in: HZ 279 (2004) 335–385.
510. J. Scholtyseck, Alliierter oder Vasall? Italien und Deutschland in der Zeit des Kulturkampfes und der „Krieg-in-Sicht"-Krise 1875. Köln u. a. 1994.
511. Ch. Studt, Lothar Bucher (1817–1892). Ein politisches Leben zwischen Revolution und Staatsdienst. Göttingen 1992.
512. K. Urbach, Bismarck's Favourite Englishman. Lord Odo Russell's Mission to Berlin. London/New York 1999.
513. S. Wegner-Korfes, Otto von Bismarck und Rußland. Des Reichskanzlers Rußlandpolitik und sein realpolitisches Erbe in der Interpretation bürgerlicher Politiker (1918–1945). Berlin 1990.

6.5 Zur Wilhelminischen Epoche

514. H. Afflerbach, Das Deutsche Reich, Bismarcks Allianzpolitik und die europäische Friedenssicherung vor 1914. Friedrichsruh 1998.
515. Ders., Der Dreibund. Europäische Großmacht- und Allianzpolitik vor dem Ersten Weltkrieg. Wien u. a. 2002.
516. J. Angelow, Kalkül und Prestige. Der Zweibund am Vorabend des Ersten Weltkrieges. Köln u. a. 2000.
517. F. Becker/J. Beez, (Hrsg.), Der Maji-Maji-Krieg in Deutsch-Ostafrika 1905–1907. Berlin 2005.
518. V. Berghahn, Des Kaisers Flotte und die Revolutionierung des Mächtesystems von 1914, in: J. C. G. Röhl (Hrsg.), Der Ort Kaiser Wilhelms II. in der deutschen Geschichte. München 1991, 173–188.
519. E. Besteck, Die trügerische „First Line of Defence". Zum

deutsch-britischen Wettrüsten vor dem Ersten Weltkrieg. Freiburg 2006.
520. P. BORMANN, Die Rußlandpolitik Bethmann Hollwegs 1909–1914 und das Scheitern der Weltpolitik ohne Krieg. Magisterarbeit Bonn 2004.
521. M. BRECHTKEN, Scharnierzeit 1895–1907. Persönlichkeitsnetze und internationale Politik in den deutsch-britisch-amerikanischen Beziehungen vor dem Ersten Weltkrieg. Mainz 2006.
522. K. CANIS, Von Bismarck zur Weltpolitik. Deutsche Außenpolitik 1890 bis 1902. Berlin 1997, ²1999.
523. K. CRAMER, A World of Enemies: New Perspectives on German Military Culture and the Origins of First World War, in: CEH 39 (2006) 270–298.
524. J. DÜLFFER, Efforts to Reform the International System and Peace Movements before 1914, in: Peace and Change 14 (1989) 25–45.
525. DERS., Die zivile Reichsleitung und der Krieg. Erwartungen und Bilder 1890–1914, in: W. PYTA/L. RICHTER (Hrsg.), Gestaltungskraft des Politischen. Festschrift für Eberhard Kolb. Berlin 1998, 11–28.
526. DERS., Im Zeichen der Gewalt. Frieden und Krieg im 19. und 20. Jahrhundert. Köln 2003.
527. DERS./M. KRÖGER/R.-H. WIPPICH, Vermiedene Kriege. Deeskalation von Konflikten der Großmächte zwischen Krimkrieg und Erstem Weltkrieg 1865 bis 1914. München 1997.
528. H. EHLERT/M. EPKENHANS/G. P. GROß (Hrsg.), Der Schlieffenplan. Analyse und Dokumente. Paderborn u. a. 2006, 2., durchges. Aufl. 2007.
529. M. EPKENHANS, Die wilhelminische Flottenrüstung, 1908–1914: Weltmachtstreben, industrieller Fortschritt, soziale Integration. München 1991.
530. DERS., Verlust des Primats der Politik? „Staatskunst" und „Kriegshandwerk" 1890–1914, in: L. GALL (Hrsg.), Otto von Bismarck und Wilhelm II. Repräsentanten eines Epochenwechsels? Paderborn 2000, ²2001.
531. G. FESSER, Zur „Weltpolitik" Bernhard v. Bülows, in: ZfG 40 (1992) 864–873.
532. S. FÖRSTER, Der deutsche Generalstab und die Illusion des kurzen Krieges, 1871–1914. Metakritik eines Mythos, in: MGM 54 (1995) 61–95.
533. DERS., Im Reich des Absurden: Die Ursachen des Ersten Weltkrieges, in: B. WEGNER (Hrsg.), Wie Kriege entstehen. Zum histori-

schen Hintergrund von Staatenkonflikten. Paderborn u. a. 2003, 211–252.
534. R. FORSBACH, Alfred von Kiderlen-Wächter (1852–1912). Ein Diplomatenleben im Kaiserreich. Zwei Teilbände. Göttingen 1997.
535. D. FROMKIN, Europas letzter Sommer. Die scheinbar friedlichen Wochen vor dem Ersten Weltkrieg. München 2005, amerik. Ausg. 2004.
536. M. H. GEYER/J. PAULMANN (Hrsg.), The Mechanics of Internationalism. Culture, Society, and Politics from the 1840s to the First World War. Oxford 2001.
537. G. DAWSON, Preventing ‚a great moral evil': Jean de Bloch's The Future of War as Anti-revolutionary Pacifism, in: JContH 37 (2002) 5–19.
538. G. GUTMANN, Das Deutsche Reich und Österreich-Ungarn 1890 bis 1894/1895. Der Zweibund im Urteil führender Persönlichkeiten beider Staaten. Münster 2003.
539. R. C. HALL, The Balkan Wars 1912–1913: Prelude to the First World War. London/New York 2000.
540. R. F. HAMILTON/H. H. HERWIG, The Origins of World War I. Cambridge 2003.
541. D. G. HERRMANN, The Arming of Europe and the Making of the First World War. Princeton 1996.
542. wie 435.
543. M. Hewitson, Germany and the Causes of the First World War. Oxford/New York 2004, ²2006.
544. U. VAN DER HEYDEN, Kolonialgeschichtsschreibung in Deutschland. Eine Bilanz ost- und westdeutscher Kolonialhistoriographie, in: NPL 48 (2003) 401–429.
545. K. HILDEBRAND, Wirtschaftliches Wachstum und auswärtige Politik. Betrachtungen zur Geschichte der „Ära Caprivi" (1890–1894), in: W. FELDENKIRCHEN/F. SCHÖNERT-RÖHLK/G. SCHULZ (Hrsg.), Wirtschaft, Gesellschaft, Unternehmen. Festschrift für Hans Pohl zum 60. Geburtstag. 1. Teilbd. Stuttgart 1995, 135–149.
546. DERS., „Eine neue Ära der Weltgeschichte". Der historische Ort des Russisch-Japanischen Krieges 1904/05, in: J. KREINER (Hrsg.), Der Russisch-Japanische Krieg (1904/05). Göttingen 2005, 27–51.
547. DERS., „Staatskunst und Kriegshandwerk". Akteure und System der europäischen Staatenwelt vor 1914. Friedrichsruh 2005.
548. DERS., Globalisierung 1900. Alte Staatenwelt und neue Weltpoli-

tik an der Wende vom 19. zum 20. Jahrhundert, in: Jahrbuch des Historischen Kollegs 2006, 3–31.
549. R. HOBSON, Maritimer Imperialismus. Seemachtideologie, seestrategisches Denken und der Tirpitzplan 1875 bis 1914. München 2004, amerik. Ausg. 2002.
550. G. KEIPER, Biographische Studien zu den Verständigungsversuchen zwischen Deutschland und Frankreich am Vorabend des Ersten Weltkrieges. Frankfurt a. M. u. a. 1997.
551. F. KIEẞLING, Gegen den „großen" Krieg? Entspannung in den internationalen Beziehungen 1911–1914. München 2002.
552. DERS., Wege aus der Stringenzfalle. Die Vorgeschichte des Ersten Weltkriegs als „Ära der Entspannung", in: GWU 55 (2004) 284–304.
553. TH. KLEIN/F. SCHUMACHER (Hrsg.), Kolonialkriege. Militärische Gewalt im Zeichen des Imperialismus. Hamburg 2006.
554. J. KLOOSTERHUIS, Friedliche Imperialisten. Deutsche Auslandsvereine und auswärtige Kulturpolitik 1906–1908. Frankfurt a. M. 1994.
555. F.-J. KOS, Die politischen und wirtschaftlichen Interessen Österreich-Ungarns und Deutschlands in Südosteuropa 1912/13. Die Adriahafen-, die Saloniki- und die Kavallafrage. Wien u. a. 1996.
556. S. KUẞ/B. MARTIN (Hrsg.), Das Deutsche Reich und der Boxeraufstand. Bamberg 2002.
557. R. LAHME, Deutsche Außenpolitik 1890–1894. Von der Gleichgewichtspolitik Bismarcks zur Allianzstrategie Caprivis. Göttingen 1990.
558. M. LEUTNER/K. MÜHLHAHN (Hrsg.), Kolonialkrieg in China. Die Niederschlagung der Boxerbewegung 1900–1901. Berlin 2007.
559. TH. LINDEMANN, Die Macht der Perzeptionen und Perzeptionen von Mächten. Berlin 2000.
560. H. CH. LÖHR, Die Albanische Frage. Konferenzdiplomatie und Nationalstaatsbildung im Vorfeld des Ersten Weltkrieges unter besonderer Berücksichtigung der deutschen Außenpolitik, Diss. Bonn 1992.
561. R. K. MASSIE, Die Schalen des Zorns. Großbritannien, Deutschland und das Heraufziehen des Ersten Weltkrieges. Frankfurt a. M. 1993; amerik. Ausg. 1991.
562. J. H. MAURER, The Outbreak of the First World War. Strategic Planning, Crisis Decision Making, and Deterrence Failure. Westport, Connecticut/London 1995.
563. M. MAYER, Geheime Diplomatie und öffentliche Meinung. Die

Parlamente in Frankreich, Deutschland und Großbritannien und die erste Marokkokrise 1904–1906. Düsseldorf 2002.

564. U. MEHNERT, Deutsche Weltpolitik und amerikanisches Zweifronten-Dilemma. Die „Japanische Gefahr" in den deutsch-amerikanischen Beziehungen 1904–1917, in: HZ 257 (1993) 647–692.

565. DIES., Deutschland, Amerika und die „Gelbe Gefahr". Zur Karriere eines Schlagworts in der großen Politik 1905–1917. Stuttgart 1995.

566. T. MEYER, „Endlich eine Tat, eine befreiende Tat...". Alfred von Kiderlen-Wächters „Panthersprung nach Agadir" unter dem Druck der öffentlichen Meinung. Husum 1996.

567. L. MEYER-ARNDT, Die Julikrise 1914: Wie Deutschland in den Ersten Weltkrieg stolperte. Köln u. a. 2006.

568. N. MITCHELL, The Height of the German Challenge: The Venezuela Blockade 1902–3, in: Diplomatic History 20 (1996) 185–209.

569. DIES., The Danger of Dreams. German and American imperialism in Latin America. Chapel Hill/London 1999.

570. A. MOMBAUER, Helmuth von Moltke and the Origins of the First World War. Cambridge 2001.

571. DIES., The Origins of the First World War. Controversies and consensus. London u. a. 2002.

572. K. MÜHLHAHN, Herrschaft und Widerstand in der „Musterkolonie Kiautschou". Interaktionen zwischen China und Deutschland, 1897–1914. München 2000.

573. J. D. MURPHY, Outbreak of the First World War, in: S. C. TUCKER (Hrsg.), The European Powers in the First World War. An Encyclopedia. New York/London 1996, 530–534.

574. S. NEITZEL, Weltmacht oder Untergang. Die Weltreichslehre im Zeitalter des Imperialismus. Paderborn u. a. 2000.

575. K. H. POHL, Die „Krisenkonferenz" vom 8. Dezember 1912, in: GWU 45 (1994) 91–104.

576. J. S. RICHTER, Die Orientreise Kaiser Wilhelms II. 1898. Eine Studie zur deutschen Außenpolitik an der Wende zum 20. Jahrhundert. Hamburg 1997.

577. S. H. RINKE, Zwischen Weltpolitik und Monroe-Doktrin: Botschafter Speck von Sternburg und die deutsch-amerikanischen Beziehungen, 1898–1908. Stuttgart 1992.

578. CH. RÖDEL, Krieger, Denker, Amateure. Alfred von Tirpitz und das Seekriegsbild vor dem Ersten Weltkrieg. Stuttgart 2003.

579. J. C. G. RÖHL, Wilhelm II. Der Aufbau der Persönlichen Monarchie 1888–1900. München 2001.
580. H. ROSENBACH, Das Deutsche Reich, Großbritannien und der Transvaal (1896–1902). Anfänge deutsch-britischer Entfremdung. Göttingen 1993.
581. N. SAUPP, Das Deutsche Reich und die Armenische Frage 1878–1914. Diss. Köln 1990.
582. G. SCHÖLLGEN, Kriegsgefahr und Krisenmanagement vor 1914. Zur Außenpolitik des kaiserlichen Deutschland, in: HZ 267 (1998) 399–413.
583. ST. SCHRÖDER, Die englisch-russische Marinekonvention. Das Deutsche Reich und die Flottenverhandlungen der Tripelentente am Vorabend des Ersten Weltkriegs. Göttingen 2006.
584. A. SKŘIVAN, Schwierige Partner. Deutschland und Österreich-Ungarn in der europäischen Politik der Jahre 1906–1914. Hamburg 1999.
585. V. STALMANN, Fürst Clodwig zu Hohenlohe-Schillingsfürst. Ein deutscher Reichskanzler. Paderborn u. a. 2008 (im Druck).
586. D. STEVENSON, Armaments and the Coming of War. Europe, 1904–1914. Oxford 1996.
587. DERS., The Outbreak of the First World War. 1914 in Perspective. London/New York 1997.
588. DERS., 1914–1918. Der Erste Weltkrieg. Düsseldorf 2006, engl. Ausg. 2004.
589. DERS., Cataclysm. The First World War as Political Tragedy. New York 2005.
590. H. STRACHAN, The First World War, Vol. I: To arms. Oxford 2003.
591. R. P. TSCHAPEK, Bausteine eines zukünftigen deutschen Mittelafrika. Deutscher Imperialismus und die portugiesischen Kolonien. Deutsches Interesse an den südafrikanischen Kolonien Portugals vom ausgehenden 19. Jahrhundert bis zum ersten Weltkrieg. Stuttgart 2000.
592. M. TOBISCH, Das Deutschlandbild der Diplomatie Österreich-Ungarns von 1908 bis 1914. Frankfurt a. M. 1994.
593. C. TORP, Weltwirtschaft vor dem Weltkrieg. Die erste Welle ökonomischer Globalisierung vor 1914, in: HZ 279 (2004) 561–609.
594. TH. H. WAGNER, „Krieg oder Frieden. Unser Platz an der Sonne". Gustav Stresemann und die Außenpolitik des Kaiserreichs bis zum Ausbruch des Ersten Weltkriegs. Paderborn u. a. 2007.
595. K. WILSBERG, „Terrible Ami – aimable ennemi". Kooperation und

Konflikt in den deutsch-französischen Beziehungen 1911–1914. Bonn 1998.
596. S. R. WILLIAMSON, JR./E. R. MAY, An Identity of Opinion: Historians and July 1914, in: JModH 79 (2007) 335–378.
597. P. WINZEN, Reichskanzler Bernhard Fürst von Bülow. Weltmachtstrategie ohne Fortune – Wegbereiter der großen Katastrophe. Göttingen/Zürich 2003.
598. G. WOLLSTEIN, Theobald von Bethmann Hollweg. Letzter Erbe Bismarcks, erstes Opfer der Dolchstoßlegende. Göttingen/Zürich 1995.
599. O. ZACHAU, Die Kanzlerschaft des Fürsten Hohenlohe 1894–1900. Politik unter dem „Stempel der Beruhigung" im Zeitalter der Nervosität. Hamburg 2007.
600. J. ZIMMERER, Deutsche Kolonialgeschichte in neuerer Forschung, in: Archiv für Sozialgeschichte 43 (2003) 475–485.
601. J. ZIMMERER/J. ZELLER (Hrsg.), Völkermord in Deutsch-Südwestafrika. Der Kolonialkrieg (1904–1908) in Namibia und seine Folgen. Berlin 2003.
602. T. ZUBER, Inventing the Schlieffen Plan. German War Planning, 1871–1914. Oxford 2002.
603. DERS., German War Planning, 1891–1914. Sources and Interpretations. Woodbridge 2004.
604. H. ZÜHLKE, Die Rolle des Fernen Ostens in den politischen Beziehungen der Mächte 1895–1905. Berlin 1929.

6.6 Zum Ersten Weltkrieg

605. B. BARTH, Der Völkermord an den Armeniern im Ersten Weltkrieg. Die Politik des Deutschen Reiches und die internationale Forschung, in: GWU 55 (2004) 329–337.
606. D. BLOXHAM, The Great Game of Genocide. Imperialism, Nationalism, and the Destruction of the Ottoman Armenians. Oxford 2005.
607. N. FERGUSON, Der falsche Krieg. Der Erste Weltkrieg und das 20. Jahrhundert. Stuttgart 1999; engl. Ausg. 1998.
608. M. FREY, Der Erste Weltkrieg und die Niederlande. Ein neutrales Land im politischen und wirtschaftlichen Kalkül der Kriegsgegner. Berlin 1998.
609. W. GUST (Hrsg.), Der Völkermord an den Armeniern 1915/16. Dokumente aus dem Politischen Archiv des deutschen Auswärtigen Amtes. Springe 2005.
610. K. HILDEBRAND, Das deutsche Ostimperium 1918. Betrachtungen

über eine historische „Augenblickserscheinung", in: W. PYTA/L. RICHTER (Hrsg.), Gestaltungskraft des Politischen. Festschrift für Eberhard Kolb. Berlin 1998, 109–124.
611. R. HOSFELD, Operation Nemesis. Die Türkei, Deutschland und der Völkermord an den Armeniern. Köln 2005.
612. A. LACROIX-RIZ, Le Vaticane et les buts de guerre germaniques de 1914 à 1918. Le rève d'une Europe allemande, in: Revue d'Histoire moderne et contemporaine 42 (1995) 517–555.
613. W. J. MOMMSEN, Die Urkatastrophe Deutschlands. Der Erste Weltkrieg 1914–1918. Stuttgart 2002.
614. M. NASSUA, „Gemeinsame Kriegführung. Gemeinsamer Friedensschluß". Das Zimmermann-Telegramm vom 13. Januar 1917 und der Eintritt der USA in den 1. Weltkrieg. Frankfurt a. M. u. a. 1992.
615. S. NEITZEL, Blut und Eisen. Deutschland und der Erste Weltkrieg. Zürich 2003.
616. P. PROKŠ, The Politics of Imperial Germany towards Revolutionary Russia and the Peace Treaty of Brest-Litovsk (1917–1918), in: Slovanský Přehled. Review for Central and Southeastern European History 90 (2004) 177–198. (Englische Übersetzung des Titels).
617. M. SALEWSKI, Der Erste Weltkrieg. Paderborn u. a. 2003.
618. G.-H. SOUTOU, L'Or et le Sang. Les buts de guerre économiques de la Première Guerre mondiale. Paris 1989.
619. D. STEVENSON, The First World War and International Politics. Oxford 1988; ND 1999.
620. M. STIBBE, German Anglophobia and the Great War, 1914–1918. Cambridge 2001.
621. L. THOMAS, Friedensvermittlung zwischen Deutschland und Rußland während des ersten Weltkrieges. Probleme der Forschung, in: Jahrbuch für Geschichte der sozialistischen Länder Europas 32 (1988) 73–90.
622. C. F. WARGELIN, A High Price for Bread. The First Treaty of Brest-Litovsk and the Break-Up of Austria-Hungary, 1917–1918, in: IHR 19 (1997) 757–788.

Register

Angesichts des nur in geringem Umfang zur Verfügung stehenden Raumes muss sich das Sachregister auf eine knappe Auswahl einschlägiger Schlagworte mit breiter Zuordnung beschränken. Personennamen sind vollständig erfasst, Autorennamen sind durch KAPITÄLCHEN kenntlich gemacht.

AFFLERBACH, H. 121–122, 137, 138, 142
Afrika 12, 13, 17, 25, 28, 30, 32–35, 42, 46, 138–139
Agrarische Interessen 8, 24, 25, 60, 87
ALBERTINI, L. 63, 73
Alexander II., Zar von Russland 3, 5–6, 8
Alexander III., Zar von Russland 16, 21, 27
ALTGELD, W. 114
Amerikanisch-spanischer Krieg (1898) 29
Andrássy, J. Graf 2, 8–9, 131
ANDREW, C. 84
ANDREWS, H. D. 55
ANDREAS, W. 61–62
ANGELOW, J. 131, 142
„Armenierfrage" 138–139, 149
ARON, R. 105, 111, 114
Asien/Ferner Osten 13, 27, 30, 31, 140–141, 150
AUDOIN-ROUZEAU, S. 124
AYDELOTTE, W. O. 58,

BABEROWSKI, J. 119–120
BACH, A. 51
BAECHLER, Ch. 127
Balkan/Südosteuropa 5–7, 10, 15, 17–18, 31–32, 34, 35, 38, 100–101, 103, 130, 134, 144
Balkanbund 39
Balkankriege (1912/13) 35, 38, 61, 102, 104
BARNES, H. E. 62–63
BARRACLOUGH, G. 33, 101, 110
BARTH, B. 149

Battenberg, A. von, Fürst von Bulgarien 16
BAUMGART, W. 46, 51, 52, 53, 70, 82, 91, 97, 99, 128
Bebel, A. 32, 34
BECKER, F. 138
BECKER, J.-J. 124
BECKER, O. 55, 56, 59, 67–68
BECKER, W. 61
BEEZ, J. 138
BEHNEN, M. 52, 91
Belgien 26, 39, 41, 42, 44, 53, 123
Berchtold, L. Graf 39
Berg, F. W. Graf 3
BERGHAHN, V. R. 83, 90, 96, 125–126, 140
Berliner Kongress (1878) 7–8, 87, 97, 100–101, 127, 128, 131
Beseler, H. H. von 71
BESTECK, E. 143
Bethmann Hollweg, F. von 122
Bethmann Hollweg, T. von 32–33, 34, 36, 37–41, 42–45, 74, 76, 77, 79, 80, 81, 111, 112, 122, 142–144, 145, 147, 150
Beust, F. F. Graf von 2
Bismarck, H. Fürst von 15–16, 18, 71, 102–103
Bismarck, O. Fürst von 1–19, 21–24, 25, 31, 53, 54–61, 64–67, 74, 75, 80, 85–89, 93–94, 95–96, 97–98, 100, 103–104, 105, 106–107, 114, 116, 119, 120–121, 125, 126, 127, 128–136, 137, 142–143
BLACKBOURN, D. 94–95, 118
BLÄNSDORF, A. 80–81
BLEY, H. 32, 34

BLOXHAM, D. 149
BÖHME, H. 77, 86–87, 90
BOREJSZA, J. W. 110–111
BORMANN, P. 143
BORNHAK, C. 59
Bosnien/Bosnische Annexionskrise (1908) 5, 6, 7, 31–32, 37, 39–41, 53, 142, 146–147
Boulanger, G. E. J. M. 15
Boxeraufstand 29, 138
BRECHTKEN, M. 114, 139
BRANDENBURG, E. 54, 62
BROCKE, B. VOM 112
Bruck, K. L. Frhr. von 9
Bucher, L. 102, 134
Bülow, B. Fürst von 29, 31, 53–54, 61, 70, 90, 91–92, 103–104, 141–142
Bulgarien 5, 6, 7, 15–16, 17–18, 35, 40, 46
Burenkrieg (1899–1902) 29–30
BUßMANN, W. 18, 65, 71
BUTTERFIELD, H. 109, 113

CALLEO, D. 97
CANIS, K. 11, 25, 92, 95–96, 120, 128, 134, 137
Caprivi, L. Graf von 24, 25, 26, 60–61, 67, 85, 86–87, 91, 103–104, 139
CARSTEN, F. L. 103
CECIL, L. 109
Chamberlain, J. 29–30, 60
CHICKERING, R. 103, 114
China 29, 30, 124, 138
Chinesisch-japanischer Krieg (1894/95) 27
CLAUSEWITZ, C. von 119
COCKFIELD, J. 103–104
CONRAD, S. 117–118
CONZE, E. 116
CONZE, W. 71
Courcel, A. C. de 12
CRAIG, G. A. 112–113
CRAMER, K. 145–146
CRAMPTON, R. J. 104
Crowe, Sir E. 111

DAVIS, B. 147
DAWSON, G. 138
DEHIO, L. 1, 59, 64, 65, 67–68, 106, 119
DEININGER, H. 91

DELBRÜCK, H. 51–52, 62
DER BAGDASARIAN, N. 110
DEUERLEIN, E. 42
Deutsch-englisches Abkommen über die portug. Kolonien (1913) 34
Deutsch-russische Militärkonvention (1873) 3
Deutschland/Deutsches Reich 1–23, 25–26, 27–42, 44–45, 47, 49, 57, 60, 61, 62, 90–91, 94–95, 98–99, 102, 103–104, 106–107, 109–112, 113, 115, 117–118, 125–126, 127, 128, 130, 131–132, 133–134, 137, 138, 139, 140, 141–143, 144–145, 147, 150
DIRR, P. 51
DOERR, J. D. 98–99
Doppelkrise, west-östliche (1885–87) 14–18, 133
Dreibund (1882) 11–12, 17, 25, 27, 33–34, 91, 136, 138
Dreikaiserabkommen/-vertrag (1873/1881) 3, 5–6, 8, 10, 11–12, 15–16, 17–18, 131–132
Dreyfus-Affäre 24
DROZ, J. 62, 75
DÜLFFER, J. 10, 78, 98, 103, 114, 122, 125–126, 128, 137, 145–146
DUROSELLE, J.-B. 84

EBEL, G. 23
Eckardstein, H. von 54
Eckardt, H. von 150
EHLERT, H. 141
„Einkreisung"/„Auskreisung"/„Ring" 30–32, 37–38, 40, 51
Eisenbahnbau 26–27, 32, 34, 60–61, 85
EISNER, K. 51
ELEY, G. 94–95
ELROD, R. B. 105
ELZER, H. 133
Elsass-Lothringen 3–4, 133
ENGEL, J. 82
England/Großbritannien 2, 4–7, 9, 10–11, 12–13, 14–18, 19–22, 25–30, 31–32, 33–36, 37–39, 41, 42, 43, 47, 53, 55–56, 58–60, 62, 67–68, 79, 87–88, 90–91, 92–93, 96, 98, 103–104, 106, 110, 111–112, 115, 124, 131, 132, 133, 134–135, 136, 137, 139, 140, 141–143, 145, 146, 147, 148

Englisch-japanischer Bündnisvertrag (1902) 30
Englisch-russische Konvention (1907) 31
Entente cordiale (1904) 30–31, 33, 63, 135
EPKENHANS, M. 123, 140, 141, 146
EPSTEIN, F. T. 79
EPSTEIN, K. 78
ERDMANN, K. D. 39, 68, 74, 76, 80–81
Estland 46
Eulenburg und Hertefeld, P. Fürst zu 76
EVANS, R. J. 117
EVERA, S. VAN 99–100
EYCK, E. 67

FABIAN, W. 62
Falkenhayn, E. von 43–44
FARRAR, L. L. 82, 101–102, 104, 107, 147
Faschoda-Krise (1898/99) 103–104
FAY, S. B. 62–63, 144
FEHRENBACH, E. 24
FELLNER, F. 27, 80–81
FEMERS, J. 134–135
FENSKE, H. 129
FERGUSON, N. 148
Ferry, J. 13
FESSER, G. 142
FIEBIG-VON HASE, R. 103
Finnland 46
FISCHER, E. 60
FISCHER, F./Fischer-Kontroverse 43–44, 72–85, 90, 98, 104, 115, 144, 147
FISHER, M. H. 70
FLETCHER, R. 112
Flottenpolitik/-rüstung/-begeisterung 29–30, 34, 36, 60, 61, 64, 67–68, 71, 85, 90, 94–95, 96–97, 106, 111, 122, 140
FÖRSTER, S. 144, 146
FORSBACH, R. 143
FORTUNA, U. 112
FRAHM, F. 58–59
Frankreich 2–4, 5, 6–7, 9, 10–13, 14, 15, 16, 18–19, 20–21, 26, 27, 30–31, 32, 33, 34, 38–39, 41, 42, 47, 53, 62, 87–88, 89, 91, 93, 96, 103, 129–130, 133, 134, 135, 136, 138, 142, 144–145, 147, 148
Franz Ferdinand, Erzherzog von Österreich 37, 51

Franz Joseph I., Kaiser von Österreich 3
FRAUENDIENST, W. 8, 31, 65, 68, 70, 83–84
FREUND, M. 74
FREVERT, U. 116–117
FREY, M. 148
FRIE, E. 114
Friede von Brest-Litowsk (1918) 45–46, 69, 149–150
Friede von Bukarest (1913) 35
Friede von San Stefano (1878) 6
Friedensbemühungen (1914–18) 41–47, 63, 69, 78, 82–83, 104, 149–150
Friedrich III., Deutscher Kaiser u. König von Preußen 22
FRIEDRICH, W.-U. 40
FROMKIN, D. 146
FULLER, J. V. 55

GALL, L. 9, 10, 12, 86–87, 92–93, 99, 100, 104–105, 106–107, 120, 129, 133
GANTZEL, K. J. 83
GASSER, A. 77
GATZKE, H. W. 69
GEISS, I. 41, 50, 52, 73, 75, 77, 83
GEYER, M. H. 137
Giers, N. K. von 11, 16
GILBERT, F. 112–113
GIRAULT, R. 101
Gladstone, W. E. 65–66, 100, 132
Gleichgewicht in Europa 6–8, 23, 26, 93, 99, 106–107
Gleichgewichtsdiplomatie O. von Bismarcks 3, 5, 12–13, 15, 22, 65–66, 131
GOEMANS, H. E. 119–120
GÖRLITZ, W. 71, 122
GOETZ, W. 70
GOLLWITZER, H. 106
GOOCH, G. P. 51, 54–55, 62, 65, 67, 68, 113
GORDON, M. R. 90–91
Gortschakow, A. M. Fürst 11, 134
GREWE, W. G. 109
Griechenland 35
GROH, D. 90
GROẞ, G. P. 141
„Große Depression" 1–2, 86
GRUPP, P. 124–125
GUST, W. 149
GUTMANN, G. 139–140

GUTSCHE, W. 83
GUTTMANN, B. 46

HABERMAS, J. 88, 98
HAFFNER, S. 18, 28, 97, 106
HAGEN, M. VON 58
HAHLWEG, W. 69
Haldane, R. B. Viscount/Haldane-Mission (1912) 34
HALE, O. J. 53–54
HALL, R. C. 144
HALLER, J. 21, 56, 58, 105–106
HALLGARTEN, G. W. F. 65, 92
HALLMANN, H. 61
HAMILTON, R. F. 144
HAMMANN, O. 20
Hampe, K. 123–124
HAMPE, K.-A. 136
HARRIS, D. 58
HARTUNG, F. 54, 65, 67, 68
Hatzfeldt, P. Graf 22, 23, 55, 83, 136
HAUPT, H.-G. 116–117
HAVEMANN, N. 135–136
HAYES, B. B. 131–132
Hegel, G. W. F. 68
HEINEMANN, U. 49, 52
Helgoland-Sansibar-Vertrag (1890) 25–26
HELLER, K. 134
HELMS, A. 57
HELMS, A. 58
HEMMER, E. 62
HENTIG, H. W. 124
Hentig, W. O. von 124
HENTSCHEL, V. 93
HERRMANN, D. G. 145–146
Hertling, G. F. Graf von 42, 83
HERWIG, H. H. 144
HERZ, J. 106–107
Herzegowina 5–6, 7, 31–32
HERZFELD, H. 50, 57, 71, 78
HEWITSON, M. 119, 138, 144
HEYDEN, U. VAN DER 138
HILDEBRAND, K. 75, 79, 83, 84, 91, 95, 97, 100, 107, 111, 119, 120, 125, 127, 128–129, 130, 133, 134, 139, 140, 146, 150
HILLER VON GAERTRINGEN, F. Frhr. 53–54, 70
HILLGRUBER, A. 3–4, 9, 45, 73, 74, 76, 79–80, 91, 92–93, 100, 103, 104, 130–131
Hindenburg, P. von 122, 123, 148

HINTZE, O. 1
Hintze, P. von 45, 122–123
HIRSCHFELD, G. 124
Hitler, A. 64, 74, 80, 125, 127
HOBSON, R. 140
HÖBELT, L. 128
HÖLZLE, E. 37–38, 67, 84
HOETZSCH, O. 53
Hohenlohe-Schillingsfürst, C. Fürst zu 24, 70, 140
HOLBORN, H. 13, 57
Holstein, F. von 15–16, 23, 25, 31, 60, 67, 70, 84, 102–104, 136
Hopman, A. 123, 146
Horkheimer, M. 88
HOSFELD, R. 149
HOWARD, M. 96, 99–100
HOYNINGEN, H. VON 50
HUBATSCH, W. 67–68, 72, 83–84
HUBER, E. R. 76
HÜBINGER, G. 110
HÜRTER, J. 122–123

IBBEKEN, R. 56, 57–58, 60–61, 85
IIDA, Y. 135
Imperialismus/Kolonialismus 8, 12–13, 18, 30, 32–33, 34, 42, 46, 51, 56–58, 67–68, 81, 85, 87–89, 91–95, 99, 105, 108, 114, 115, 118, 119, 126, 132–133, 136, 138–139, 141, 146, 150
Innere Bedingungen äußerer Politik/innere Verfasstheit 2, 3, 8–9, 12, 14, 18–19, 22, 23–24, 26, 33–36, 38–39, 51, 60–62, 67–68, 72, 74–76, 81–99, 106, 108–110, 115, 125, 126, 132–133, 135, 142
Isolierung des Deutschen Reiches 4, 6, 25, 28–32, 138–139, 144–145
Italien 11, 17, 20, 26, 33–34, 135
Italienisch-türkischer Krieg (1911) 33–34

JÄGER, W. 49, 61, 65, 68–69
Jagow, G. von 37, 38, 40
Jangtse-Abkommen (1900) 30
JANßEN, K.-H. 77
Japan 27, 31–32, 103, 140–141, 150
JAPIKSE, N. 55
JARAUSCH, K. 77
JERUSSALIMSKI, A. S. 52
JOLL, J. 84, 94, 101, 102
JEISMANN, K.-E. 66

Julikrise 1914/Kriegsausbruch (vgl.
auch Kriegsschuldfrage) 36–42,
62–63, 68–69, 73–75, 78–81, 88–90,
95, 101–102, 104, 109, 121, 124,
126, 141, 144, 145, 146
Juniorpartnerschaft 12–13, 33, 34,
111, 142–143

KAEHLER, S. A. 64
KAGAN, D. 119
KAHLER, M. 101–102
KAIKKONEN, O. 91
KAISER, D. E. 97
KANTOROWICZ, H. 50
Katkow, M. 16
KAUTSKY, K. 51–52
KEHR, E. 61, 86, 87, 90, 97
KEIPER, G. 138
KEIPERT, M. 124–125
KENNAN, G. F. 41, 94, 101, 113
KENNEDY, P. M. 91–92, 103, 109–110,
113, 119
KESTLER, S. 127
KEYSERLING, A. GRAF 132
Kiderlen-Wächter, A. von 33, 35, 61–62, 143, 144
KIELMANSEGG, P. Graf 77, 78
KIEßLING, F. 116, 137–138
KISSINGER, H. 10, 107
Kissinger Diktat (1877) 6–7
KLEIN, F. 52, 83
KLEIN, Th. 138
KLEIN, W. 61
KLOOSTERHUIS, J. 139
KLUETING, H. 128
KLUKE, P. 67
KNAUSS, B. 64
KOCH, H. W. 60
KOCKA, J. 86
KÖNIG, H. 55, 65
KOHL, H. 7, 17
KOLB, E. 71, 99, 120, 129–130, 131
Kongo-Konferenz in Berlin (1884/85)
13
Konferenz von Algeciras (1906) 31
Kontinentalliga-Konzeption 27, 31
Kontinuitätsproblem 64, 73–75, 80,
147
Konvenienzstrategie 3–5, 131
KOS, F.-J. 144
KRAUS, H.-CH. 117
KRAUSNICK, H. 55, 66–68
KRETHLOW-BENZIGER, D. M. 136

„Krieg-in-Sicht"-Krise (1875) 4–5,
57, 66, 84, 130–131, 135
„Kriegsrat" (8. 12. 1912) 36, 76–77,
81–82, 143
Kriegsschuldfrage 49–52, 62–63, 68–69, 73, 75, 84, 90, 120, 121, 138,
144, 146–147
Kriegsziele (1914–18) / Kriegszielpolitik 42–47, 69, 71, 72–74, 77, 78,
82, 84, 104, 109–110, 123–124, 126,
147, 148–149
KRÖGER, M. 135
KRONENBITTER, G. 124
Krüger, O. / Krüger-Depesche (1896)
28
KRÜGER, P. 129
KRUMEICH, G. 124
Kühlmann, R. von 44, 45, 46, 69, 70,
102–103, 123, 148
KÜHN, U. 129
KUMPF-KORFES, S. 84–85, 89
Kurland 46
KUß, S. 138

LACROIX-RIZ, A. 149
LAHME, R. 27, 103–104, 139
LANDWEHR, A. 117
LANGER, W. L. 23, 54–55, 59, 65, 68
LANGEWIESCHE, D. 23–24, 119–120
LAPPENKÜPER, U. 103–104, 116, 129,
130, 133, 134
LEIBENGUTH, P. 91
LEMKE, H. 121
Lenin, W. I. 46, 53
Leopold II., König der Belgier 13
Lerchenfeld-Köfering, H. Graf von und
zu 42, 83
LEUTNER, M. 138
Lichnowsky, K. M. Fürst von 52, 53,
102–103
LILL, R. 96, 114
Liman von Sanders, O. /Liman von
Sanders-Affäre (1913) 36
LINDEMANN, TH. 138
Litauen 46
Livadia-Affäre (1876) 5, 133–134
Livland 46
Lloyd George, D. 68
LÖHR, H. C. 144
LÖWENBERG, P. 94, 113
LÖWENTHAL, R. 109
Londoner Botschafterkonferenz
(1912) 35

Lorenz, Ch. 114
Loth, W. 116, 145–146
Lowe, J. 115
Ludendorff, E. 43–44, 45, 46–47, 123, 148
Lutz, H. 99–100, 110
Lutz, H. 62
Luxemburg 42
Lyncker, M. Frhr. von 121–122

Mahan, A. T. 28
Maier, H. 113
Marokkokrisen (1905/06 und 1911) 31, 33, 36, 97, 101, 104, 105, 118, 138, 142, 143
Martin, B. 138
Martin, B. G. 68
Marx, K. 87
Massie, R. K. 140
Maurer, J. H. 145–146
Max, Prinz von Baden 47
May, E. R. 145
Mayer, A. J. 89, 94, 110
Mayer, G. 51
Mayer, M. 142
McCullough, E. E. 144
Medlicott, W. N. 65
Mehnert, U. 140–141
Meinecke, F. 60
Meisner, H. O. 25, 67
Mejcher, H. 85
Messerschmidt, C. 18, 21, 59
Metternich, K. W. Fürst von 17
Meyer, H. C. 69
Meyer, T. 143
Meyer-Arndt, L., 145
Michaelis, H. 61
Militär / Militärische Planung / Rüstung / Militarisierung des politischen Lebens 1, 3–5, 11, 14, 19, 21, 22, 24, 26, 33–36, 38, 41, 67, 77, 81–83, 90, 100, 102, 104, 106, 108, 112, 122–124, 138, 141, 142, 146, 147
Miller, J. M. 104
Mission Radowitz 4, 57, 66, 102, 130, 134
Mitteleuropa 8, 9, 11, 20, 25, 35, 42, 46, 69, 82, 131,
Mittelmeerdreibund/Orientdreibund (1887) 17, 19, 25
Mitchell, N. 141
Mittler, M. 136
Moeller, R. 58

Mollin, G. T. 145–146
Moltke, H. J. L. Graf von 36, 141, 146
Moltke, H. K. B. Graf von 3, 5, 21, 122
Mombauer, A. 144–145, 146
Mommsen, W. J. 36, 79, 81, 85, 90, 95, 125, 148
Montenegro 5, 35
Montgelas, M. von 52
Moritz, A. 104
Moses, J. A. 73, 78
Mühlhahn, K. 138
Müller, G. A. von 71
Müller-Link, H. 89, 95
Münkler, H. 119–120
Muralt, L. von 66
Murphy, J. D. 145
Musil, R. 150–151

Näf, W. 55, 65
Naher Osten 26, 28, 32, 33–35, 103
Nassua, M. 150
Neitzel, S. 139, 148
Nicklas, Th. 117
Niederkorn, J. P. 131
Niehus, V. 136
Nietzsche, F. 19, 66
Nikolaus II., Zar von Russland 31
Nipperdey, T. 77, 93, 126
Noack, U. 55
Novotny, A. 8

Öffentlichkeit/„öffentliche Meinung"/ Massenzeitalter 18–21, 24, 29, 33, 36, 38, 43, 81, 84, 106, 108, 109, 142
Österreich-Ungarn 2–12, 15–18, 20, 22, 24–27, 31, 35, 38–41, 53, 55, 67, 101, 110, 111, 130–133, 136, 139, 144, 146, 149
„Ohrfeigenbrief" (15.8.1879) 8
Oncken, E. 33, 53, 97, 104
Oncken, H. 27, 55
Optionsproblem der dt. Außenpolitik 5, 9, 14, 22, 55, 58, 60, 111, 112, 135
Orientalische Frage 5, 6, 20, 27, 33, 52
Osiander, A. 119
Osterhammel, J. 116, 117–118, 145–146
Ostrumelien 7, 16, 18

Paret, P. 112

Parlamentarisierung des Kaiserreichs 83, 95, 98
PAULMANN, J. 118, 137
PERRAS, A. 132–133
„Persönliches Regiment" 67, 71, 83, 95, 103
Peters, C. 132–133
PFITZER, A. 57
PFLANZE, O. 91, 93, 128
PLATZHOFF, W. 55
PLEHN, H. 112
Plessen, H. G. von 122
POGGE VON STRANDMANN, H. 76, 89
POHL, K. H. 143
POIDEVIN, R. 84, 101
Polen 43, 44, 46, 71, 149
POLETIKA, N. P. 63
POMMERIN, R. 103
Portugal 30, 34, 138
Präventivkrieg 3, 4, 14, 31, 36, 37, 66, 77, 79–81, 90, 131
Prestigepolitik 23, 29, 31, 38, 40, 41, 59, 99, 106, 125, 142, 143
Primat der inneren oder äußeren Politik 75–77, 85–91, 109, 115, 132
PROKŠ, P. 149–150
PUNTILA, L. A. 103

RACHFAHL, F. 54, 58
Radowitz, J. M. von 4, 5, 57, 66, 102, 103, 130, 134
RASCHDAU, L. 25
RASSOW, P. 65, 66
RAUH, M. 76, 95
RAULFF, H. 104
REICHERT, F. 123–124
Reichsgründung 1, 2, 24, 58, 67, 86, 100, 105, 110, 114, 125, 127, 128, 130
REIN, A. 58
REINHARD, W. 92
REMAK, J. 84, 102
RENOUVIN, P. 62, 63
RENZ, I. 124
Reuß-Schleiz-Köstritz, H. VII. Prinz von 57
Revolution
– in Russland (1905) 31
– in Russland (1917) 45, 46, 149
– in Deutschland (1918) 47
RICH, N. 28, 70, 84, 102, 113, 127
RICHTER, J. S. 139
Riezler, K. 39, 79–81, 121

RIEHL, A. 132
RINKE, S. H. 141
RITTER, G. 5, 10, 59, 60, 64, 67, 72, 77, 78, 80, 106, 108, 147
RITTER, G. A. 111
RÖDDER, A. 116–117
RÖDEL, CH. 140
Roediger, A. F. 40
RÖHL, J. C. G. 24, 36, 71, 76, 81, 83, 95, 137
Rössler, C. 4
ROGGE, H. 58, 70
ROLOFF, G. 60
ROSENBACH, H. 140
ROSENBERG, H. 86
ROTHFELS, H. 53, 57, 58, 62, 92
Rückversicherungsvertrag (1887) 17–21, 25, 55, 58, 59, 66, 137
Rumänien 11, 26, 40
RUMPLER, H. 39, 131
Russell, O. 2, 134
Russisch-japanischer Krieg (1904/05) 31, 32
Russisch-türkischer Krieg (1877/78) 6
Russland 2–22, 25–43, 47, 53, 55–59, 62, 63, 67, 68, 79, 84, 87–91, 94, 96, 102, 106, 111, 121, 123, 127, 130, 131, 133, 134, 140, 143, 145, 147

Sachsen-Coburg-Gotha-Kohßry, F. Prinz v., Fürst v. Bulgarien 16
SALEWSKI, M. 96, 148
Salisbury, R. Marquess of 19, 20, 67
Samoa 29
Sanderson, T. H. Lord 111
Saturiertheit, Politik der 1, 2, 17, 55, 99
SAUPP, N. 138–139
Scheer, R. 123
Scheidemann, P. 32
SCHENK, W. 108
SCHIBEL, H. 54
SCHIEDER, T. 2, 18, 19, 24, 66, 100, 101, 106, 112
SCHIEDER, W. 50, 53, 72, 78, 81
Schlieffen, A. Graf von / Schlieffen-Plan 26, 38, 62, 65, 67, 102, 141
SCHMID, M. 136
SCHMIDT, G. 99
SCHMIDT, R. F. 131, 133–134
SCHMITT, B. E. 53, 63, 68, 73
SCHNABEL, F. 64, 106, 108, 109

SCHNEIDER, I. 137
SCHÖLCH, A. 85
SCHÖLLGEN, G. 52, 54, 73, 77, 85, 88, 102, 103, 112, 144
SCHOLTYSECK, J. 114, 135
SCHRAEPLER, E. 52, 62
SCHROEDER, P. W. 100, 102, 105
SCHRÖDER, ST. 145
SCHÜCKING, W. 52
SCHÜSSLER, W. 59, 60
SCHULIN, E. 130–131
SCHULTE, B. F. 77, 78, 82, 84, 102
SCHUMACHER, F. 138
SCHWABE, K. 82, 109
Schwarzenberg, F. Fürst zu 9
Schweinitz, H. L. von 57
Schweiz 26, 136
SCHWERTFEGER, B. 49, 52, 122
SCHWOK, R. 86
SEEBER, G. 102
„Septemberprogramm" 42, 73, 79
Serbien 5, 15, 16, 26, 35, 39, 40, 46, 147
SHEEHAN, J. 94
SHEEHAN, M. 119
Siam-Konflikt 27
Skobelew, M. D. 11
SKŘIVAN, A. 142
SNYDER, L. L. 102
SÖSEMANN, B. 38, 81, 121
Solf, W. H. 46
SOMBART, N. 24, 76
SONTAG, R. J. 49, 54
SOUTOU, G.-H. 148–149
Sozialdemokratie 34, 36, 79
„Sozialimperialismus" 87, 88, 91–93, 126, 132
Spanien 11, 26, 29, 136
Speck von Sternburg, H. Frhr. von 141
Spitzemberg, H. Baronin 71
STADELMANN, R. 63, 64
STALMANN, V. 140
STEEN, A. 124
STEGLICH, W. 43, 44, 69, 82, 83, 103, 104
STEGMANN, D. 86
STEINBERG, J. 84
STEVENSON, D. 145–146, 148
STIBBE, M. 148
STOCKHAMMERN, F. X. VON 70
STOLBERG-RILINGER, B. 116–117
STONE, J. 130

STRACHAN, H. 145
Stresemann, G. 110, 144
STUDT, CH. 134
STÜRMER, M. 97, 101
Suchomlinow, W. A. 40
System der Aushilfen 8–10, 13, 18–23, 56, 92, 129

TAUBE, A. VON 58
TAYLOR, A. J. P.58
THIELEN, P. G. 67
THIMME, F. 49, 52, 53
THOMAS, L. 149
THOMPSON, W. C. 79
Tirpitz, A. von / Tirpitz-Plan 29, 30, 34, 36, 53, 61, 68, 90, 96, 123, 140
TOBISCH, M. 142
TORP, C. 115, 127–128, 140
TOWNSEND, M. E. 58
Tripleentente 45, 63, 144, 145, 150
TSCHAPEK, R. P. 138–139
Türkei/Osmanisches Reich 5–7, 11, 28, 32–34, 36, 52, 57, 134
TURNER, H. A. JR. 89
TURNER, L. C. F. 102

UEBERSBERGER, H. 63
Ukraine 46, 149
ULLRICH, V. 43, 44, 79, 81, 82, 89, 102, 109, 126
URBACH, K. 116, 134

VALENTIN, V. 55, 59
Valentini, R. von 122
Venezuela-Krise (1902) 30, 141
Vereinigte Staaten von Amerika 29, 45, 62, 87, 91, 103, 107, 111, 150
Versailler Vertrag 49, 69
Vertrag von Björkö (1905) 31, 61
Vertrag von Budapest (1877) 6
Vertrag von Reichstadt (1876) 6
VIERHAUS, R. 71
VOGEL, B. 90

WÄCHTER, E. 59
WAGNER, T. H. 143–144
Waldersee, A. Graf von 29, 96, 102
WALLER, B. 96
WARGELIN, C. F. 149
WEBER, M. 24, 50, 61, 110
WEGERER, A. VON 50, 62
WEGNER-KORFES, S. 133

WEHLER, H.-U. 86–91, 93, 99, 115, 126
WEITOWITZ, R. 91
WEIZSÄCKER, C. VON 42
Weltpolitik 22, 24, 28, 29, 31, 32, 35, 56, 61, 68, 73, 88, 90, 95, 111, 125, 136, 137, 140, 143
WENDT, B. J. 73, 75
WERESZYCKI, H. 66
WERNECKE, K. 33
WESTPHAL, O. 23
WETZEL, D. 129–130
Wheeler-BENNETT, J. 69
Wilhelm I., Deutscher Kaiser u. König von Preußen 3, 5, 8, 9, 22, 132
Wilhelm II., Deutscher Kaiser u. König von Preußen 22–24, 28, 29, 31, 34, 36, 40, 43, 71, 76, 95, 121, 137, 139
WILLIAMSON, S. R. 145
WILSBERG, K. 138
Wilson, W. 46
WINCKLER, M. 66, 84
WINDELBAND, W. 56
WINTERHAGER, W. E. 82, 104
WINZEN, P. 104, 111
WIPPICH, R.-H. 104
Wirtschaft / Handel / Industrie 8, 12, 18, 19, 24, 25, 26, 28, 31, 32, 35, 40, 42, 56, 57, 60, 61, 81–87, 89, 91, 92, 94, 96, 101, 102, 106, 108, 109, 111, 112, 115, 116, 118, 121, 128, 135, 139, 140, 142, 144, 148
WITTRAM, R. 14, 21, 66–67
WOLF, E. 13
Wolff, T. 38
WOLGAST, E. 123–124
WOLLSTEIN, G. 142–143
WOLTER, H. 96

YOUNG, H. F. 102–103

ZACHAU, O. 140
ZALA, S. 120
ZECHLIN, E. 35, 42–43, 74, 76, 78–79, 81–82
ZELLER, J. 138
ZIEKURSCH, J. 54
ZIMMERER, J. 138
Zimmermann, A. 40, 150
ZMARZLIK, H.-G. 93
ZUBER, T. 141
Zühlke, H. 140
Zweibund (1879) 8–10, 11–12, 16, 25, 31, 32, 38, 44, 59, 63, 110, 131, 139–140, 142, 144, 149
Zypern 7

Enzyklopädie deutscher Geschichte
Themen und Autoren

Mittelalter

Agrarwirtschaft, Agrarverfassung und ländliche Gesellschaft im Mittelalter (Werner Rösener) 1992. EdG 13
Adel, Rittertum und Ministerialität im Mittelalter (Werner Hechberger) 2004. EdG 72
Die Stadt im Mittelalter (Frank Hirschmann)
Die Armen im Mittelalter (Otto Gerhard Oexle)
Frauen- und Geschlechtergeschichte des Mittelalters (Hedwig Röckelein)
Die Juden im mittelalterlichen Reich (Michael Toch) 2. Aufl. 2003. EdG 44

Gesellschaft

Wirtschaftlicher Wandel und Wirtschaftspolitik im Mittelalter (Michael Rothmann)

Wirtschaft

Wissen als soziales System im Frühen und Hochmittelalter (Johannes Fried)
Die geistige Kultur im späteren Mittelalter (Johannes Helmrath)
Die ritterlich-höfische Kultur des Mittelalters (Werner Paravicini) 2. Aufl. 1999. EdG 32

Kultur, Alltag, Mentalitäten

Die mittelalterliche Kirche (Michael Borgolte) 2. Aufl. 2004. EdG 17
Mönchtum und religiöse Bewegungen im Mittelalter (Gert Melville)
Grundformen der Frömmigkeit im Mittelalter (Arnold Angenendt) 2. Aufl. 2004. EdG 68

Religion und Kirche

Die Germanen (Walter Pohl) 2. Aufl. 2004. EdG 57
Das römische Erbe und das Merowingerreich (Reinhold Kaiser) 3., überarb. u. erw. Aufl. 2004. EdG 26
Das Karolingerreich (Klaus Zechiel-Eckes)
Die Entstehung des Deutschen Reiches (Joachim Ehlers) 2. Aufl. 1998. EdG 31
Königtum und Königsherrschaft im 10. und 11. Jahrhundert (Egon Boshof) 2. Aufl. 1997. EdG 27
Der Investiturstreit (Wilfried Hartmann) 3., überarb. u. erw. Aufl. 2007. EdG 21
König und Fürsten, Kaiser und Papst nach dem Wormser Konkordat (Bernhard Schimmelpfennig) 1996. EdG 37
Deutschland und seine Nachbarn 1200–1500 (Dieter Berg) 1996. EdG 40
Die kirchliche Krise des Spätmittelalters (Heribert Müller)
König, Reich und Reichsreform im Spätmittelalter (Karl-Friedrich Krieger) 2., durchges. Aufl. 2005. EdG 14
Fürstliche Herrschaft und Territorien im späten Mittelalter (Ernst Schubert) 2. Aufl. 2006. EdG 35

Politik, Staat, Verfassung

Frühe Neuzeit

Bevölkerungsgeschichte und historische Demographie 1500–1800 (Christian Pfister) 2. Aufl. 2007. EdG 28

Gesellschaft

Umweltgeschichte der Frühen Neuzeit (Reinhold Reith)
Bauern zwischen Bauernkrieg und Dreißigjährigem Krieg (André Holenstein) 1996. EdG 38
Bauern 1648–1806 (Werner Troßbach) 1992. EdG 19
Adel in der Frühen Neuzeit (Rudolf Endres) 1993. EdG 18
Der Fürstenhof in der Frühen Neuzeit (Rainer A. Müller) 2. Aufl. 2004. EdG 33
Die Stadt in der Frühen Neuzeit (Heinz Schilling) 2. Aufl. 2004. EdG 24
Armut, Unterschichten, Randgruppen in der Frühen Neuzeit (Wolfgang von Hippel) 1995. EdG 34
Unruhen in der ständischen Gesellschaft 1300–1800 (Peter Blickle) 1988. EdG 1
Frauen- und Geschlechtergeschichte 1500–1800 (N. N.)
Die deutschen Juden vom 16. bis zum Ende des 18. Jahrhunderts (J. Friedrich Battenberg) 2001. EdG 60

Wirtschaft **Die deutsche Wirtschaft im 16. Jahrhundert (Franz Mathis) 1992. EdG 11**
Die Entwicklung der Wirtschaft im Zeitalter des Merkantilismus 1620–1800 (Rainer Gömmel) 1998. EdG 46
Landwirtschaft in der Frühen Neuzeit (Walter Achilles) 1991. EdG 10
Gewerbe in der Frühen Neuzeit (Wilfried Reininghaus) 1990. EdG 3
Kommunikation, Handel, Geld und Banken in der Frühen Neuzeit (Michael North) 2000. EdG 59

Kultur, Alltag, Renaissance und Humanismus (Ulrich Muhlack)
Mentalitäten Medien in der Frühen Neuzeit (Andreas Würgler)
Bildung und Wissenschaft vom 15. bis zum 17. Jahrhundert (Notker Hammerstein) 2003. EdG 64
Bildung und Wissenschaft in der Frühen Neuzeit 1650–1800 (Anton Schindling) 2. Aufl. 1999. EdG 30
Die Aufklärung (Winfried Müller) 2002. EdG 61
Lebenswelt und Kultur des Bürgertums in der Frühen Neuzeit (Bernd Roeck) 1991. EdG 9
Lebenswelt und Kultur der unterständischen Schichten in der Frühen Neuzeit (Robert von Friedeburg) 2002. EdG 62

Religion und **Die Reformation. Voraussetzungen und Durchsetzung (Olaf Mörke) 2005.**
Kirche **EdG 74**
Konfessionalisierung im 16. Jahrhundert (Heinrich Richard Schmidt) 1992. EdG 12
Kirche, Staat und Gesellschaft im 17. und 18. Jahrhundert (Michael Maurer) 1999. EdG 51
Religiöse Bewegungen in der Frühen Neuzeit (Hans-Jürgen Goertz) 1993. EdG 20

Politik, Staat, **Das Reich in der Frühen Neuzeit (Helmut Neuhaus) 2. Aufl. 2003. EdG 42**
Verfassung Landesherrschaft, Territorien und Staat in der Frühen Neuzeit (Joachim Bahlcke)
Die Landständische Verfassung (Kersten Krüger) 2003. EdG 67
Vom aufgeklärten Reformstaat zum bürokratischen Staatsabsolutismus (Walter Demel) 1993. EdG 23
Militärgeschichte des späten Mittelalters und der Frühen Neuzeit (Bernhard R. Kroener)

Das Reich im Kampf um die Hegemonie in Europa 1521–1648 (Alfred Kohler)   Staatensystem,
1990. EdG 6   internationale
Altes Reich und europäische Staatenwelt 1648–1806 (Heinz Duchhardt)   Beziehungen
1990. EdG 4

19. und 20. Jahrhundert

Bevölkerungsgeschichte und Historische Demographie 1800–2000 (Josef   Gesellschaft
Ehmer) 2004. EdG 71
Migrationen im 19. und 20. Jahrhundert (Jochen Oltmer)
Umweltgeschichte im 19. und 20. Jahrhundert (Frank Uekötter) 2007.
EdG 81
Adel im 19. und 20. Jahrhundert (Heinz Reif) 1999. EdG 55
Geschichte der Familie im 19. und 20. Jahrhundert (Andreas Gestrich)
1998. EdG 50
Urbanisierung im 19. und 20. Jahrhundert (Klaus Tenfelde)
Von der ständischen zur bürgerlichen Gesellschaft (Lothar Gall)
1993. EdG 25
Die Angestellten seit dem 19. Jahrhundert (Günter Schulz) 2000. EdG 54
Die Arbeiterschaft im 19. und 20. Jahrhundert (Gerhard Schildt)
1996. EdG 36
Frauen- und Geschlechtergeschichte im 19. und 20. Jahrhundert (N. N.)
Die Juden in Deutschland 1780–1918 (Shulamit Volkov) 2. Aufl. 2000.
EdG 16
Die deutschen Juden 1914–1945 (Moshe Zimmermann) 1997.
EdG 43

Die Industrielle Revolution in Deutschland (Hans-Werner Hahn)   Wirtschaft
2., durchges. Aufl. 2005. EdG 49
Die deutsche Wirtschaft im 20. Jahrhundert (Wilfried Feldenkirchen)
1998. EdG 47
Agrarwirtschaft und ländliche Gesellschaft im 19. Jahrhundert (Stefan Brakensiek)
Agrarwirtschaft und ländliche Gesellschaft im 20. Jahrhundert (Ulrich Kluge)
2005. EdG 73
Gewerbe und Industrie im 19. und 20. Jahrhundert (Toni Pierenkemper)
2., um einen Nachtrag erw. Auflage 2007. EdG 29
Handel und Verkehr im 19. Jahrhundert (Karl Heinrich Kaufhold)
Handel und Verkehr im 20. Jahrhundert (Christopher Kopper) 2002.
EdG 63
Banken und Versicherungen im 19. und 20. Jahrhundert (Eckhard Wandel)
1998. EdG 45
Technik und Wirtschaft im 19. und 20. Jahrhundert (Christian Kleinschmidt)
2007. EdG 79
Unternehmensgeschichte im 19. und 20. Jahrhundert (Werner Plumpe)
Staat und Wirtschaft im 19. Jahrhundert (Rudolf Boch) 2004. EdG 70
Staat und Wirtschaft im 20. Jahrhundert (Gerold Ambrosius) 1990.
EdG 7

Kultur, Bildung und Wissenschaft im 19. Jahrhundert (Hans-Christof Kraus)   Kultur, Alltag und
2008. EdG 82   Mentalitäten
Kultur, Bildung und Wissenschaft im 20. Jahrhundert (Frank-Lothar Kroll)
2003. EdG 65

Lebenswelt und Kultur des Bürgertums im 19. und 20. Jahrhundert
(Andreas Schulz) 2005. EdG 75
Lebenswelt und Kultur der unterbürgerlichen Schichten im 19. und
20. Jahrhundert (Wolfgang Kaschuba) 1990. EdG 5

Religion und Kirche
Kirche, Politik und Gesellschaft im 19. Jahrhundert (Gerhard Besier)
1998. EdG 48
Kirche, Politik und Gesellschaft im 20. Jahrhundert (Gerhard Besier)
2000. EdG 56

Politik, Staat, Verfassung
Der Deutsche Bund 1815–1866 (Jürgen Müller) 2006. EdG 78
Verfassungsstaat und Nationsbildung 1815–1871 (Elisabeth Fehrenbach)
2., um einen Nachtrag erw. Aufl. 2007. EdG 22
Politik im deutschen Kaiserreich (Hans-Peter Ullmann) 2., durchges. Aufl.
2005. EdG 52
Die Weimarer Republik. Politik und Gesellschaft (Andreas Wirsching)
2., um einen Nachtrag erw. Aufl. 2008. EdG 58
Nationalsozialistische Herrschaft (Ulrich von Hehl) 2. Aufl. 2001. EdG 39
Die Bundesrepublik Deutschland. Verfassung, Parlament und Parteien
(Adolf M. Birke) 1997. EdG 41
Militär, Staat und Gesellschaft im 19. Jahrhundert (Ralf Pröve) 2006. EdG 77
Militär, Staat und Gesellschaft im 20. Jahrhundert (Bernhard R. Kroener)
**Die Sozialgeschichte der Bundesrepublik Deutschland bis 1989/90 (Axel
Schildt) 2007. EdG 80**
Die Sozialgeschichte der DDR (Arnd Bauerkämper) 2005. EdG 76
Die Innenpolitik der DDR (Günther Heydemann) 2003. EdG 66

Staatensystem, internationale Beziehungen
Die deutsche Frage und das europäische Staatensystem 1815–1871
(Anselm Doering-Manteuffel) 2. Aufl. 2001. EdG 15
Deutsche Außenpolitik 1871–1918 (Klaus Hildebrand) 3., überarb. und um
einen Nachtrag erw. Aufl. 2008. EdG 2
Die Außenpolitik der Weimarer Republik (Gottfried Niedhart)
2., aktualisierte Aufl. 2006. EdG 53
Die Außenpolitik des Dritten Reiches (Marie-Luise Recker) 1990. EdG 8
Die Außenpolitik der Bundesrepublik Deutschland 1949 bis 1990 (Ulrich
Lappenküper) 2008. EdG 83
Die Außenpolitik der DDR (Joachim Scholtyseck) 2003. EDG 69

Hervorgehobene Titel sind bereits erschienen.

Stand: (Mai 2008)